少年犯罪

統計からみたその実像

前田雅英

東京大学出版会

Juvenile Crime
Masahide MAEDA
University of Tokyo Press, 2000
ISBN4-13-033203-1

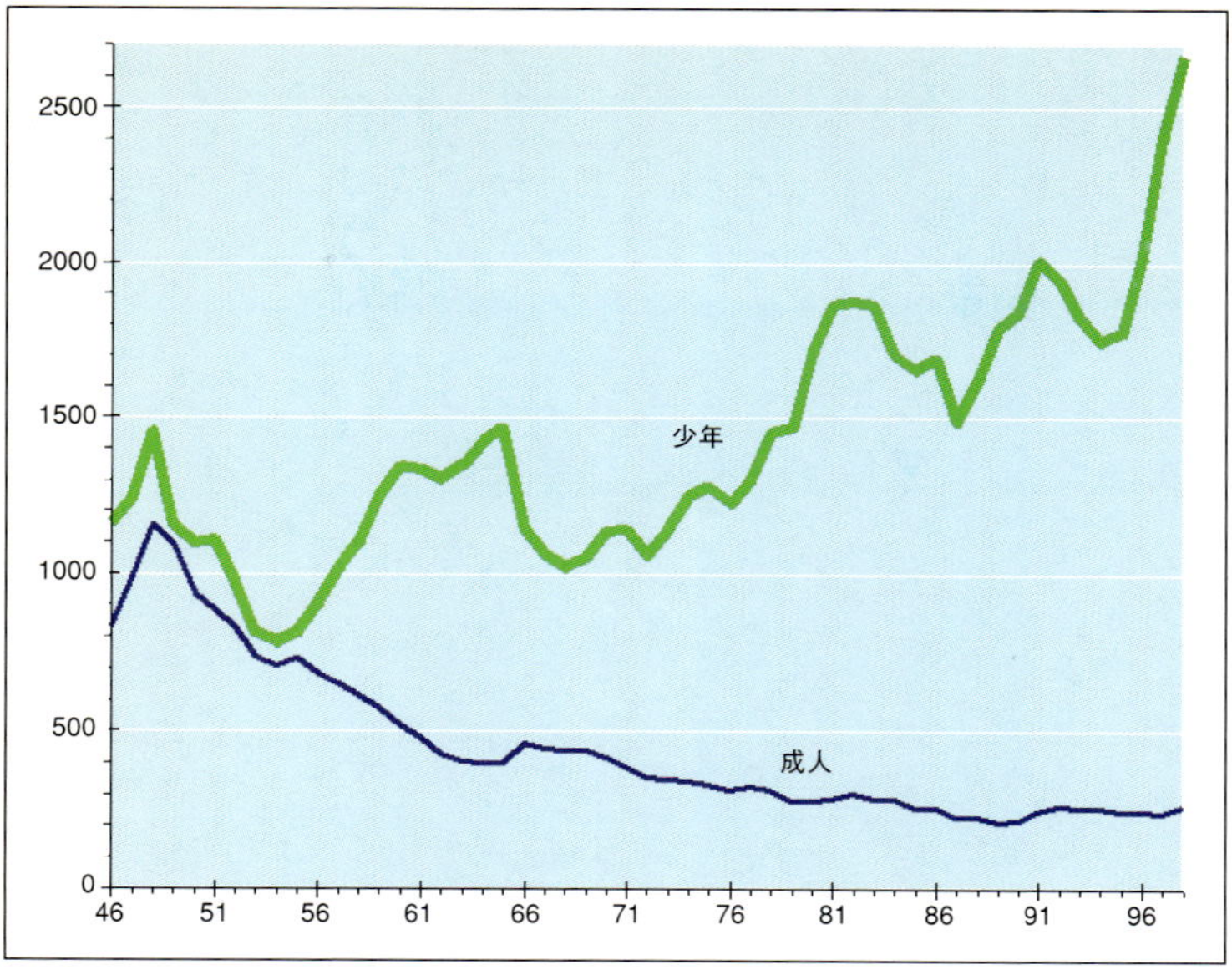

図1　日本の少年刑法犯検挙人員率（検挙率補正値）

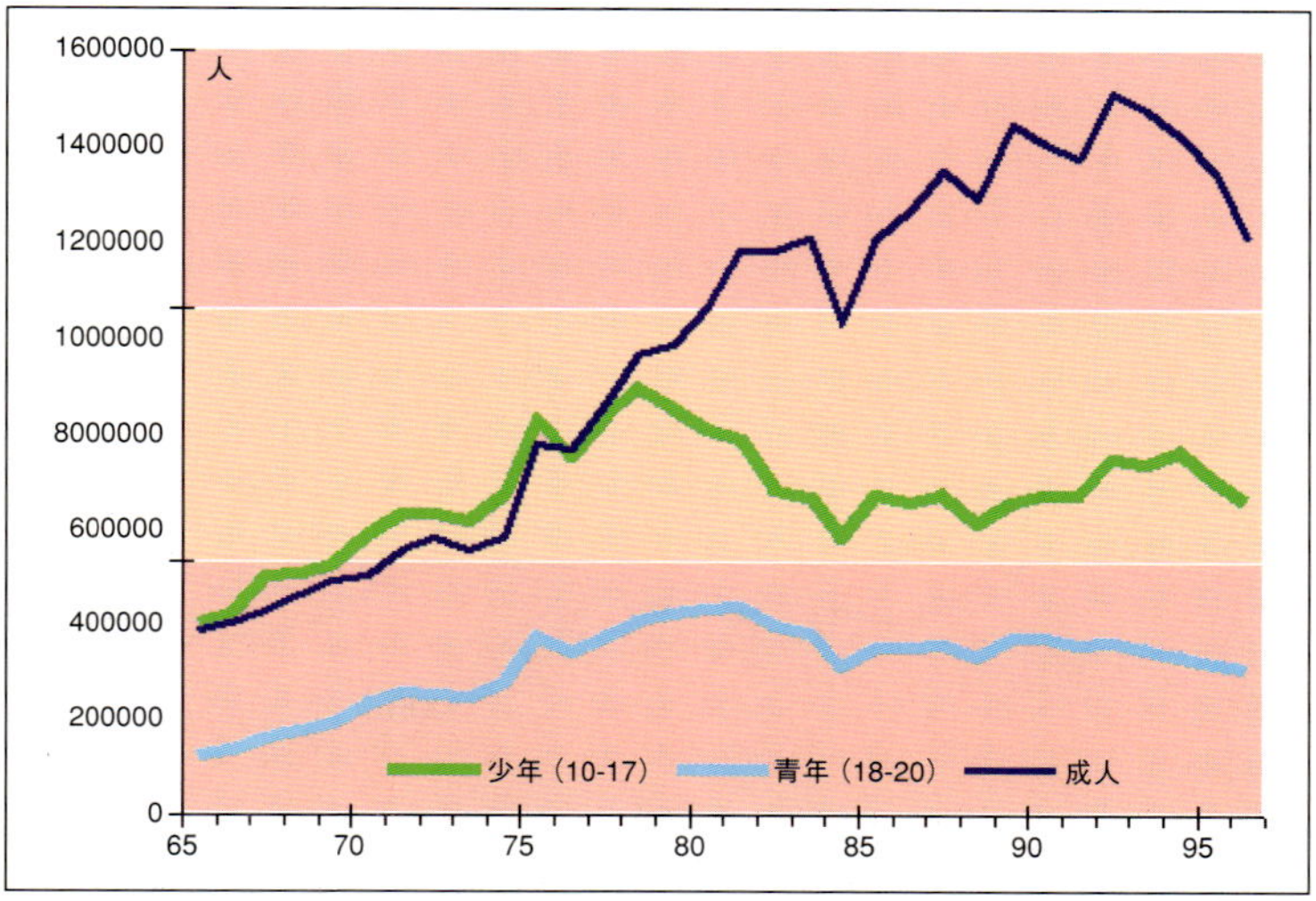

図2　アメリカの指標犯罪検挙人員数の変化

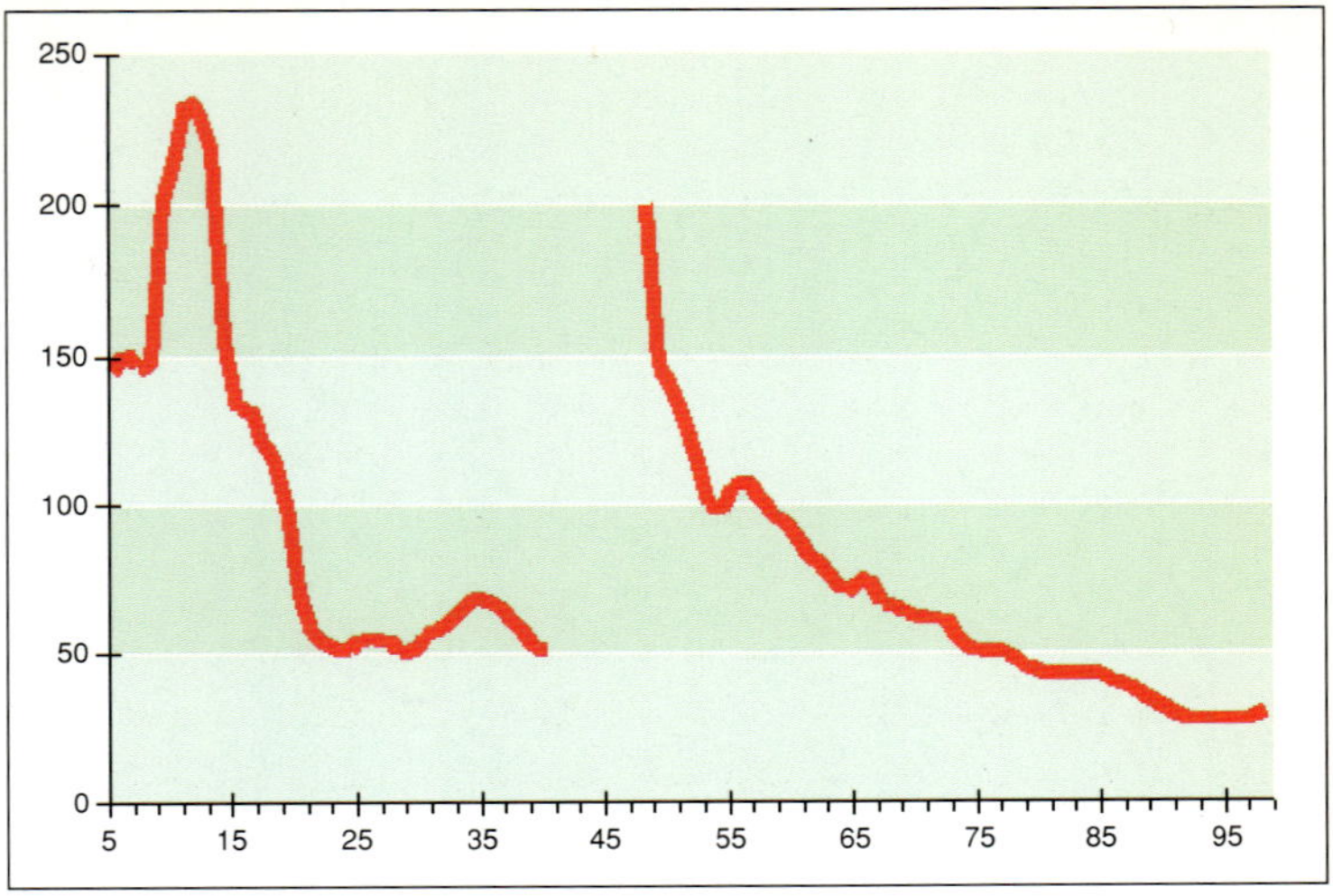

図3　日本の有罪人員率の変化

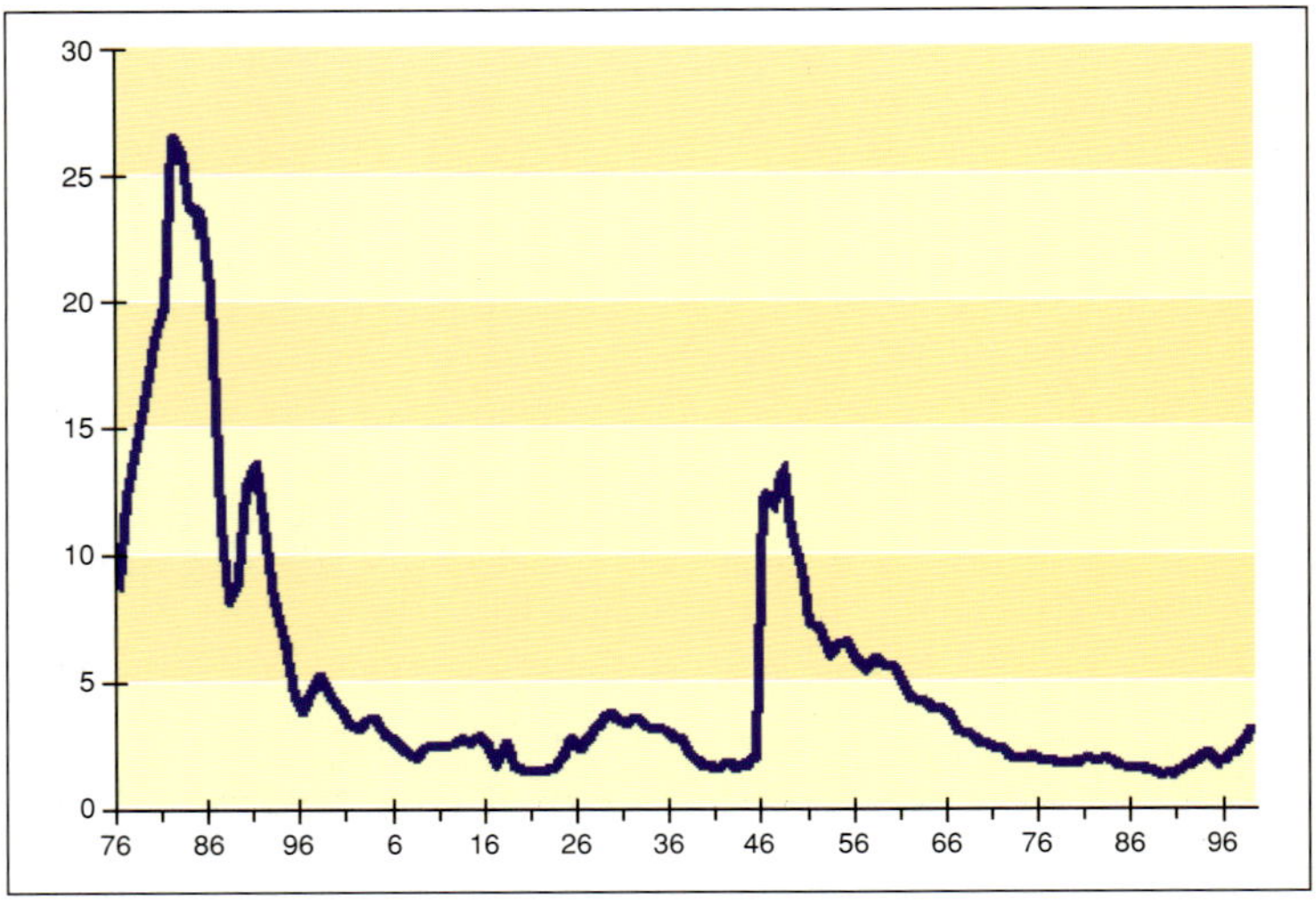

図4　日本の強盗罪の犯罪率の変化

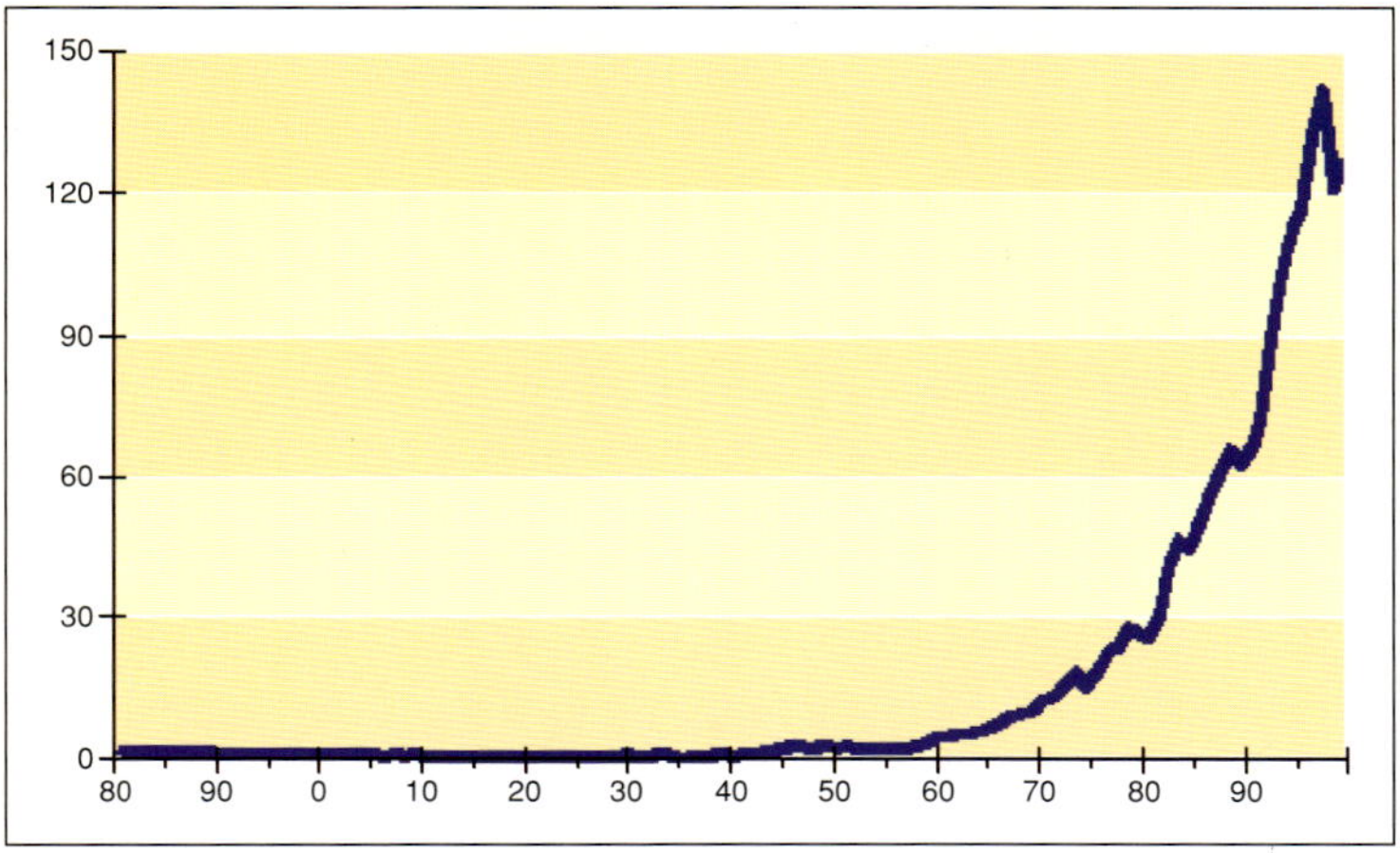

図5　イギリスの強盗罪の犯罪率の変化

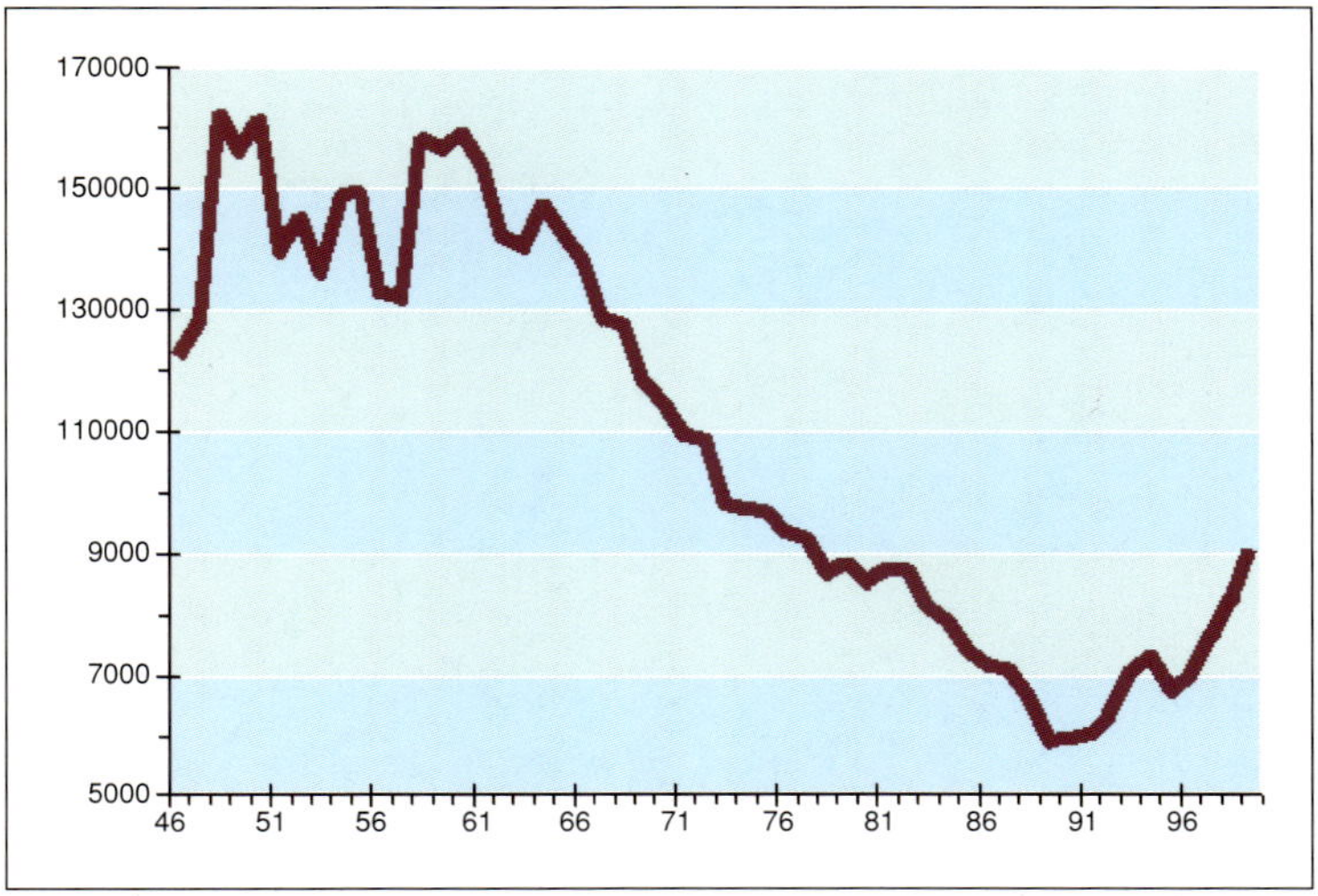

図6　戦後凶悪犯認知件数

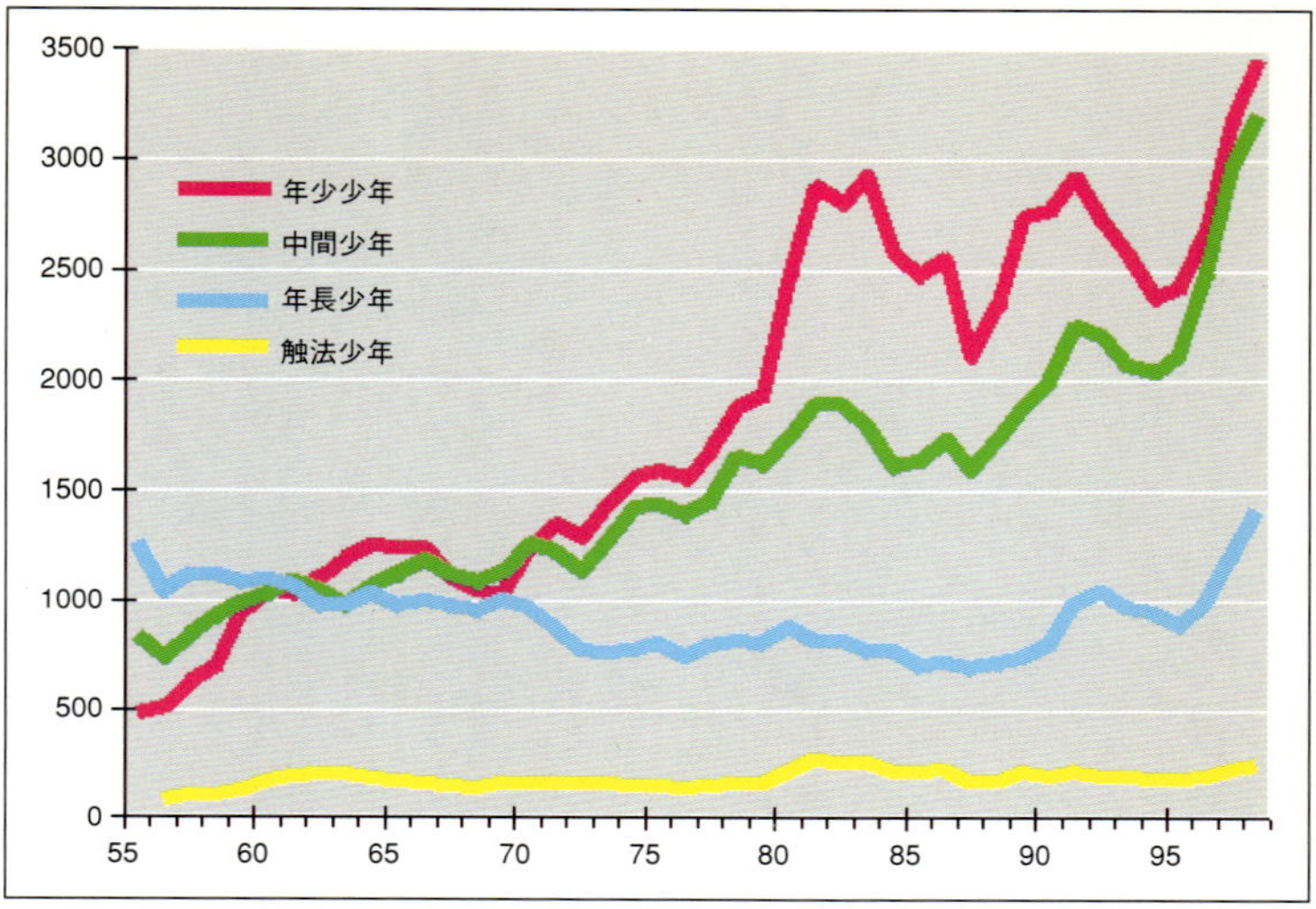

図7　年齢別少年検挙人員率の変化（人/10万人）

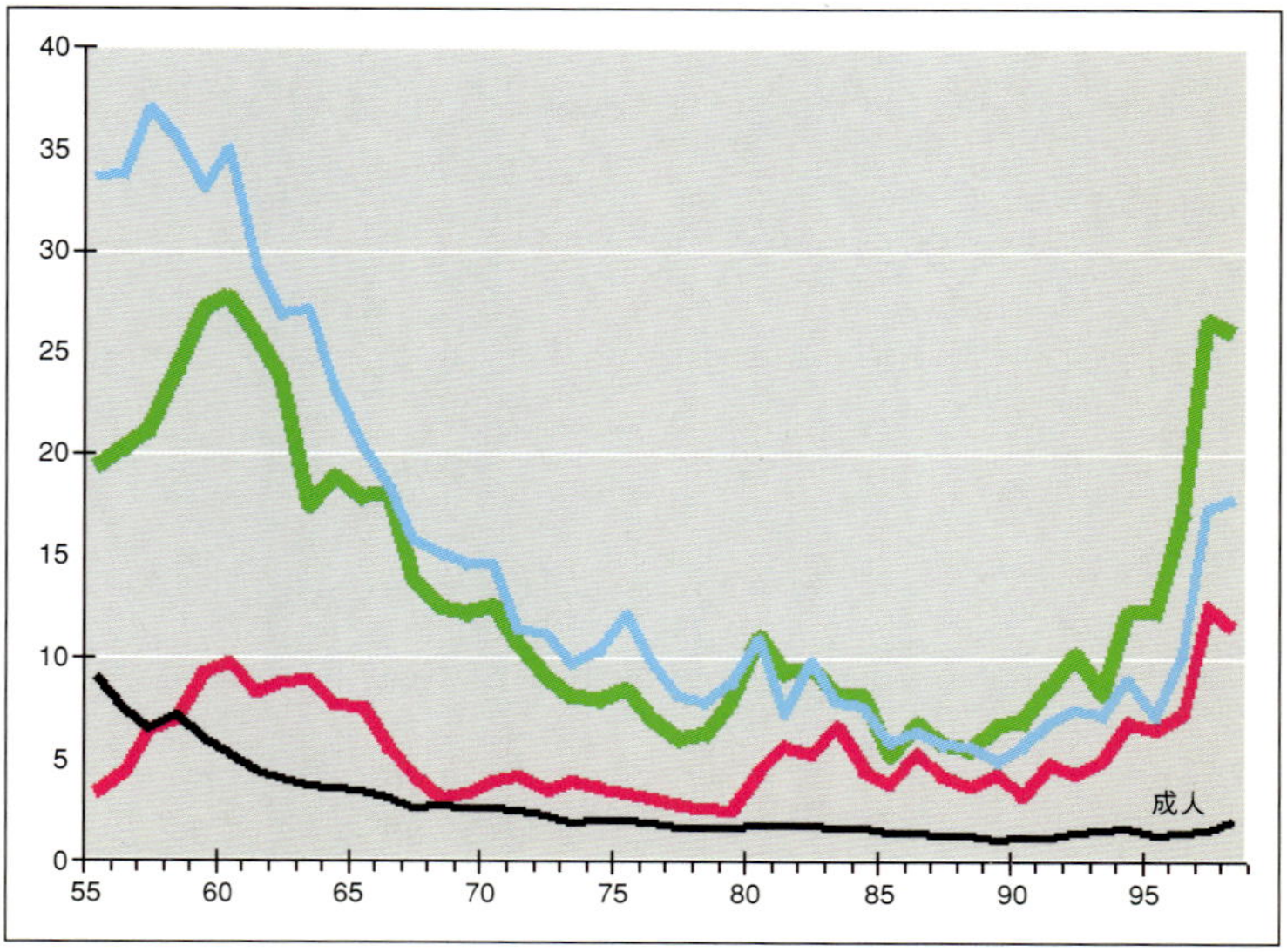

図8　強盗罪年齢別検挙人員率の変化

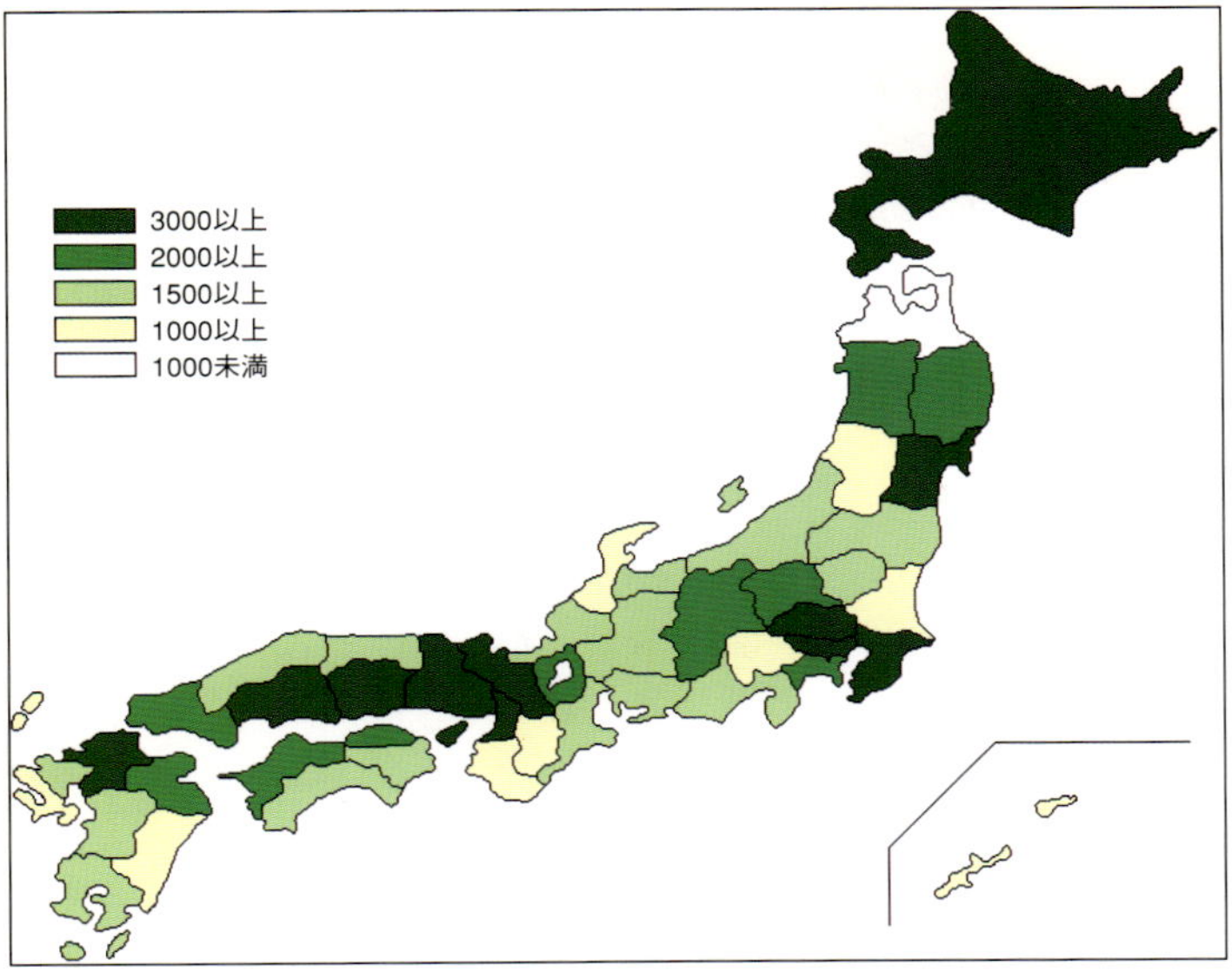

図9　少年の県別検挙人員率（1998）

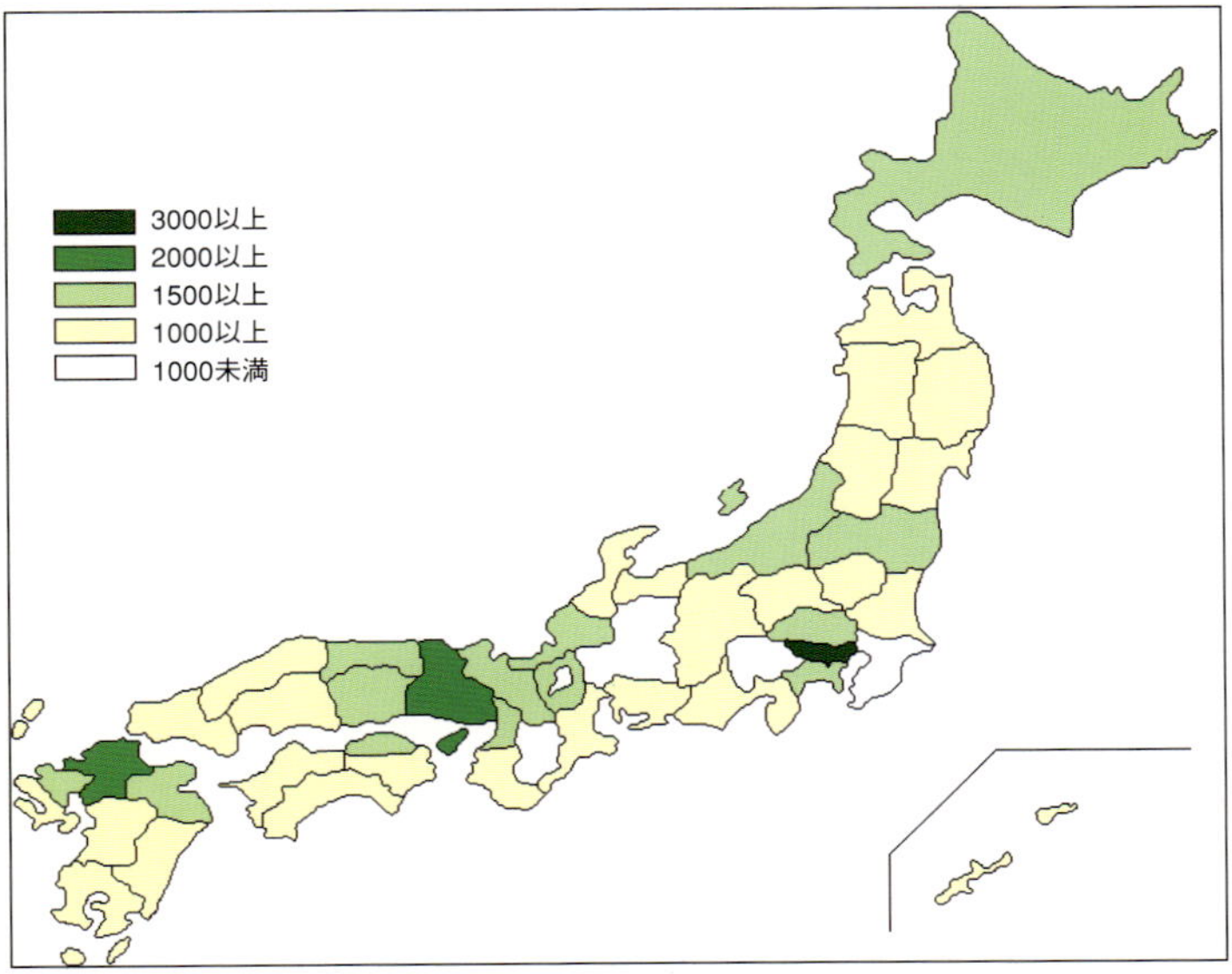

図10　少年の県別検挙人員率（1982）

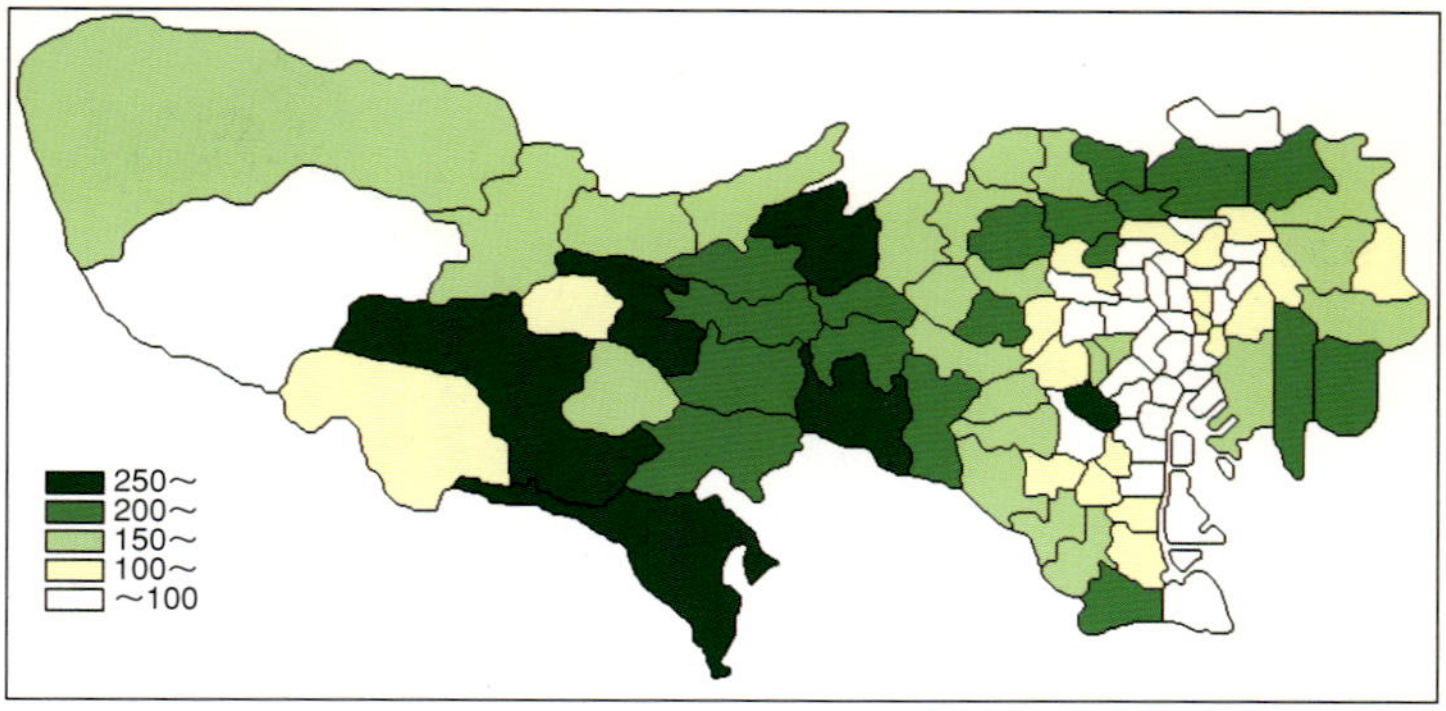

図11　少年刑法犯検挙件数（1998と1999の平均値）

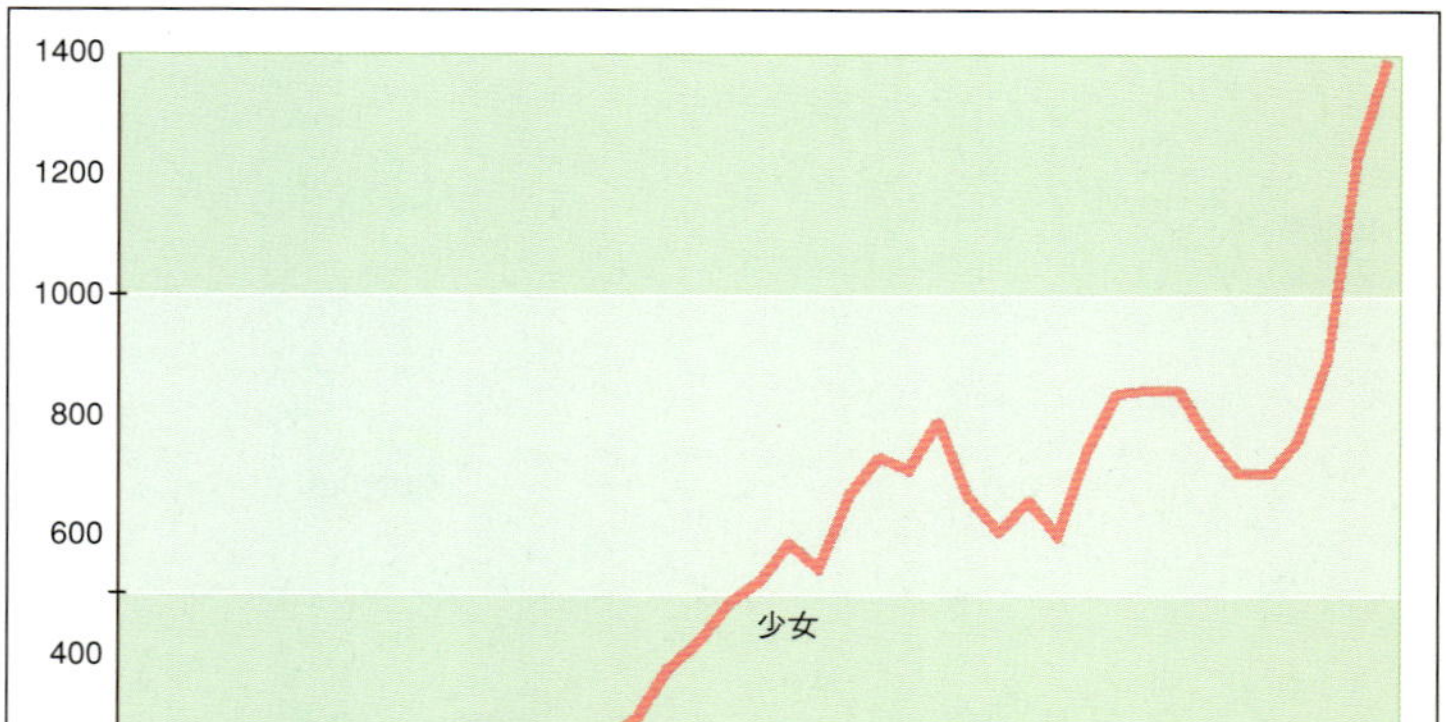

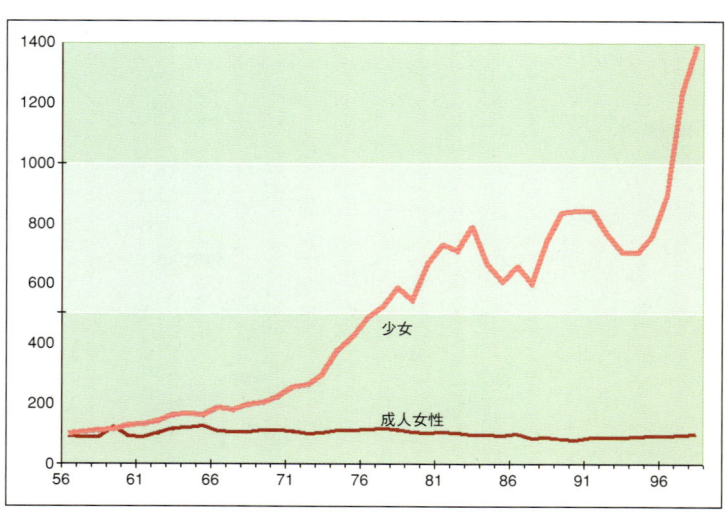

図12　女性の検挙人員率

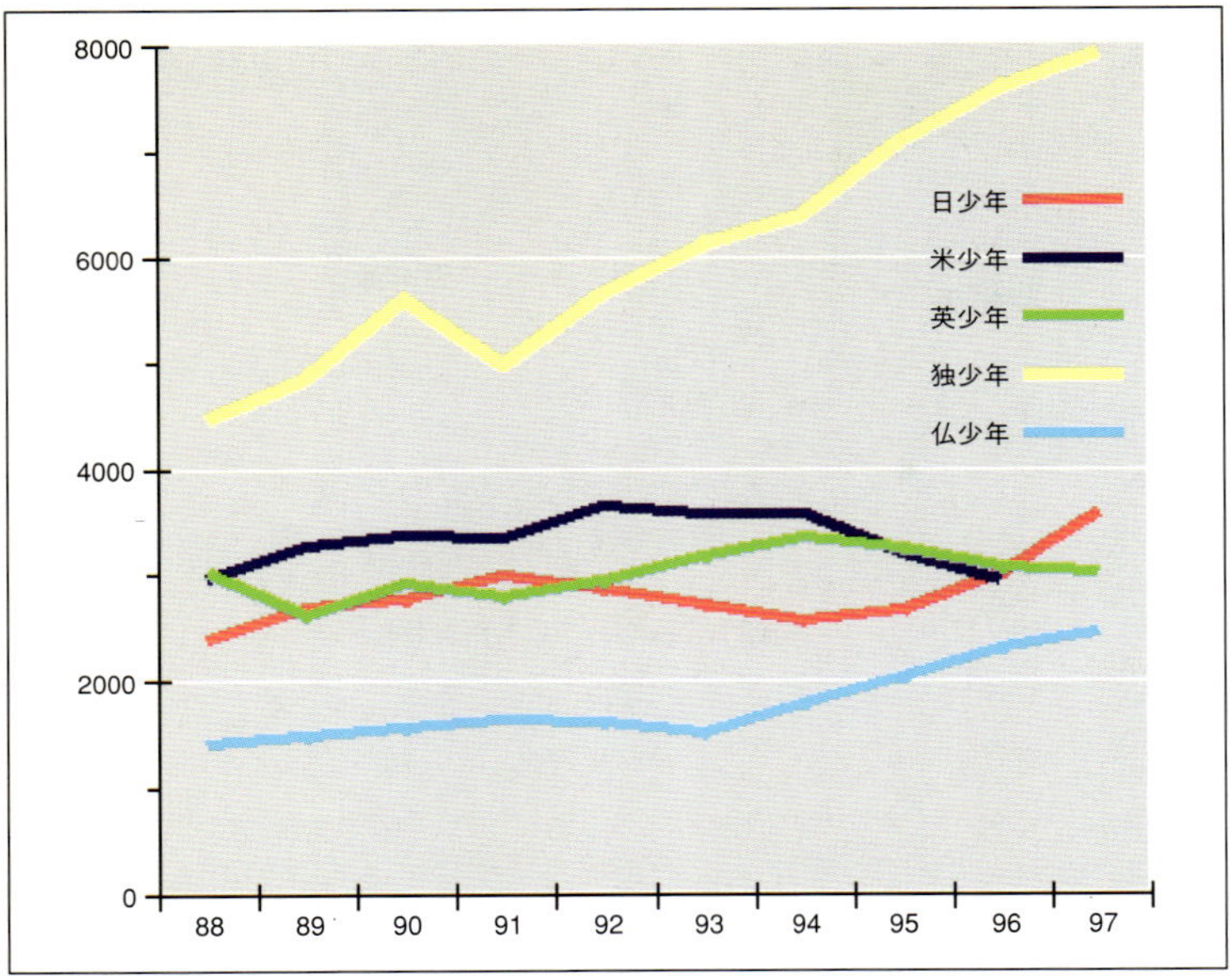

図13　少年（14-17歳）刑法犯の検挙人員率（人/10万人）

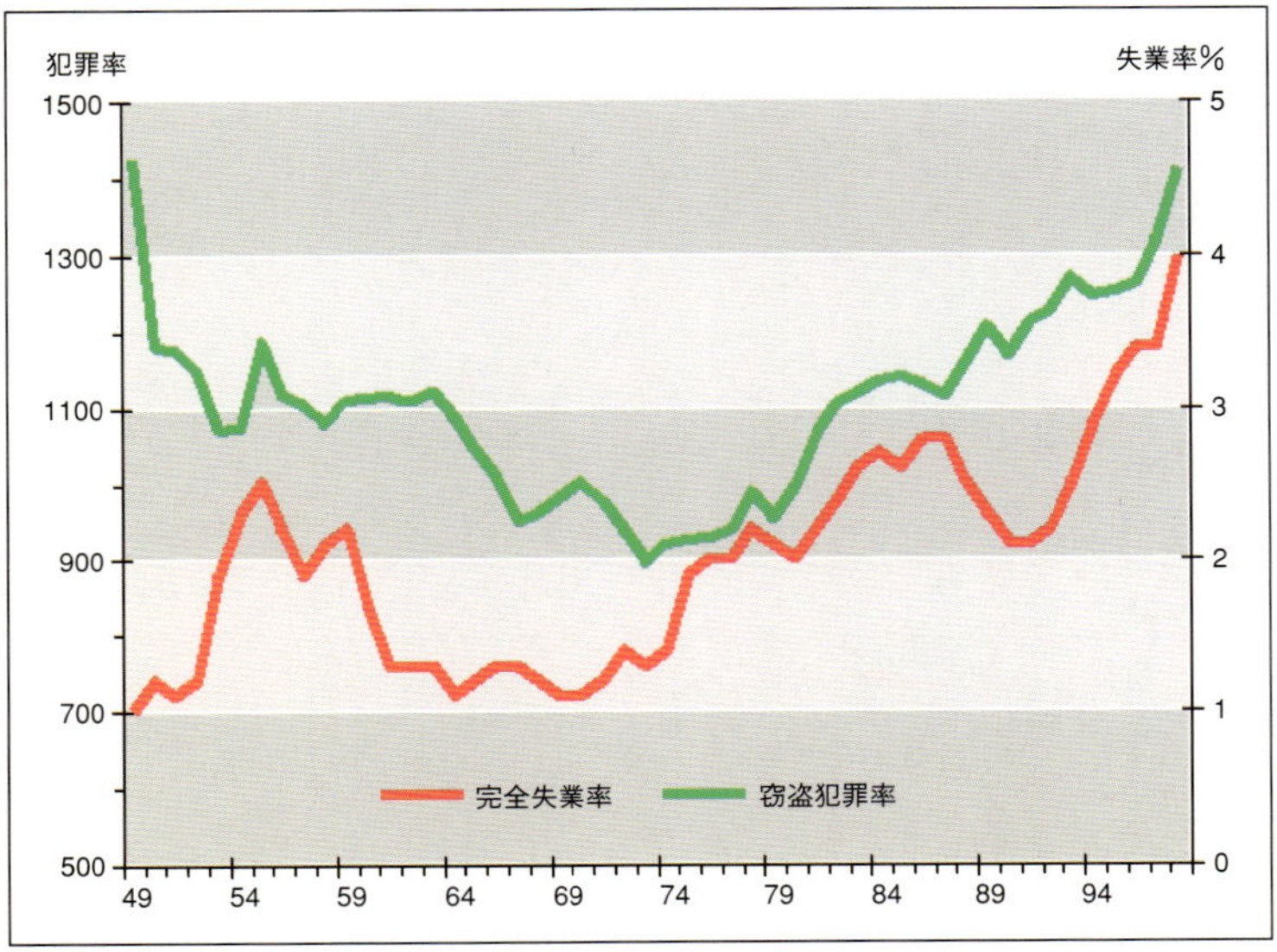

図14　失業率と犯罪率

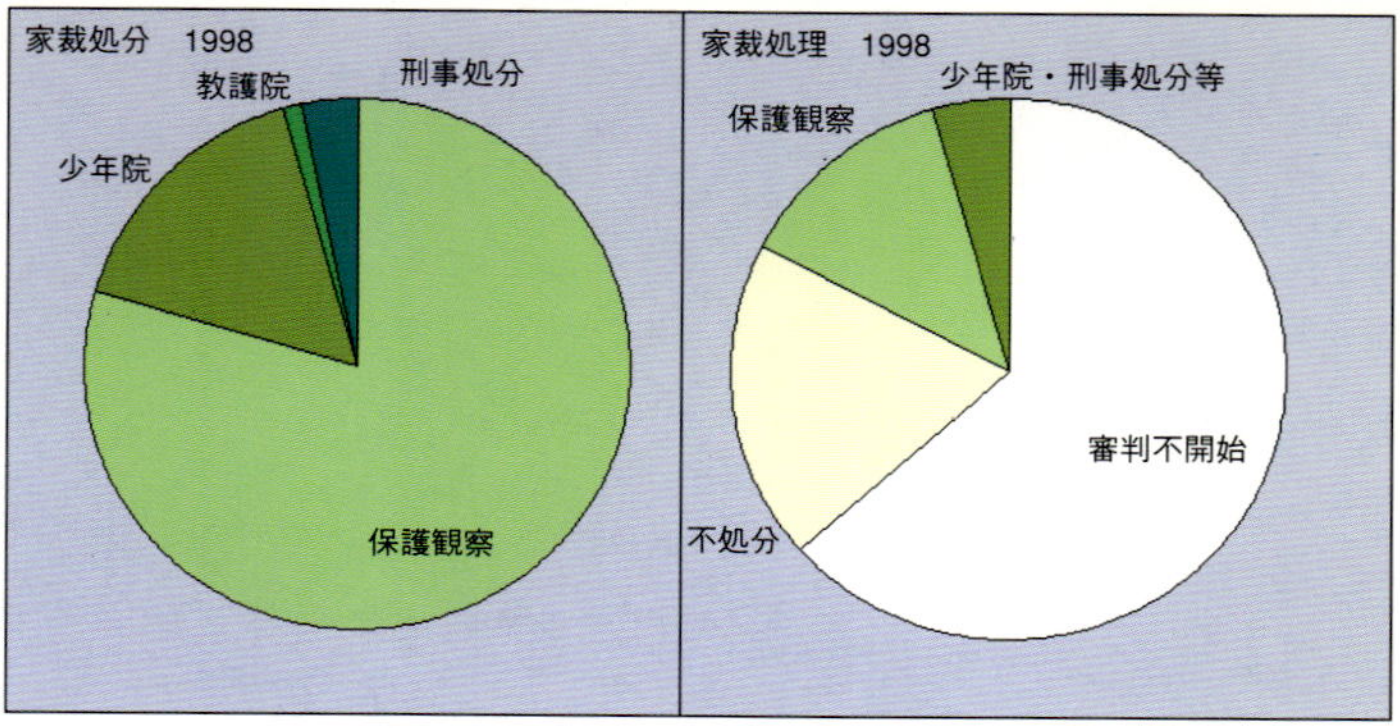

図15　家裁処分・家裁処理状況

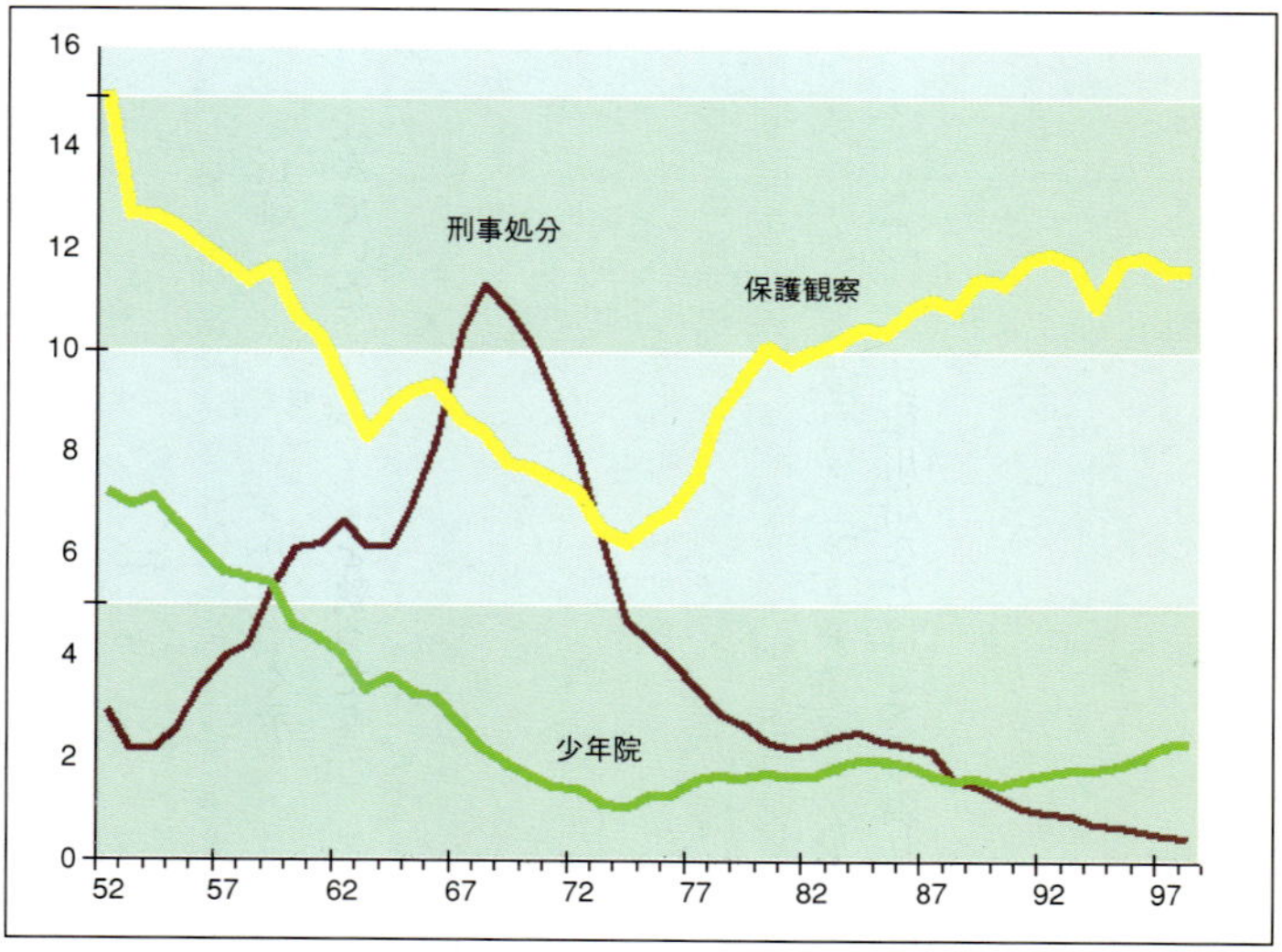

図16　保護処分の割合の推移

はしがき

本書は、題の示すとおり、少年犯罪の発生状況を正確に、そしてわかりやすく示すことをねらいとしている。法律家や法学部の学生以外の方々にも読んでいただこうと筆を執ったものである。一つにはマスコミで、「最近の少年犯罪の実態はさほど重大化していないのに、一部があおっている」という趣旨の論評が見られることが気になっていたからである。専門外の論評なので致し方ないのであるが、マスコミに載れば一定の影響力を持ってしまう。部分的に切り取れば、少年犯罪が減った事実がないとはいえないが、まさに一本の「木」の変化で「森」全体を説明するようなものといえよう。

私としては、日本の犯罪の統計をかなり長い間フォローしてきた者として、「少年犯罪は増えている」という、おそらく多くの国民が共有しているであろう「常識」が、客観的なデータに裏付けられたものであることをわかりやすく示したかった。その意味で、法律用語などはできる限り避けて、平易な記述を心がけた。そして、可能な限り図にして示したつもりである。また、文献の引用を行わなかったのもそのためである。本書の骨格である統計データは、公的機関から公表されたものであるが、意見・評価の部分は私の個人的な考えであることはいうまでもない。

少年問題は、国民全体が真剣に取り組まなければならない段階に達しているということを申し上げたかったのであるが、それと同時に、少年の犯罪を増加させてきたのは「社会」であり、そこを見落とした取り組みは問題解決につながらないということも強調したいのである。法改正も重要であるが、「家庭」とは何か、「規範」とは何かなどを真剣に考え直す必要がある。

本書は、多くの業績の上に成り立っているものであることはいうまでもない。特に、田宮裕・廣瀬健二編『注釈少年法』(有斐閣)と徳岡秀雄『少年司法政策の社会学』(東京大学出版会)から非常に多くを学ばせていただいた。さらに東京母の会連合会編『ざけんなよ』(集英社)など多くの著作から啓発された。また、最高裁家庭局と刑事局、法務省矯正局教育課、司法制度調査部、法務図書館、警察庁・警視庁の少年課から、懇切なご教示と大変なご協力をいただいた。ここに厚く御礼申し上げる次第である。

今回も、東京大学出版会編集部の斉藤美潮氏にお世話になった。著者のわがままに応えて、短期間に本当によくやっていただいた。また、異様に図の多い本書をスピーディに製作していただいた東京大学出版会製作部と、印刷にあたられた平文社にも心から感謝申し上げる。

二〇〇〇年九月

前田 雅英

少年犯罪——統計からみたその実像／目次

はしがき

■1■少年犯罪は本当に増えているのか

「やってはいけない」が聞こえない

二〇〇〇年になって、少年の凶悪事犯が特に目立つようになった。名古屋の五〇〇〇万円の恐喝事件、「一度殺人を経験してみたかった」という豊川の主婦殺害事件、家庭内暴力で家族が持てあましていた少年による佐賀の「バスジャック」事件、埼玉や茨城の複数少年によるリンチ事件、「むかつく」という理由で女性の体に暴行を加え続け鋏で耳まで切り取っていた少女の事件。そして、野球部の後輩をバットで殺害しようとした上母親を撲殺した岡山の高校生、近所の六人を殺傷した大分の高校生……。

そこで気になるのは、少年達に見られる「共通項」である。個々の事件の残虐性や、「何でこんなことをしてしまったのか」という動機の不可解性もさることながら、多くの犯罪少年達には類似性が見受けられる。非行を繰り返して補導歴の多いいわゆる典型的な非行少年ではなく、一見おとなしくまじめな子どもが、急に人を殺す。金属バットで撲殺し、ナイフで突き刺し、首を切る……。これら

高1、一家6人殺傷

3人死亡1人重体

大分県警逮捕　ナイフで刺した疑い

「注意され恨み持った」

十四日午前三時五十分ごろ、大分県大野郡野津町西神野、農業　方から「一家六人が刃物で刺された」と、一一〇番通報があった。六人のうち、　の妻ら三人が死亡、残る三人も病院で手当てを受けているが、一人が重体、二人が重軽傷。大分県警は殺人事件として捜査していたが、捜査員の話から、同町内の県立高校一年生の男子（一五）から事情を聴いたところ容疑を認めたため、殺人と殺人未遂容疑で緊急逮捕した。高校生は「以前に　方のふろをのぞいたと言われ、恨みを持っていた。一家全員を殺してやろうと思った」と供述しているという。

（13面に関係記事）

2000.8/14（朝日新聞/夕刊）

の事件の裾野には、急に親に反抗的になり持てあますほどの暴行を働く「家庭内暴力の多発」がある。そしてさらには「登校拒否」「引きこもり」等々の現象も、無関係ではない。そこに共通しているのは、相手の痛みを全く感じず、自分の思い通りにならないと簡単に「キレてしまう」という事実である。それは、「規範の喪失（形成不全）」であり、別の角度からいえば、さまざまな意味で「自己チュー（自己中心主義）」なのである。そして、社会生活に適応できない、人とつき合うことが下手な子供が、統計的に目に見える形で増えてきてしまっているように思われる。

犯罪を押さえ込む社会の力の喪失

そして、別の意味で現代の少年犯罪の多発化を象徴しているのが、九九年から二〇〇〇年にかけて発生した名古屋の五〇〇〇万円恐喝事件と、二〇〇〇年の茨城の少女耳切り落とし事件である。前者は、長期間に多額の金銭を多数人が恐喝し、犯人らが特殊浴場での豪遊等をした事件である。恐喝の事実を知り得るはずなのに、結局、犯人の親、教師、連日乗車させたタクシー運転手などが、誰一人として彼らを止められなかった事実は、日本における犯罪抑止の源であった、家庭と学校と地域社会の変質を典型的に示している。その象徴が、制服姿でタバコを吸っている高校生に注意する大人が見られなくなってしまったという現実である。後者の事案は、二名の少女が、二〇代の女性を監禁して暴行の限りを尽くし、果ては耳朶を鋏で切り落としたというものである。地方都市で発生したが、その犯行の態様や、周囲の住民に対する彼女らの「完全に大人を舐めきった態度」は、犯罪性における地域差と男女差の喪失を示している。

もちろん、少年事件といっても多様であり、広島や姫路の暴走族の蛮行とバスジャック事件などは一応分けて考えるべきであろう（もちろん、神戸児童殺傷事件やバス事件の犯人と岡山のバット事件の犯人は異質であることも見落としてはならない）。これらの少年は、前述の如く「不良」「悪い奴」「非行性の強い問題少年」とは明らかに異なる。「暴走族」や、かつての「番長」のようなタイプの少年犯罪とは異なって、「何であの子が……」という犯罪なのである。もちろん、調べてみたら以前から「猫を殺して舌を収集していた」というような事実も出てくるが、従来型の、怠学・喫煙・飲酒・不純異性交遊的な非行とは、はっきり区別ができる。この新しいタイプの少年犯罪が目立つようになったのは、九八年一月の黒磯のバタフライナイフ事件以降であったように思われる。いわゆる「いきなり型」の

2000.5/5（東京新聞/朝刊）

1997.5/27（毎日新聞/朝刊）

犯罪である。「カッとなると我慢できなくなる」「むかつく」「うざい」……。

その延長線上には、二〇〇〇年に発覚した新潟の少女監禁事件がある。成人の事件であるが、相手の都合にお構いなしに、「したいから、何年も人を人形のように支配する」という、誠に身勝手きわまりない犯行であった。自己の欲求を社会に適合しうるようにコントロールできない少年が増加している。これらのタイプの犯罪が目立つようになったのは、バブルとその崩壊の影響も考えられるが（→一一二頁以下）、やはり戦後一貫して進行した規範脆弱化の病弊とも考えられる。規範のもっとも基本的な部分は「人に迷惑をかけない」「相手がどう思うかを考える」ということである。

ただ、最近の暴走族の凶悪化も軽視できない。暴力団との結びつきが深まったと指摘されている。「伝統的な少年非行」も、決して減少はしていない。少年犯罪の複雑な構造を直視する必要がある。

「受験戦争の被害者」「個性を押し殺す社会」……。このような平板な評論家的説明が今でもなされることがあるが、このような見解は問題の本質を見誤っている。もちろんそれ自体が一〇〇％間違っているとまでは言えないが、より大きな原因を見落としている。あたかも、糖尿病で免疫力が落ちている人が風邪をこじらせて肺炎になっているのに、「薄着をしているから悪い」といっているようなものなのである。生活習慣病の人間に対し、風邪の原因だけを問題にしても、健康の回復は不可能であろう。また最近は、少子化による受験の緩和やゆとり教育政策で、勉強しない子ども達も増えている。むしろ、学校でも家でも「拘束」は減少し、何をやったらいいかが見えないことが非行の原因になっているとさえ考えられる。

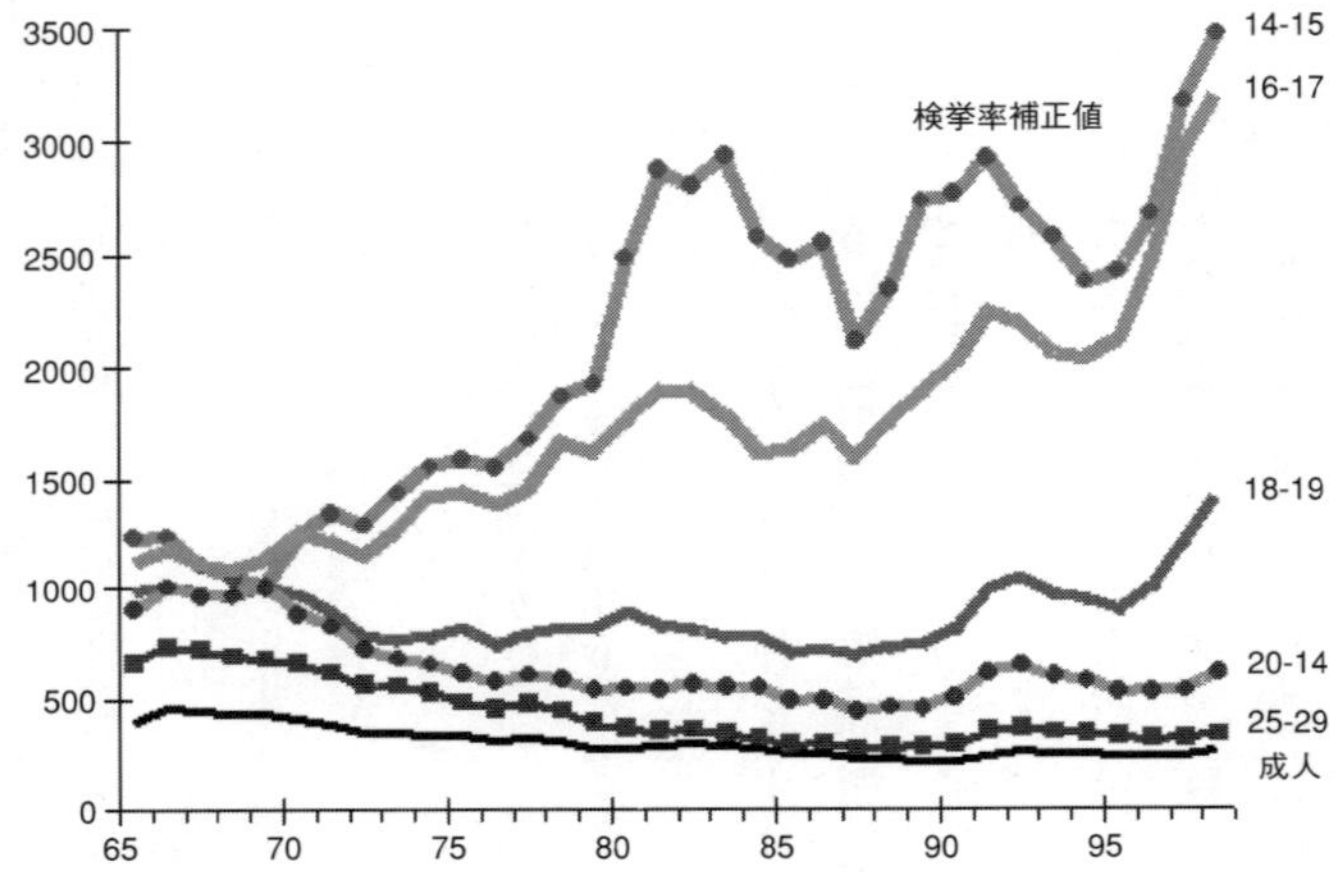

図1　年齢別少年検挙人員率の変化(人/10万人)

クラスで一人は検挙される

少年の犯罪状況は、一般に考えられている以上に深刻であることを指摘しなければならない。検挙された者の半数は少年によって占められている。そして、一九九八年に刑法犯を犯したとして検挙された成人は、一六万七四八人で成人人口一〇万人あたり一六七・五人にすぎないが、少年はその一〇倍を超えているのである（検挙人員一五万七三八五人で同年齢人口一〇万人あたり一六九一・九人である）。つまり、少年は成人の一〇倍の割合で犯罪を犯すようになってしまった。一九五五年頃までは、差はほとんどなかったのである（口絵図1）。そして特に、年少少年（一四・一五歳）が二二〇〇（後述の検挙率補正値では三四七五）人、中間少年（一六・一七歳）が二〇三四（検挙率補正値では三二一三）人に達している（口絵図7）。中高校生の非行がマスコミを賑わしているのは、統計上の数値を投影したものと見ることができる。中高校生の五〇人に一人は警察に検挙されているのである（不良行為で補導されるのはさらにその数倍となる――四七頁図13参照）。この割合は、七〇年当時と比較して、倍近くに増加している。間違いなく、少年非行の状況は深刻化し、国民がそれを肌で感じざるを得ない段階にまで達したのである。

少年犯罪は戦後一貫して増加した

しかし、何より注目すべきなのは、図1と口絵図1からも明らかなように、少年の検挙人員率が戦後一貫して増え続けてきたという事実である。ただ、単純に少年一〇万人あたりの少年の検挙人員（検挙人員率）をグラフ化すると、平成の少年犯罪状況は必ずしも危機的とはいえないように見える。しかし、ここで注意しなければならないのは、平成以降検挙率（検挙件数

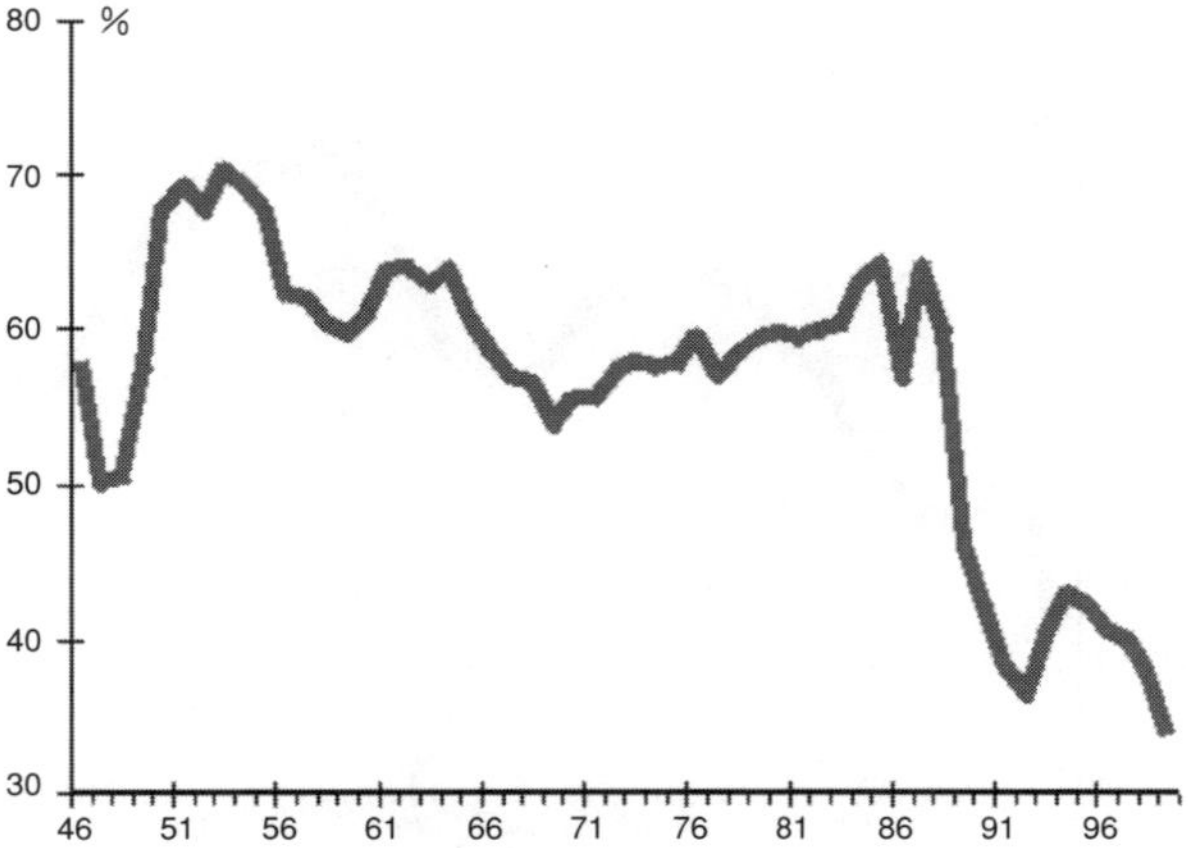

図2　刑法犯検挙率

の認知件数に対する比率）が急激に変化した事実である（図2）。いわゆる犯罪率（人口一〇万人あたりの犯罪認知件数）は、平成に入っても増加し続けている（九〇年に一三二四であったものが九九年には一七〇九に達する——一二頁図9参照）。にもかかわらず、検挙人員数が減少したのは、それまでほぼ六〇％で維持されてきた検挙率が一挙に四〇％前後に急落したからに他ならない。そこで、一九八八年頃までの検挙率がそのまま維持された場合を想定して認知件数に応じた検挙人員を推定し、それを成人と少年の検挙人員の割合に従って割り振った数値を元に描いたのが口絵図1なのである（以下のグラフにおける「検挙率補正値」という表示は同様の作業を行ったことを意味する）。ただ、このような補正を行わなくとも、現在の少年犯罪が、数値上は危機的状況にあることは変わらない。

しかし、少年犯罪の状況に関しての最も一般的な理解は、「戦後三回の増加期を経験し、今四回目の増加を経験しようとしている」というのんびりしたものなのであ

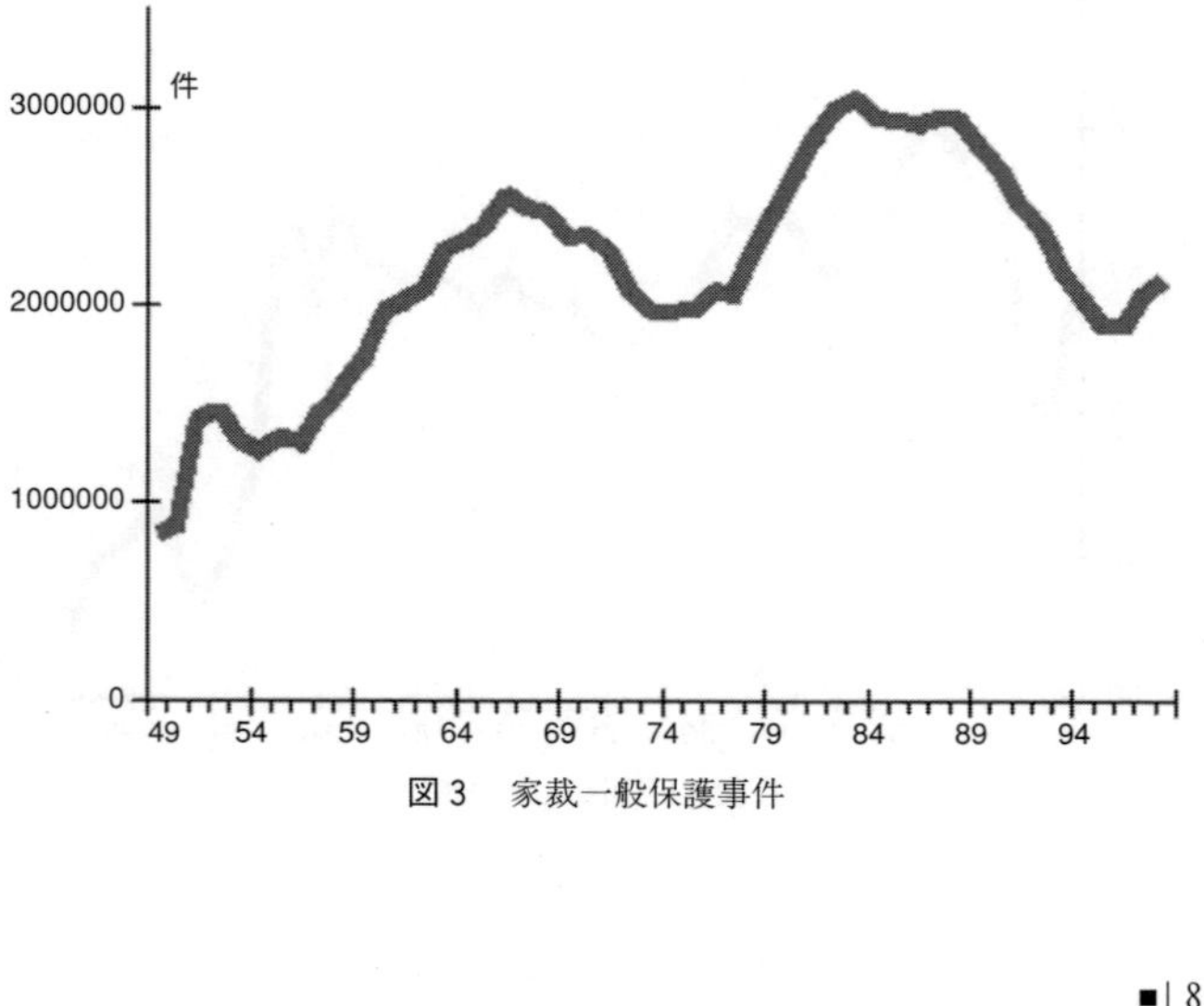

図3　家裁一般保護事件

る。たしかに、少年司法の核となる家庭裁判所から少年犯罪を見ると、そこで得られる統計数値に基づく限り、危機的状況を読み取ることは困難である（図3）。後述の如く、少年事件は、原則としてすべて家裁の門を通過するので、そこで扱われる人員の変化が最も基本となるデータと考えられがちであった。少年問題の論稿の基本には、そのような傾向が見られる。しかし、家裁に送られる少年は非行少年の一部に過ぎないし、近時、送られる割合が急速に減少したのである。

戦後の日本の非行少年政策は見直されなければならない

この口絵図1に示された戦後少年検挙人員率の増加は、半世紀を超える日本の戦後の少年に対する「刑事政策」の根本的な見直しを迫っていると言わざるを得ない。ほぼ一貫して減少し続けている成人犯罪と際だった対照を示している。そもそも、少年に対しては、教育・保護があるのみで刑事政策の対象と考えることは許されないという思潮が、戦後の少年法に関する学説の主流であったといってよい（後述六五頁参照）。これは、五〇年前のアメリカ流の考え方に強く影響されている。しかし、アメリカの非行少年に対する考え方は大きく転換していった（後述一八二頁以下）。

たしかに、今でも多くの人は、アメリカも含めて、少年に成人の場合と同様の刑罰を科すべきだとは考えてはいない。「非行少年の誤りを矯正して、立派な大人に育てて社会復帰させることが大切だ」という一般論を否定する人は少ない。しかし、そのような少年保護の思想にしても、やはり「そうすることこそが真の意味で犯罪の撲滅につながる」と考えてはいるのである。少年が立ち直ること自体ではなく、彼らが再び犯罪を犯さないようにすることにより社会の安全を守り得るという主張を含むことにより、裏返せば「厳しく処罰しても少年犯罪は減らない」として、自己の主張を正当化してきた面もあったことは疑いない。「少年が犯罪に至る本当の原因を絶たねばならない」という議論は、やはり、犯罪の防止を目指しているものでもあったはずである。そうだとすれば、現状の犯罪の増加は、やはり保護主義の見直しを要請している。「犯罪を犯す少年の割合は増えたかもしれないが、少年犯罪に対応するシステムはうまく機能している」という説明は、強弁にしか聞こえないであろう。また、「少年犯罪は増えても、一方でそのマイナスを補って余りある現在の少年たちの生活の充実がある」とは誰も考えないであろう。少年犯罪がこのように増えてしまったことをきっかけに、それに対応するシステムの見直しが図られなければならないことは、誰も否定できないのである。

戦後日本の「保護中心の少年法制」の源であるアメリカにおいて、少年非行に対する対応の根本的な方向転換がなされたことも直視しなければならないが、それ以上に、日本の少年犯罪がどのような形で増えてきたのかを踏まえた上で、対策を構築していかなければならない。少年法の改正も重要であるが、そのためには、日本の少年非行の現実をきちんと認識し、その原因と対策を厳密に考察する必要がある。少年非行そのものが非常に複雑な寄せ木細工のようなものであることを忘れてはいけない。少年犯罪の増加といっても、犯罪類型によってその変化は著しく異なる。口絵図1に示された変化は罪の中でも圧倒的多数を占める窃盗罪の特色を色濃く反映したものなのである。そして、ほぼ一貫して増加しているといっても、戦後の五〇年の中には特に増加の著しい時期があることも否定できない（5〜7章参照）。

世界の少年犯罪

その前に、日本の少年犯罪が先進諸国と比較してどのような特色があるのかを概観しておこう。

日本の一四歳から一七歳の刑法犯検挙人員率（補正値）の三五〇〇という数値は、フランスの二五〇〇より高く（図8）、アメリカ、イギリスの三〇〇〇をも凌駕している（なお、アメリカは指標犯罪であることに注意しなければならない→一六八頁）。年少・中間少年の犯罪を犯す率は、欧米水準に達してしまったのである（ただ、近時爆発的な少年犯罪の増加が見られるドイツだけは、日本の倍近い検挙人員率である）。そして、アメリカではごく最近、減少傾向が見られるのに比し、日本はなお増加している。イギリスは横ばいといってよい。もっとも、フランス、ドイツも増加しており、少年犯罪

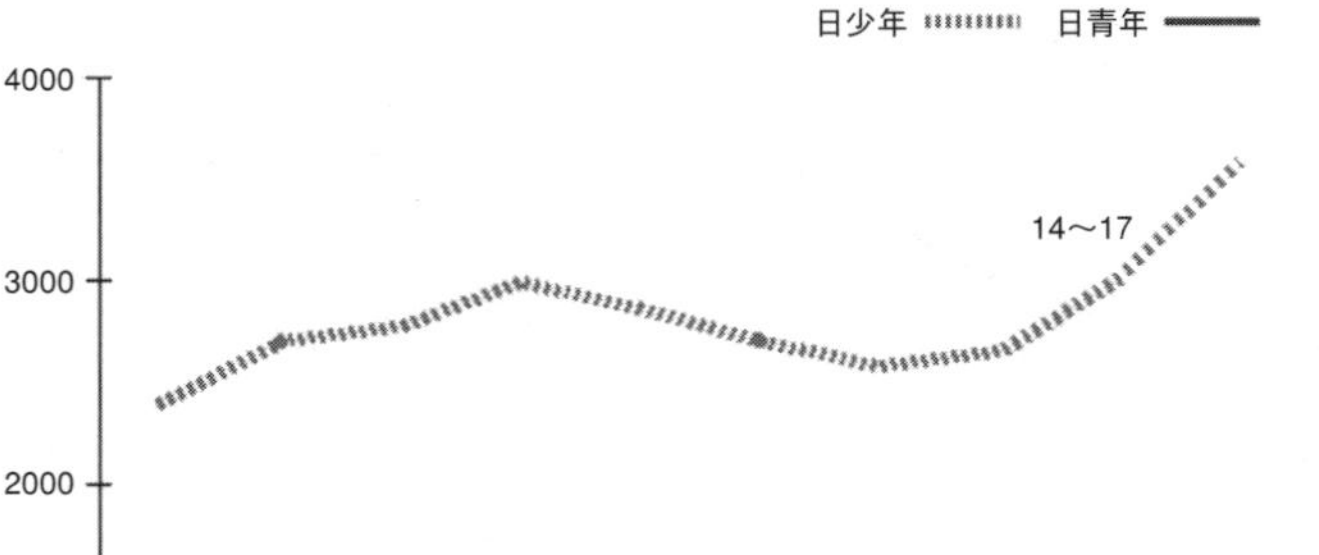

図4　日本の少年刑法犯の検挙人員率/10万人

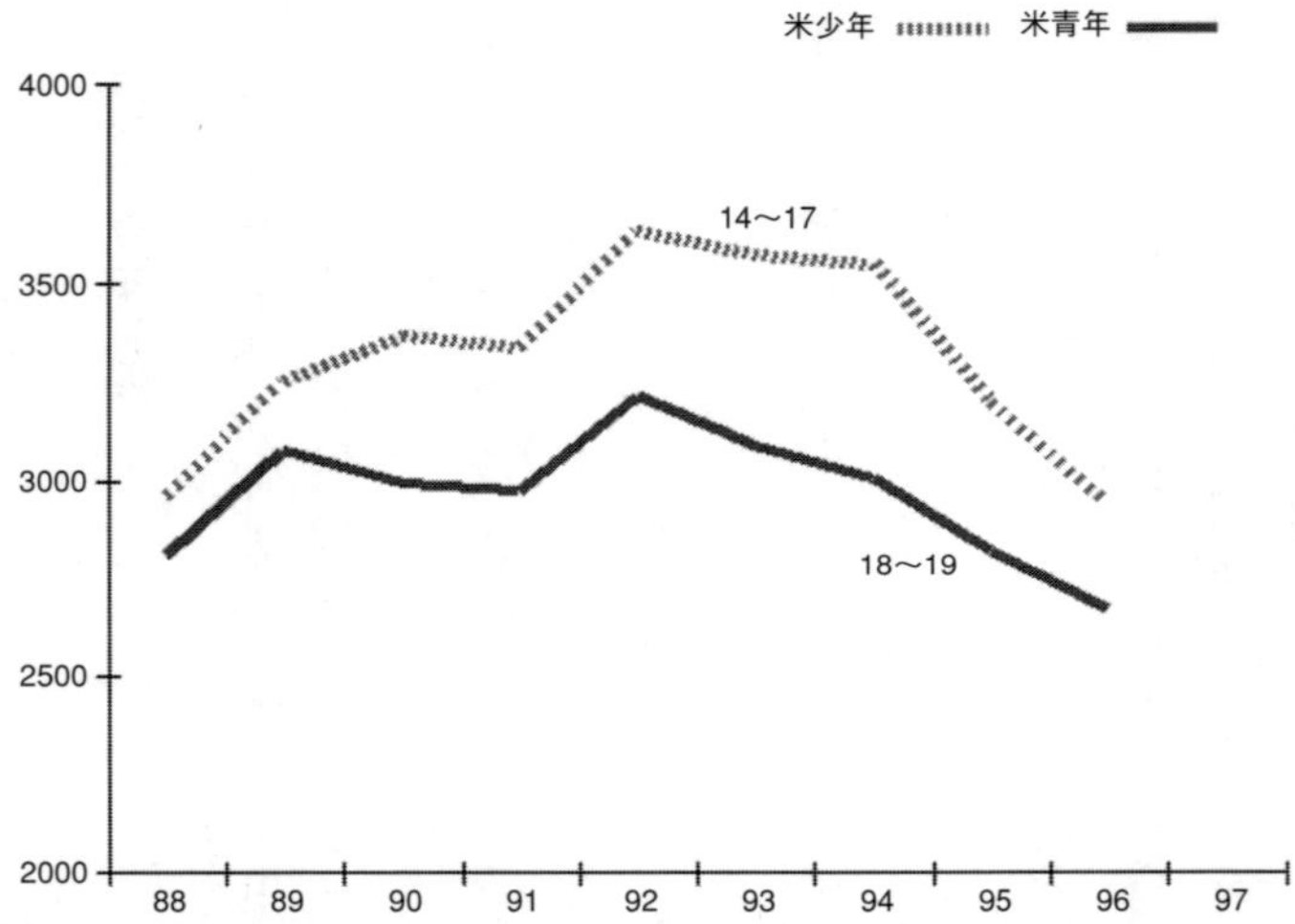

図5　アメリカの少年刑法犯の検挙人員率/10万人

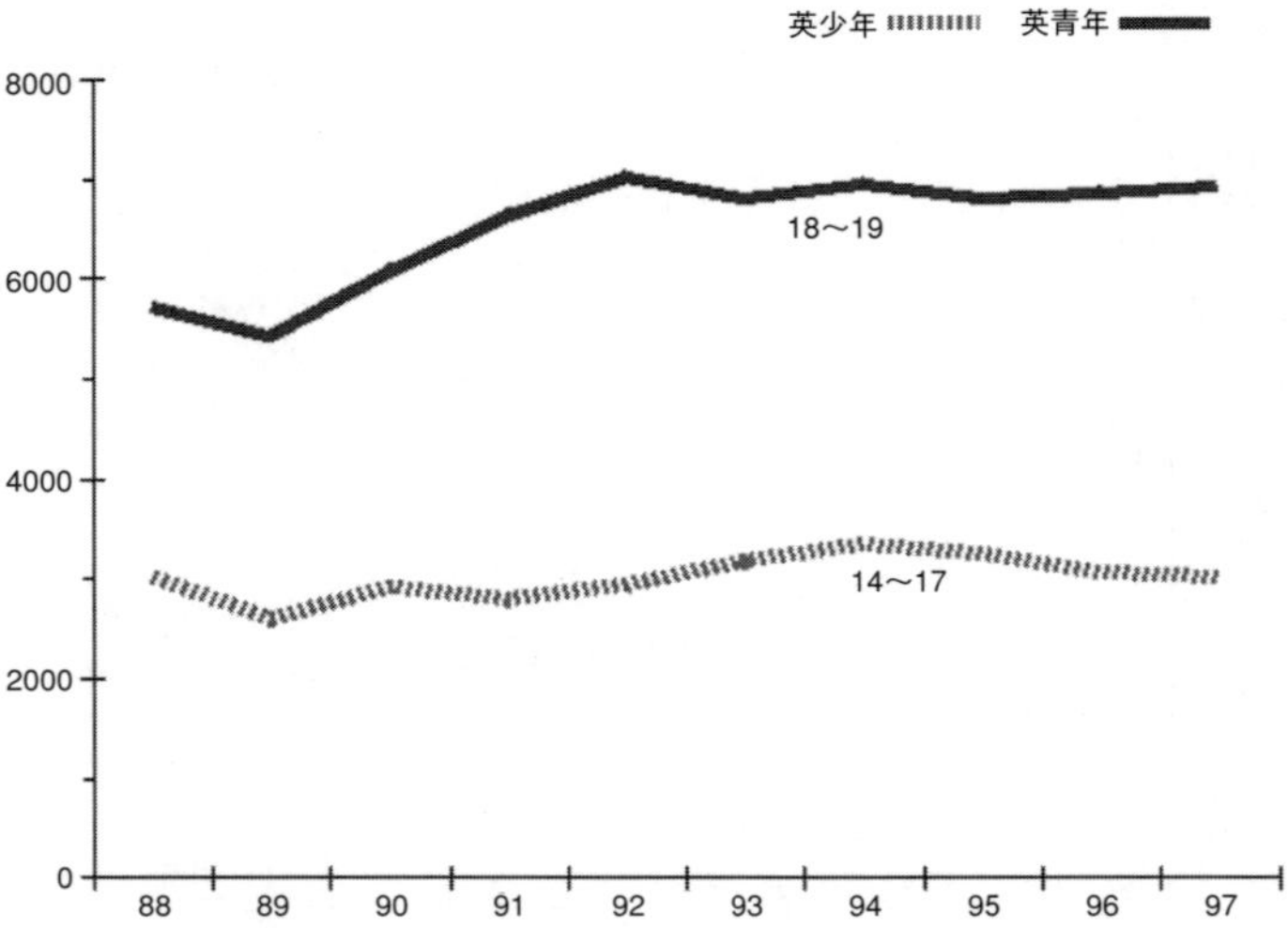

図6　イギリスの少年刑法犯の検挙人員率/10万人

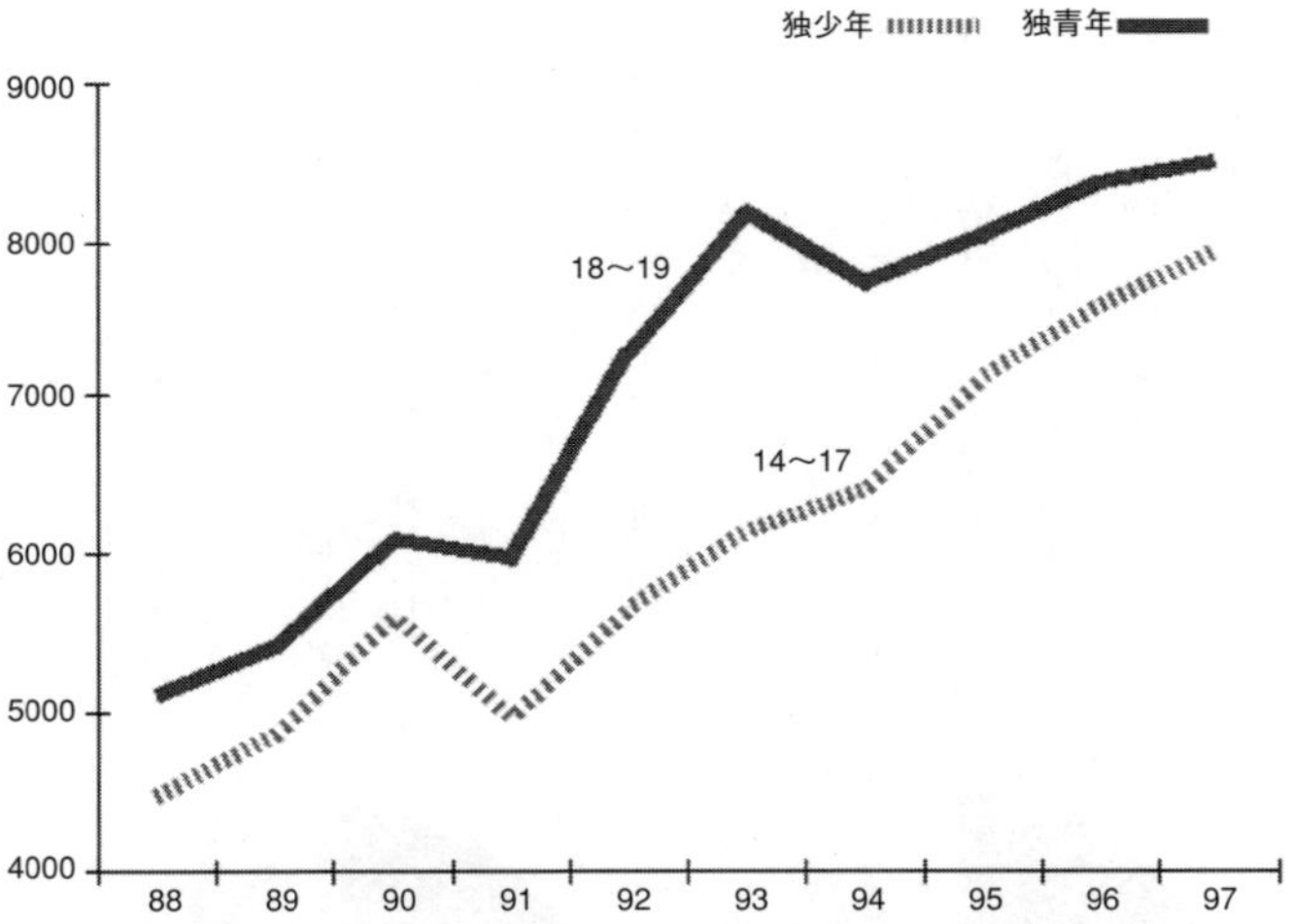

図7　ドイツの少年刑法犯の検挙人員率/10万人

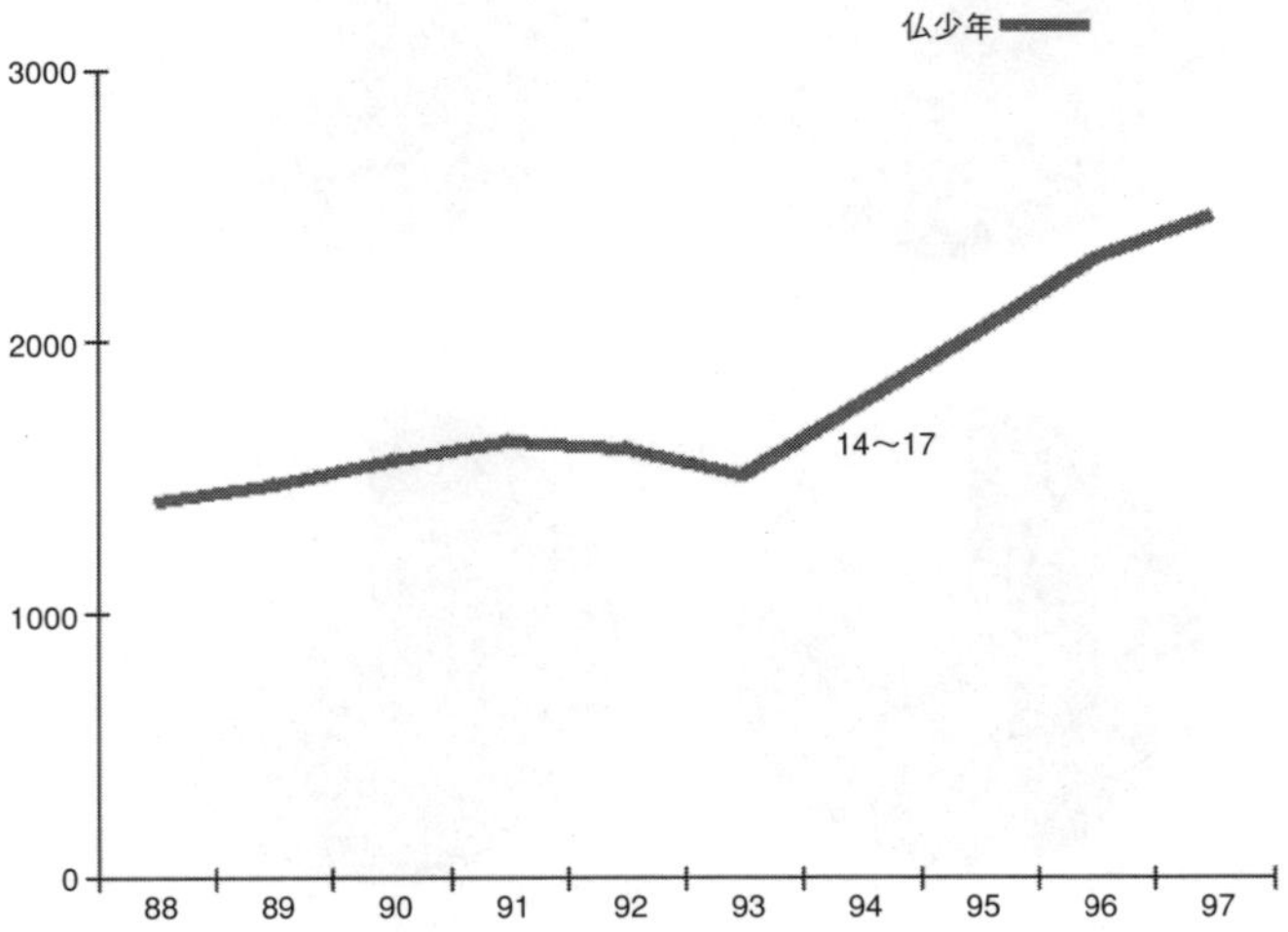

図8　フランスの少年刑法犯の検挙人員率/10万人

の増加は多くの国の共通の課題なのである。図9に示したように、各国で犯罪の約半数は少年達が犯しているのである（ただ、ドイツでは成人の犯罪者の割合が高い。それは異常に高い成人犯罪率に起因しているようにも思われる）。

その中でも、日本の少年非行の特色は、一四歳から一五歳の少年検挙人員率が著しく高いということにある。成人の一〇倍以上で、さらには、一六歳から一七歳の割合も一〇倍近い。先進諸国では、少年・青年層の検挙人員率は成人の三―四倍なのである。また、欧米で「青年」として扱われ、成人はもとより少年よりもむしろ犯罪

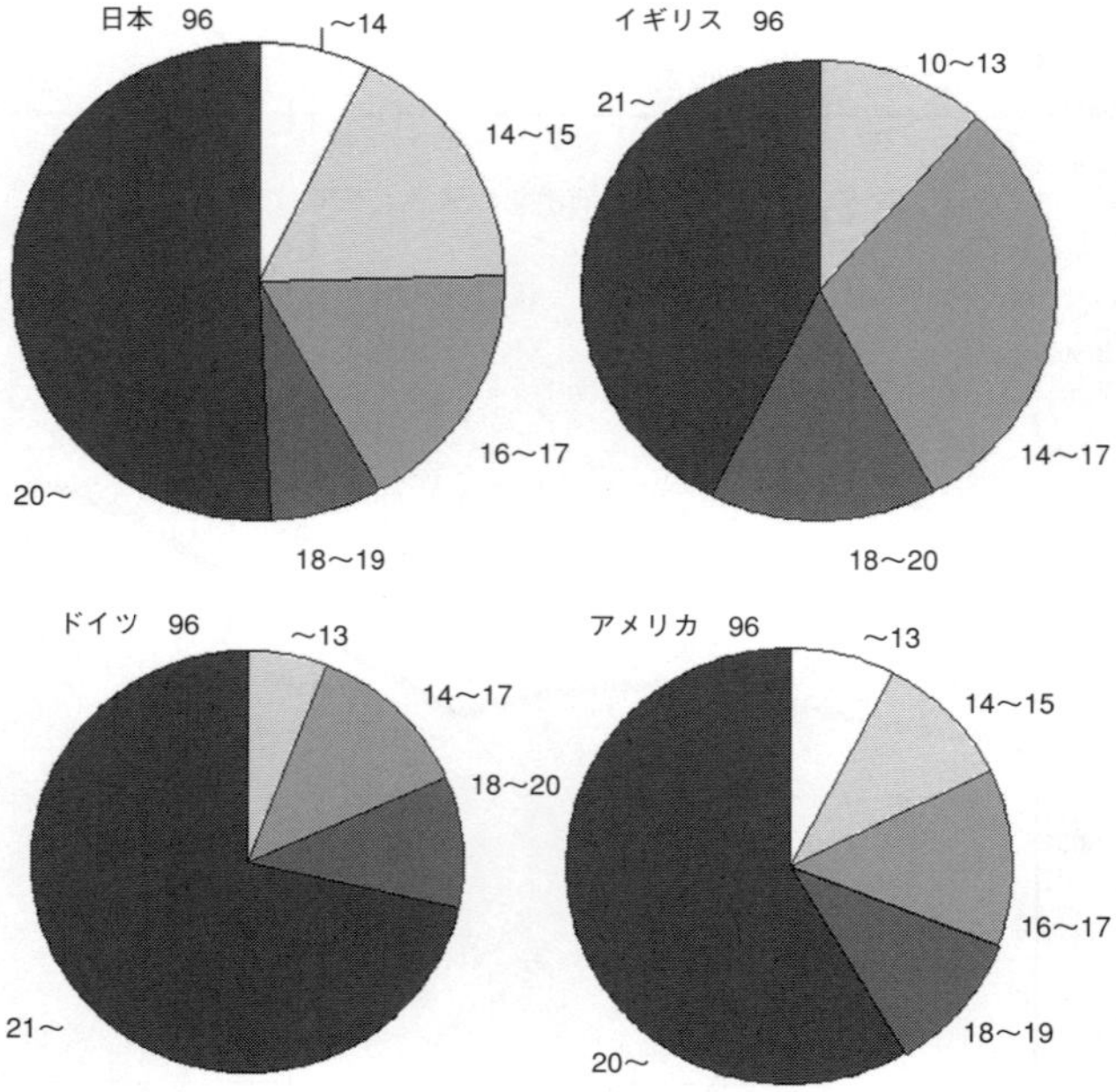

図9 刑法犯検挙者の年齢別割合

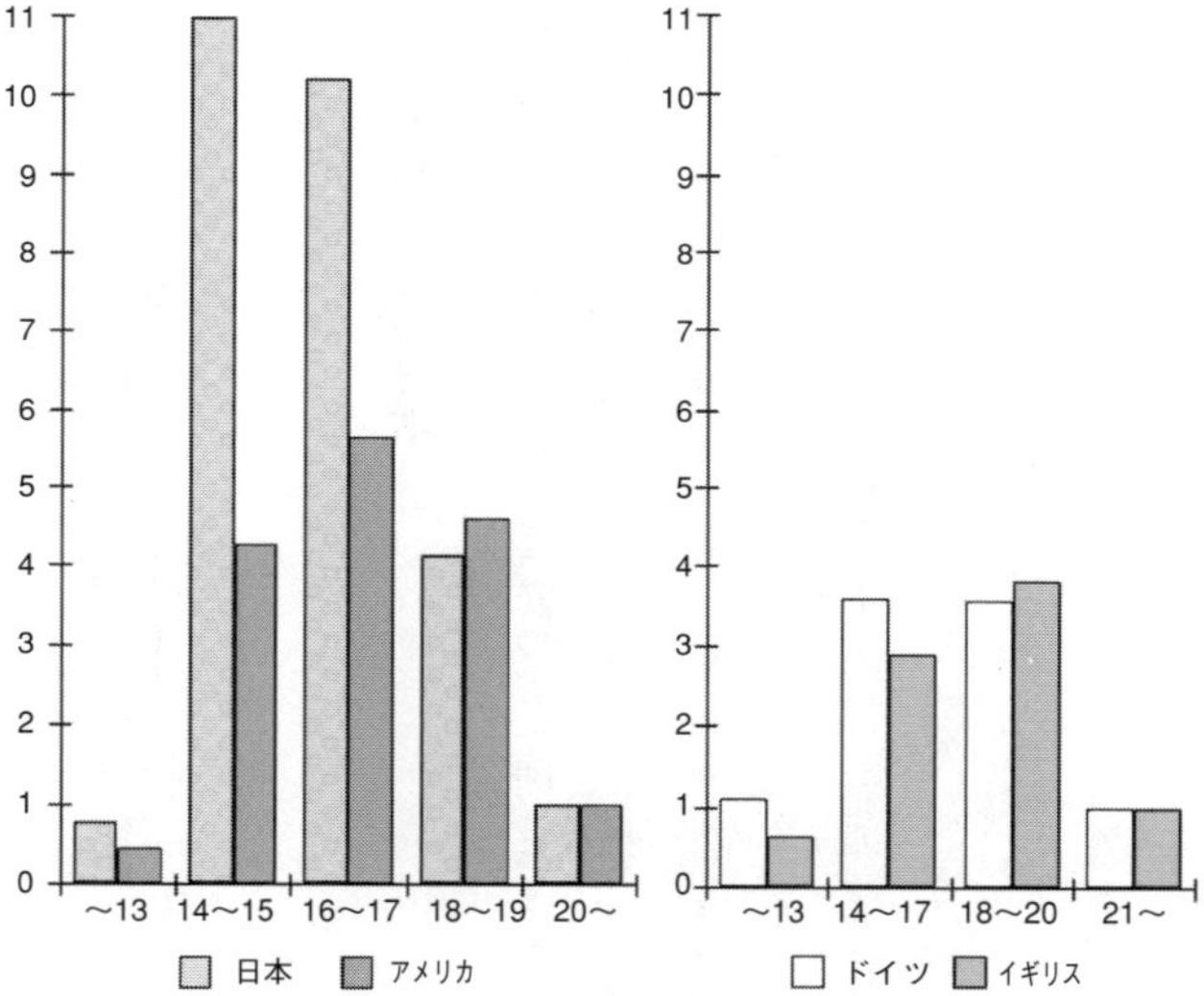

図10　少年と成人の検挙人員率の比較(1996)―成人を1とした場合

率の高い層である一八歳から一九歳の、日本の検挙人員率は少年の半分以下なのである（なおアメリカでは、青年層より少年犯罪の方が、若干ではあるが率が高い→口絵図2参照）。

ただ、凶悪犯に関しては、日本の少年の犯罪率は、欧米諸国に比較して低いことも指摘しておかねばならない。しかし、ここ数年、少年の凶悪犯の増加は著しいものがあり（後述一〇六頁以下）、このまま推移すれば、欧米に近づいていく危険性もあるのである。

2 「治安のよい国日本」の終焉

治安のよかった国日本

日本は、欧米外国に比較して治安のよい国と考えられてきた。そして、それを説明できるだけのデータは存在していたのである。下の図1に示したのが、主要国の犯罪率の比較である。日本の犯罪率は、飛び抜けて低いことがわかる。犯罪率とは、犯罪として認識された事案の数（犯罪認知件数）をその国の人口で割り一〇万倍した数である。つまり、一〇万人がいたらどれだけ犯罪が起こるのかの比較である（ここでは、日本の刑法典に載っているような主要な犯罪行為を比較している。なお、厳密には、犯罪が何件起こったかは知りえない。起こったうちの一部が統計に載っているに過ぎないが、それによって一応

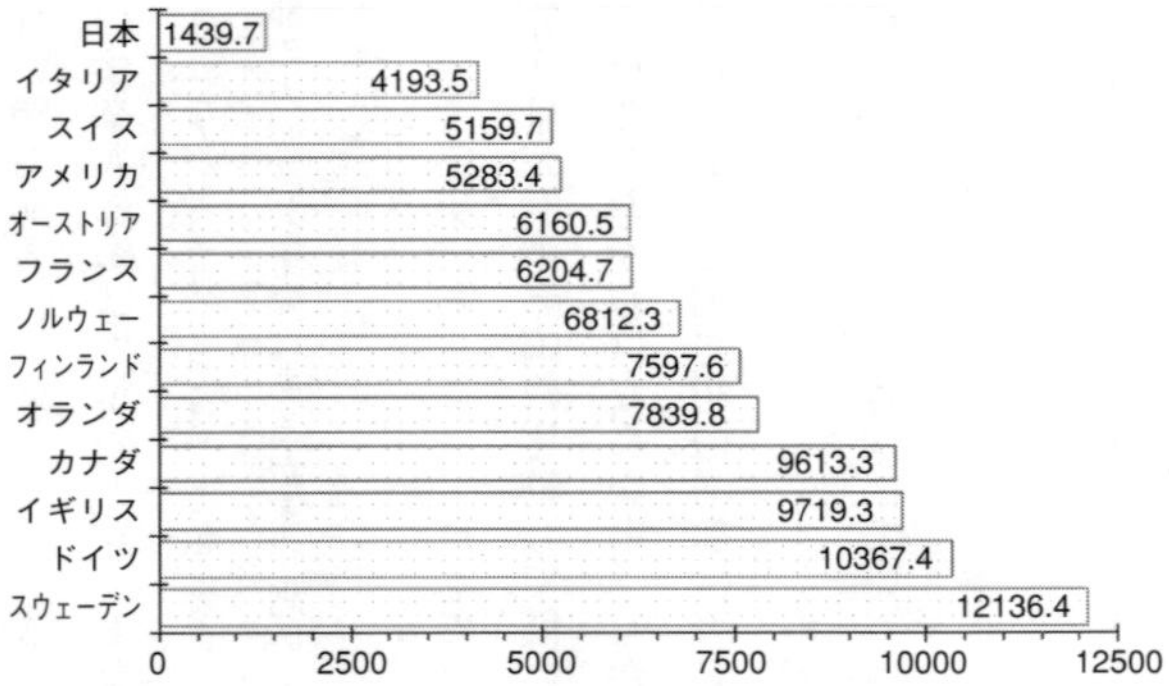

図1　犯罪率の国際比較（1996）

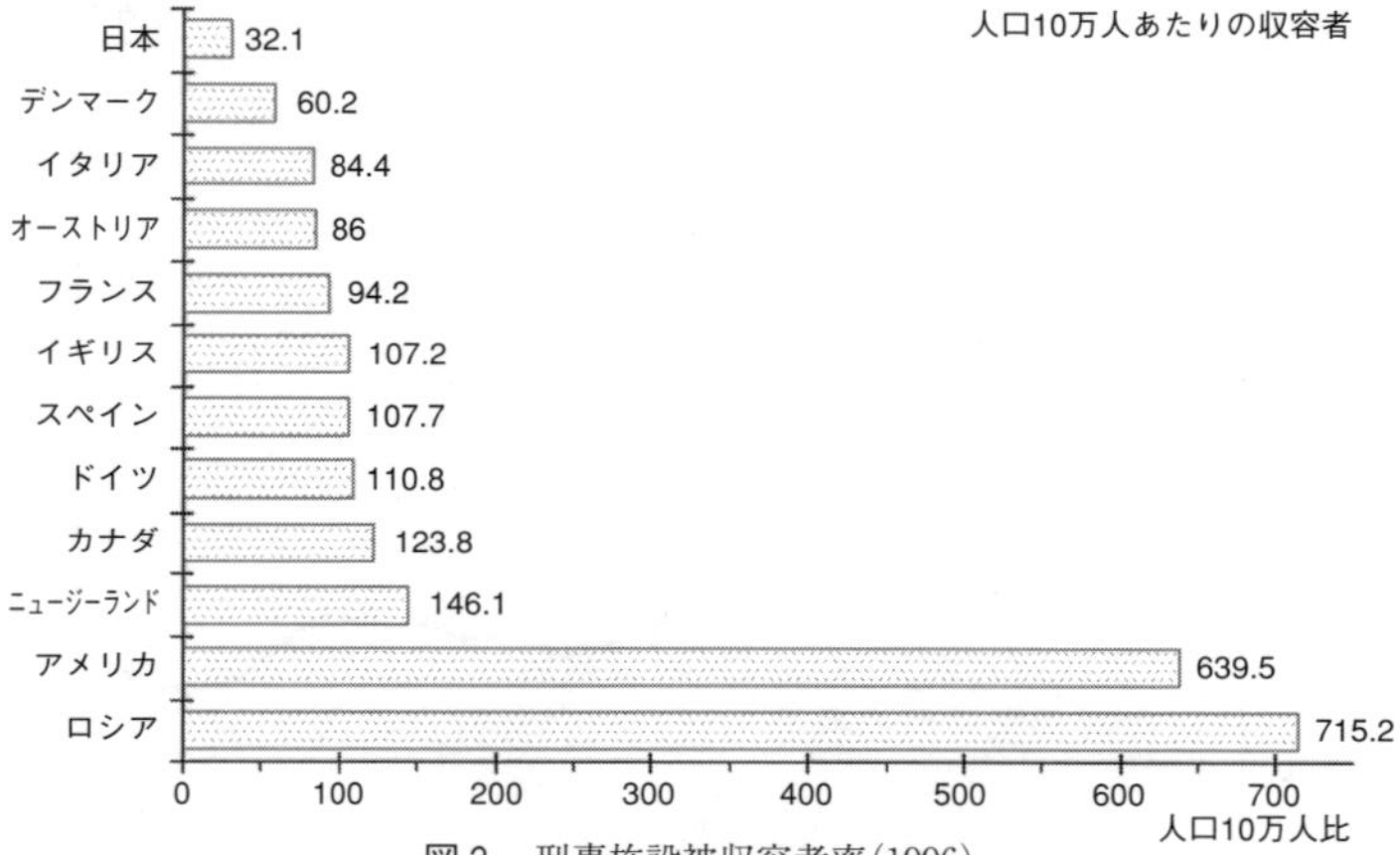

図2　刑事施設被収容者率(1996)

の「比較」はできるといえよう)。

また、図2に見られるように、日本では刑務所に入っている人の数も少ない。アメリカの二〇分の一なのである。

しかし、それ以上に重要なのは、口絵図3である。最も正式の犯罪者である「裁判所で有罪判決を受けて確定した者」の率は、戦後減り続けてきた。その結果、当然のこととして、日本の刑務所人口は減り続けてきたのである(図3)。ここで示されている「戦後一貫して犯罪は減り続けている」という流れが、まさに日本の治安のよさを感じさせてきた基本的な要因だったのである。外国との比較は、マスコミを通して「感じる」こともできなくはないが、最も実感できるのは「安心して暮らせる」ということであり、それには、「以前より減るか、少なくとも今までと同程度にしか犯罪は起こっていない」ということが重要だったのである。

ただ実は、犯罪は後に述べるように、二〇年以上前か

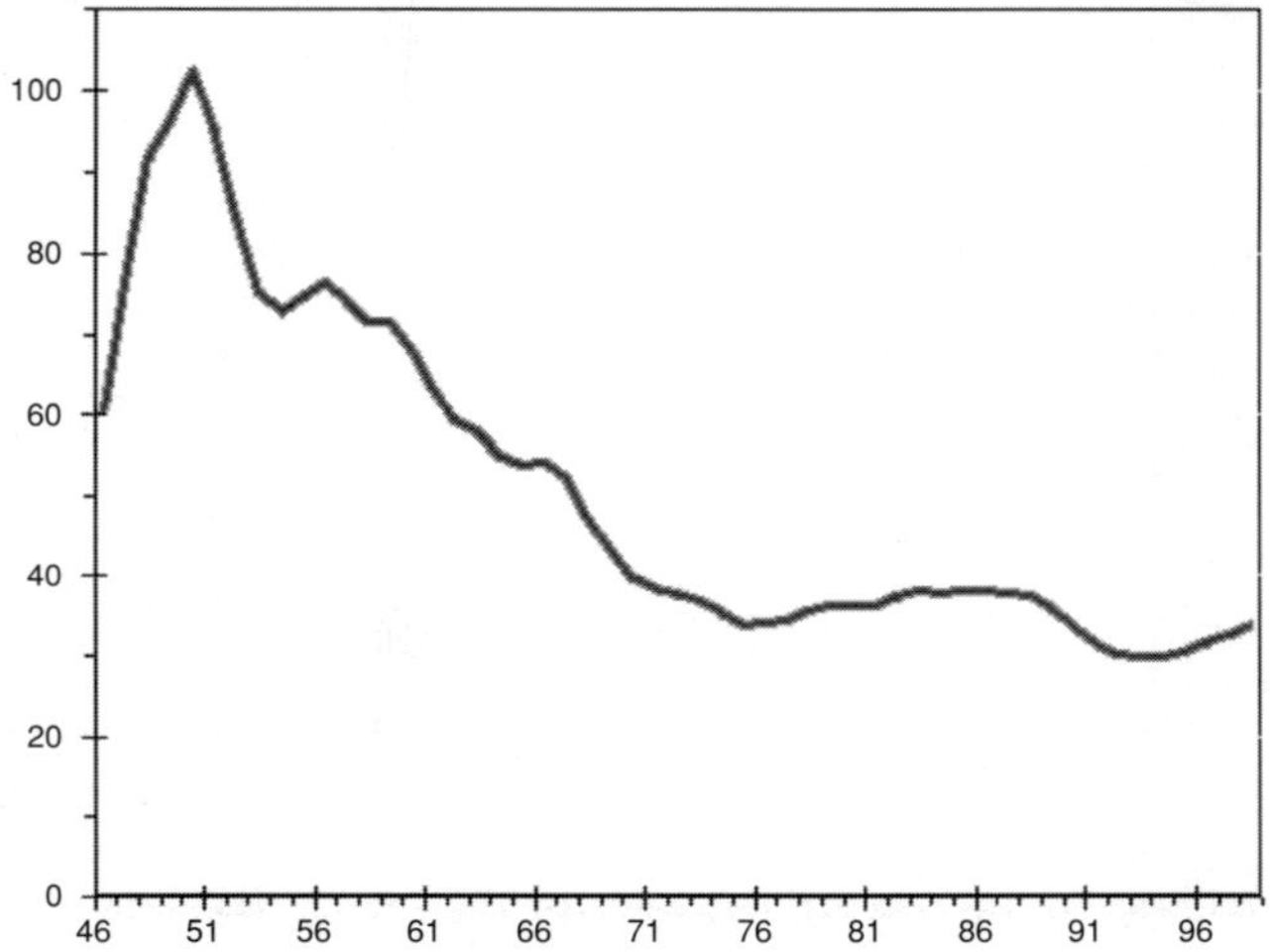

図３　行刑施設１日平均収容人員（人/10万人）

ら増え始めていた。古い新聞を探せば「今年は犯罪が増加した」という犯罪白書等に関する記事を容易に見つけることができる。しかし、それは窃盗罪などの比較的軽い犯罪であり、口絵図４に見られるように、強盗罪などの重大な犯罪は、なお減り続けていた。だから有罪人員も減り続けたのであり、刑務所人口も減り続けたのである。

実は、裁判所まで持ち込まれて刑を言い渡されるものは、犯罪のごく一部に過ぎない。九八年の刑法犯の認知件数二〇三万件のうち（交通事件を除く）、犯人が検挙されたのが七七万件で、犯人の数は三二万人であるが、事件の軽微性などの理由で事実上警察だけで処理される者（微罪処分）などを除くと、検察官のところに送られるのは一七万人で、そのうち起訴されて正式の裁判にかけられるのは、七万人に過ぎないのである（一つには、警察段階では約半数を占めている少年が、原則として起訴されずに家庭裁判所に送られることも大きく影響している）。その結果、裁判所の統計で「有罪」となった数というのは、重大な犯罪の動向を投影することになるのである。口絵図3と4を比較していただけばよくわかる通り、強盗罪などは全体の有罪人員率の変化と相似形となる。

その意味で、口絵図4と5を比較していただきたい。ほぼ同じ強盗行為について、一九九〇年頃は、イギリスは日本の一〇〇倍も発生していた。そして、下の図4に示したように、アメリカはイギリスの倍近かったのである。アメリカに旅行して、強盗に遭うことが多いのは当然であり、これらの事実も日本の治安のよさの実感の根拠であったといえよう。

ふと気がつくと犯罪が増えていた

道がもはや上り坂ではないと気付いてはいたが、

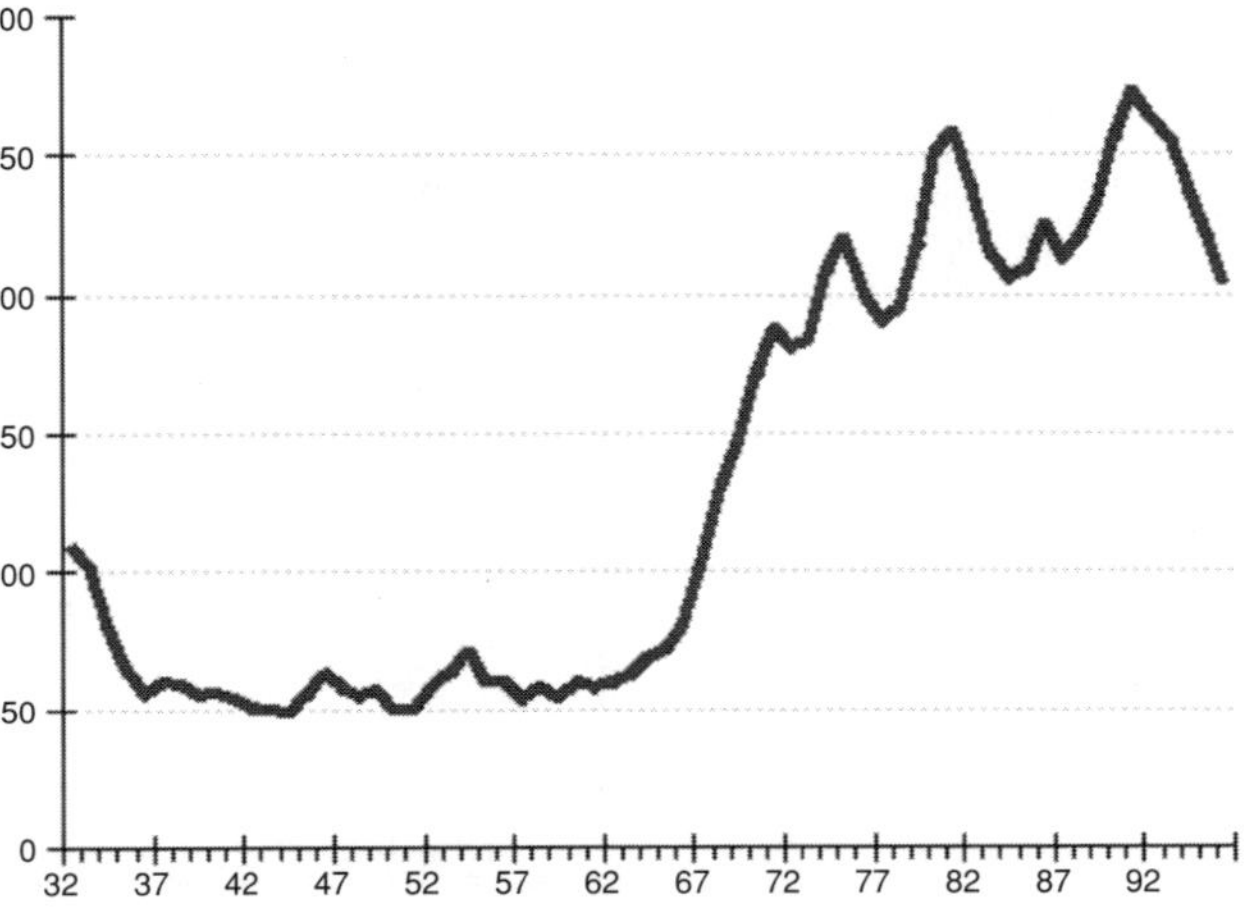

図4　アメリカ robbery の犯罪率

足下ばかり見て歩いていたらいつの間にか、谷に降りてきてしまっていた。今の日本の犯罪の状況は、まさにそんな感じである。

私はつい二、三年前まで、日本の犯罪状況は、世界的に見て非常に良好だと講義してきた。その不明を恥じなければならない。ただ、あえて言い訳させていただくと、有罪人員率（裁判所で有罪を言い渡される人数／人口一〇万人）についての図5や凶悪犯（殺人・強盗・強姦・放火）の犯罪率（捜査機関が知った犯罪の数／人口一〇万人）についての図6を見て、なお戦後日本の犯罪状況は増加に転じたとはいえないと考えていたのである。たしかに、刑法犯全体の犯罪率はすでに二〇年以上前に増加に転じ

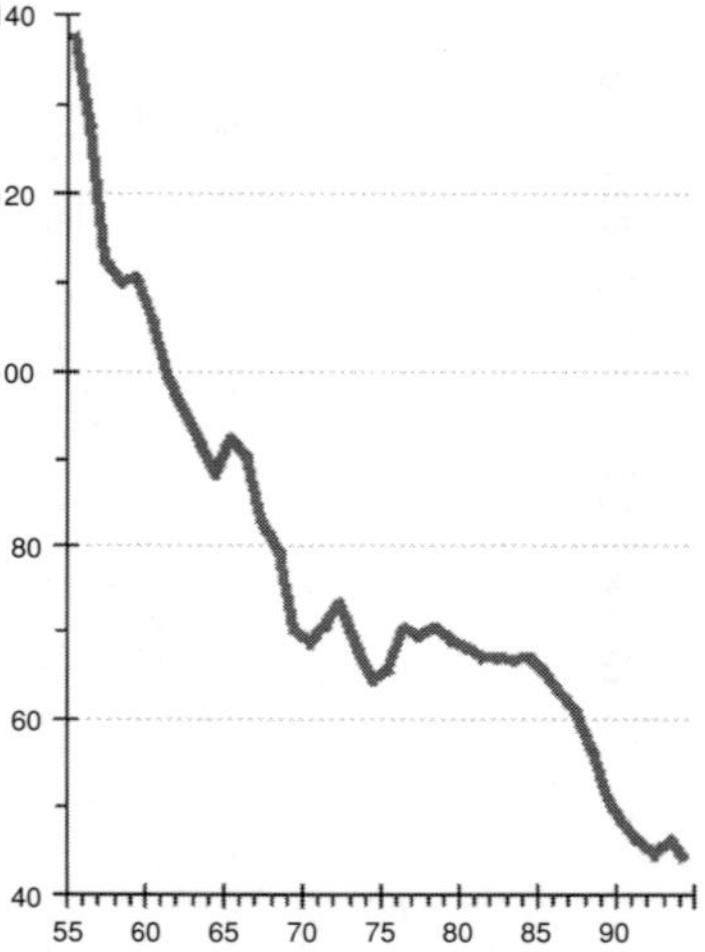

図5　刑法犯有罪人員率の戦後の変化①

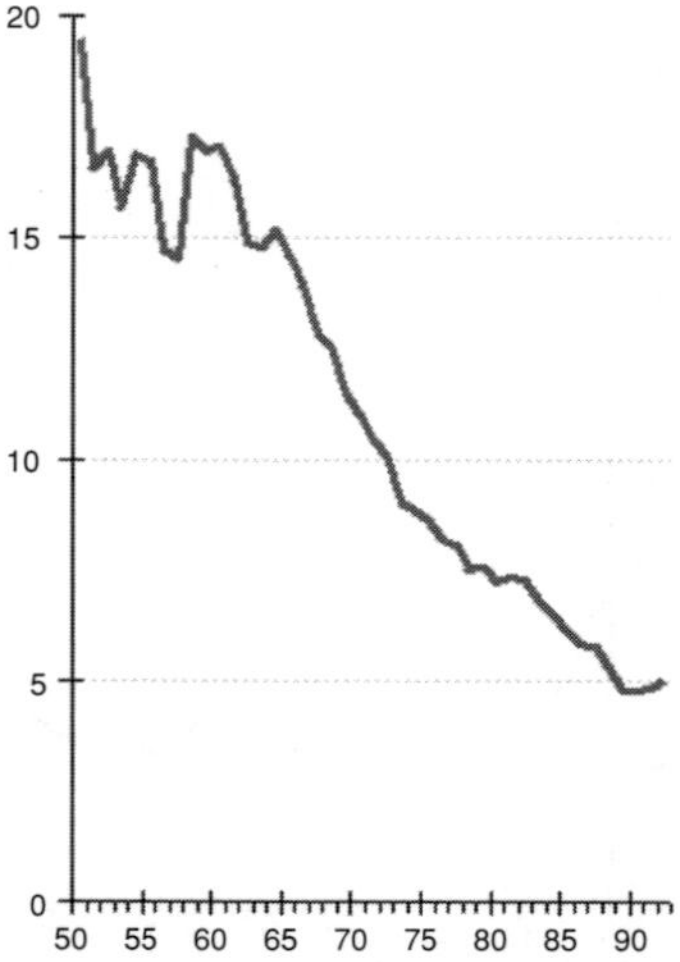

図6　戦後凶悪犯の犯罪率の変化①

ていた（図9）。しかし、その原因は、窃盗罪の増加にあり、万引きや自転車泥棒が増加しても、日本の治安の悪化には直結しないだろうと高を括っていたのである。

ところが、最近の有罪人員率の数値や、凶悪犯の犯罪率のグラフの平成の部分を見直して驚いた（図7・8）。明らかに「犯罪のトレンド」は減少から増加に転換したのである。最も厳密な意味で犯罪者と呼べるのは、前述のように、裁判所が有罪と認定した場合なのである。一貫して減少してきた有罪人員が増加に転じたことは、犯罪現象の流れの変化にとって象徴的な意味がある。戦後一貫して有罪人員は減り続け、その結果裁判所の刑事部の数は減らされてきた（現に東京地裁には「欠番」の部

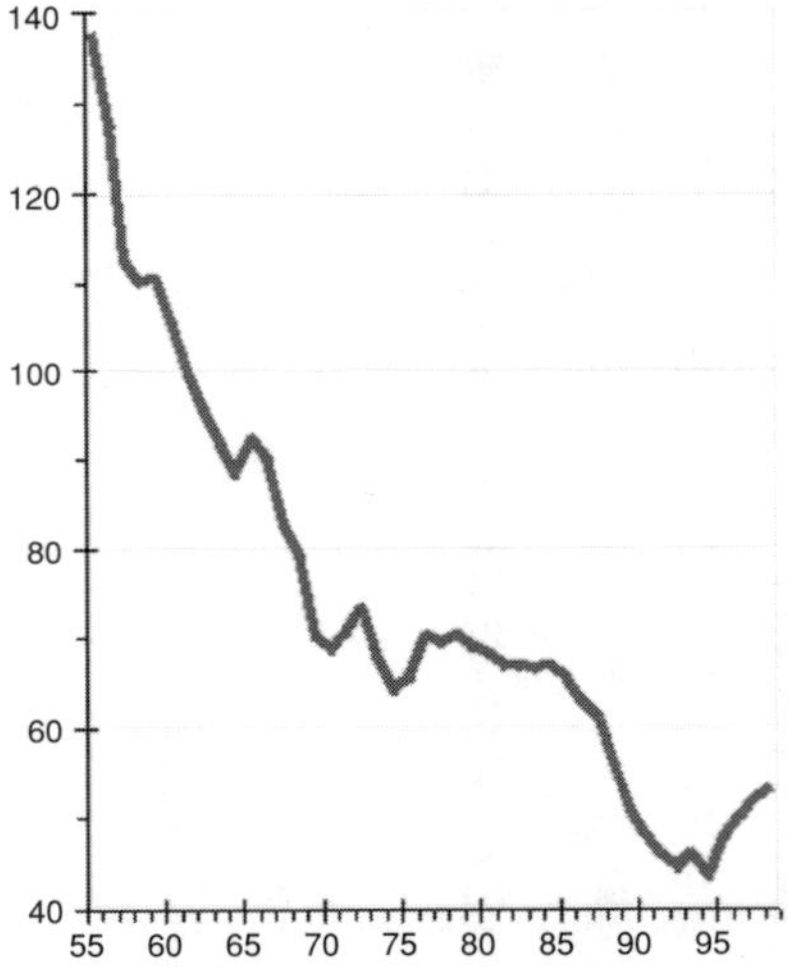
図7　刑法犯有罪人員率の戦後の変化②

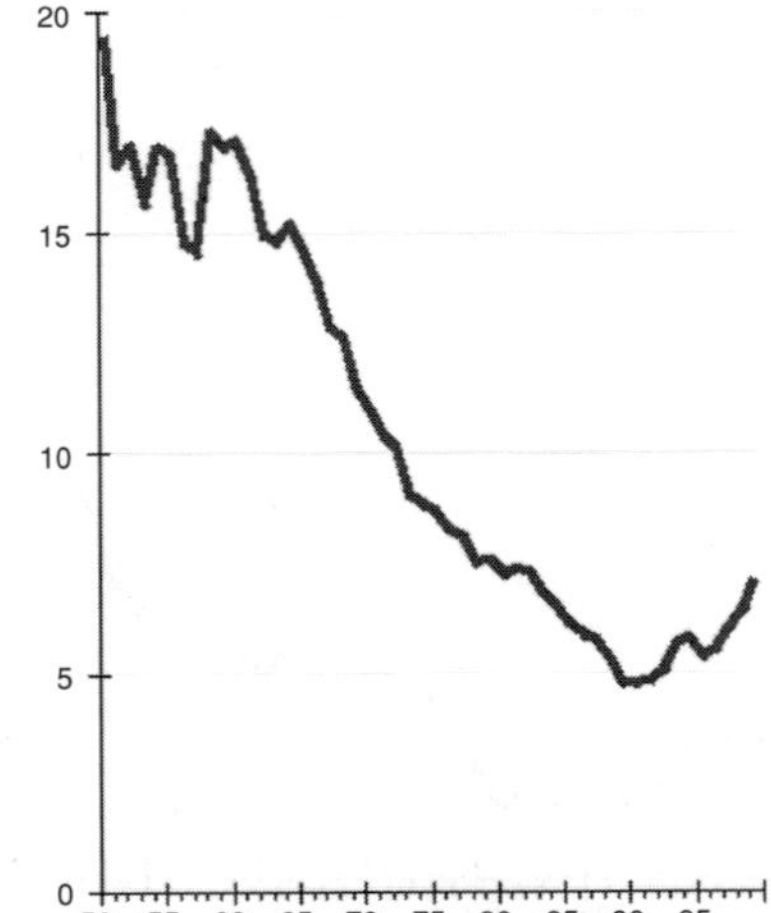
図8　戦後凶悪犯の犯罪率の変化②

が残っている)。しかし、多くの刑事裁判官は「平成に入って明らかに忙しくなった」と述べている。刑事司法の中核部分にまで、犯罪増加の波の影響が及んだ。まさに図7の変化は、日本社会の今後の方向にとって重要なものなのである。

実は七〇年代から犯罪は増え始めていた

犯罪化傾向の変化は、社会の動きに最も敏感な、そして圧倒的な割合を占める窃盗罪に現れる(一五七頁以下参照)。そして、窃盗罪の増加はかなり以前から進行していた。さきほど述べたように、実は、刑法犯全体の犯罪率の変化の様子を見ると、高度経済成長が終わった一九七〇年代には、すでに増加に転じていたのである。

世界的には、窃盗罪も含めた刑法犯全体の増加は、図10・11のグラフに示した通り、すでに第二次世界大戦後しばらくするとはじまっていた。先進資本主

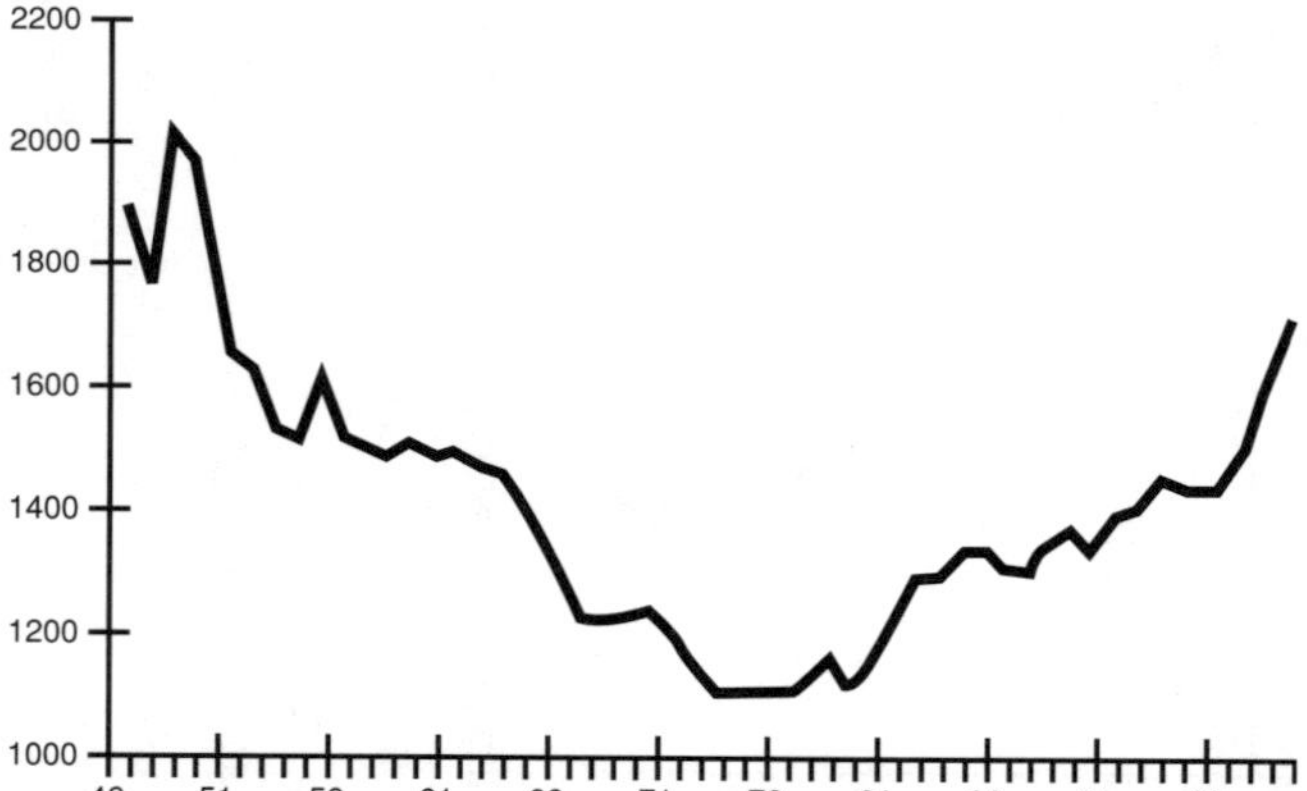

図9　日本の全刑法犯犯罪率の変化

義諸国においては、戦後とは犯罪増加の時代だったのである。その意味で、二五年間にもわたって犯罪が減少し続けた日本は異常だったとも言えよう。それゆえ欧米からは、日本の治安状況がまさに驚異の目で見られてきた。それは、復興に向けて経済の発展などの明確な目標の下、国民の多くが一心に努力してきた「戦後」の特異な状況だったのかもしれない。高度経済成長期を終えて経済的に一応豊かになり、少なくとも絶対的貧困が遠くなった七五年以降の日本社会は、共通の目標を失い「並」の資本主義国に戻ったというふうに考えることもできないわけではない。

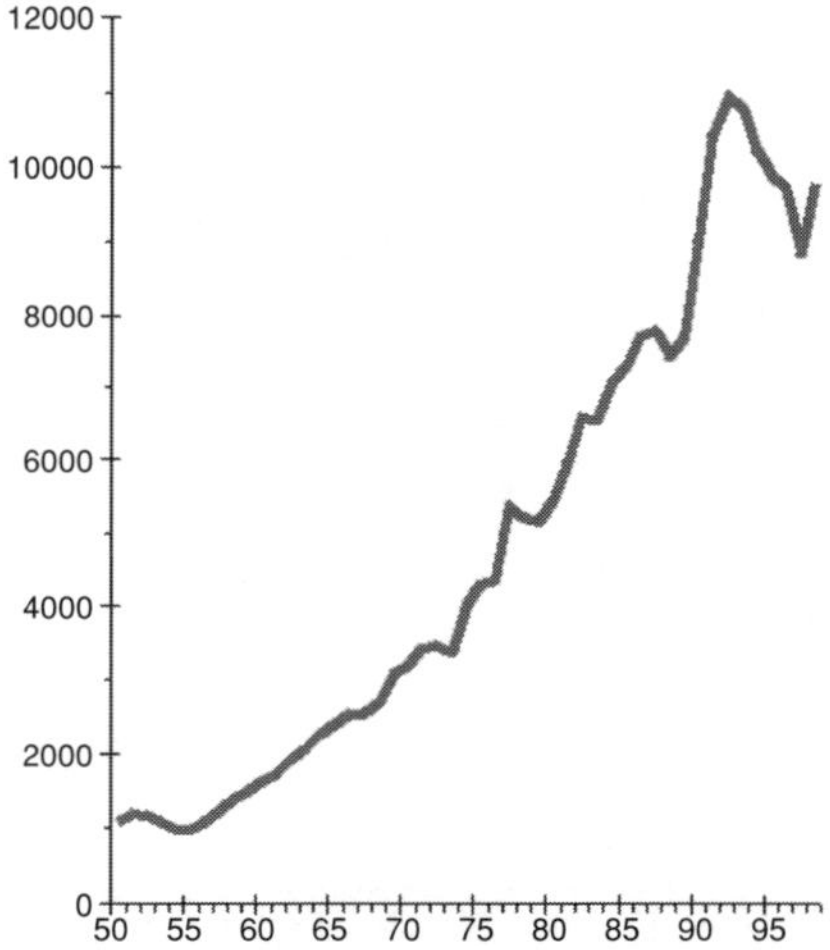

図10　イギリス刑法犯変化

図11　西ドイツ戦後犯罪率

ただ、日本においても、戦後ほぼ一貫して少年犯罪は増え続けたのである（口絵図1参照）。そして、戦後日本全体の犯罪率のグラフを図13のようにV字形に上昇させたのも、実は、少年犯罪であった。前半の下降線は、たしかに成人の犯罪の減少が導いたのであるが、後半の上昇線は、成人犯罪の減少が停止したことによる。少年犯罪の増加がそのままグラフ上に現れただけなのである。

欧米諸国では、犯罪の上昇の天井が見えてきている。九〇年代にはイギリス、八〇年代にはアメリ

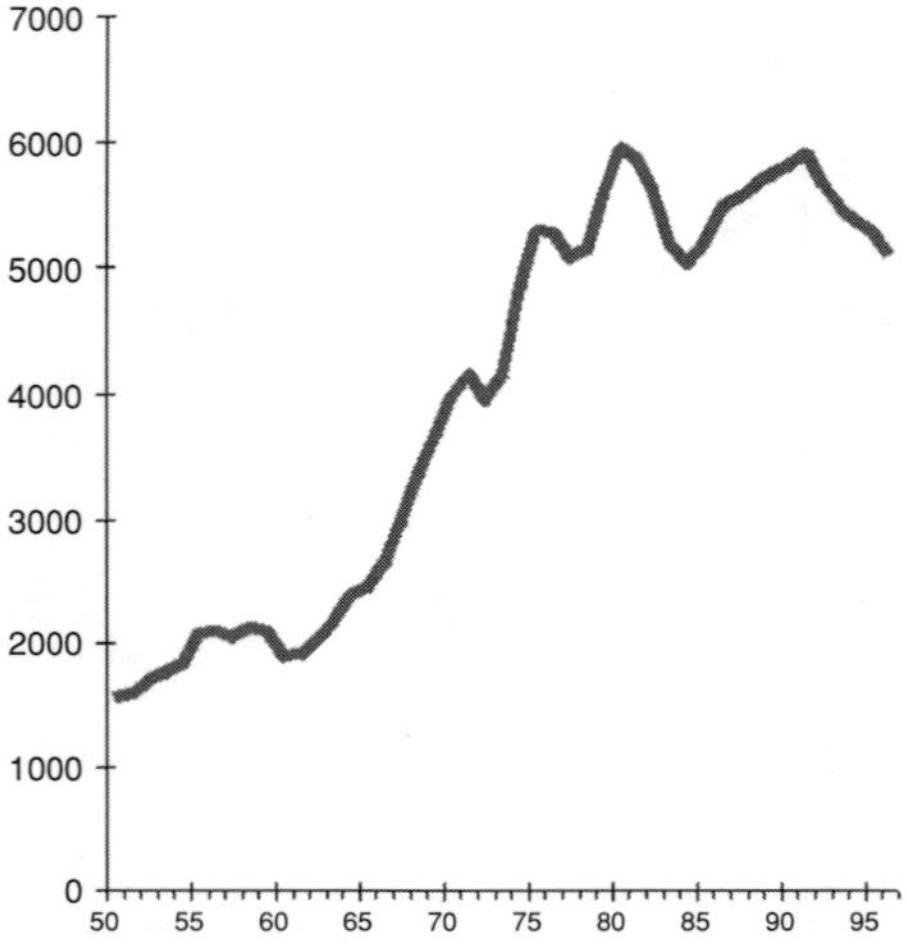

図12　アメリカ指標犯罪犯罪率の推移

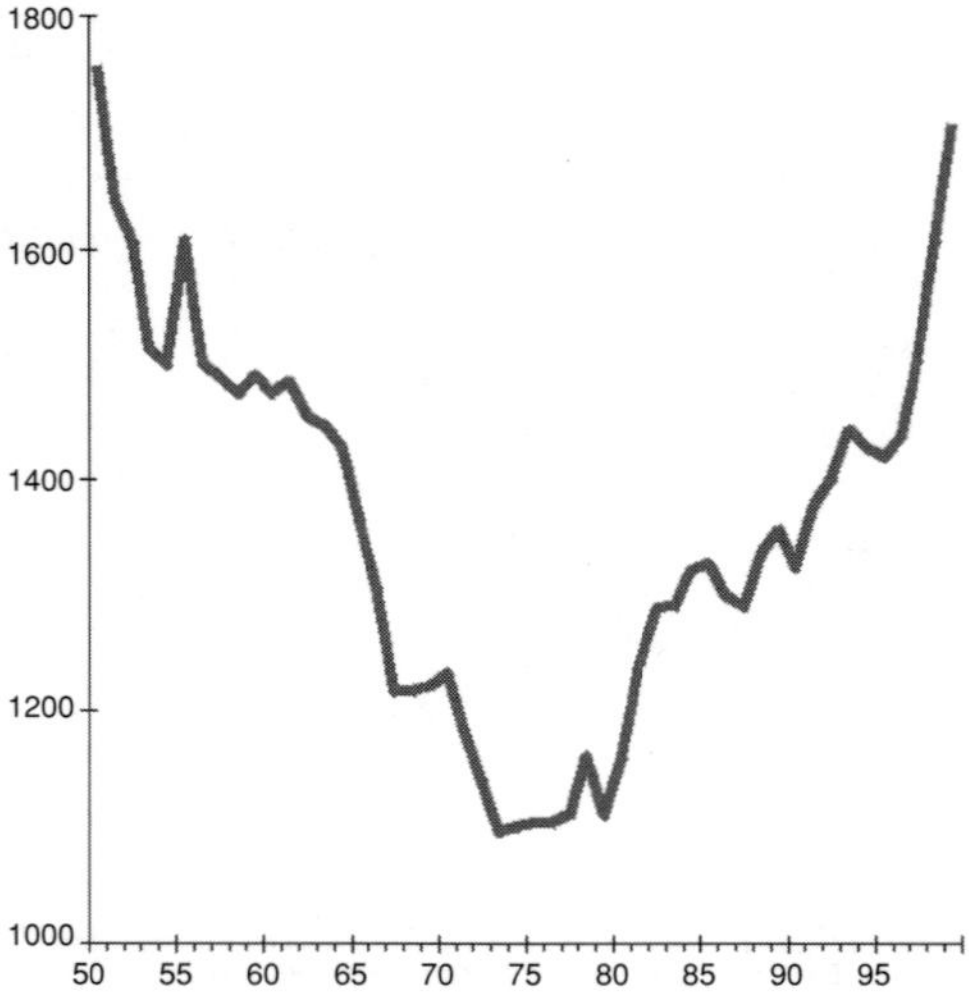

図13　日本の戦後刑法犯犯罪率

カの上昇が止まる（ドイツは、やはり八〇年代前半に犯罪の増加が止まったかに見えたが、東西統合後犯罪の顕著な増加が見られる）。そして、アメリカの犯罪数上昇がストップした要因も少年犯罪の沈静化にあった（口絵図2、後述一九〇頁）。

外国人犯罪の急増

ドイツ、フランス、イギリスの犯罪増加には外国人犯罪の影響が大きい。各国では、近時の刑事政策上の最大の課題を形成してきた。特にドイツでは、殺人、強盗、強姦の三分の一以上を外国人が犯すようになり、刑務所によっては、過半を外国人が占めるようになった。

そして、日本でも外国人犯罪の増加は最近著しい。ただここで注意しなければならないのは、このところ犯罪数が急増しているのは、来日外国人に限られ、いわゆる定住外国人の犯罪率は、

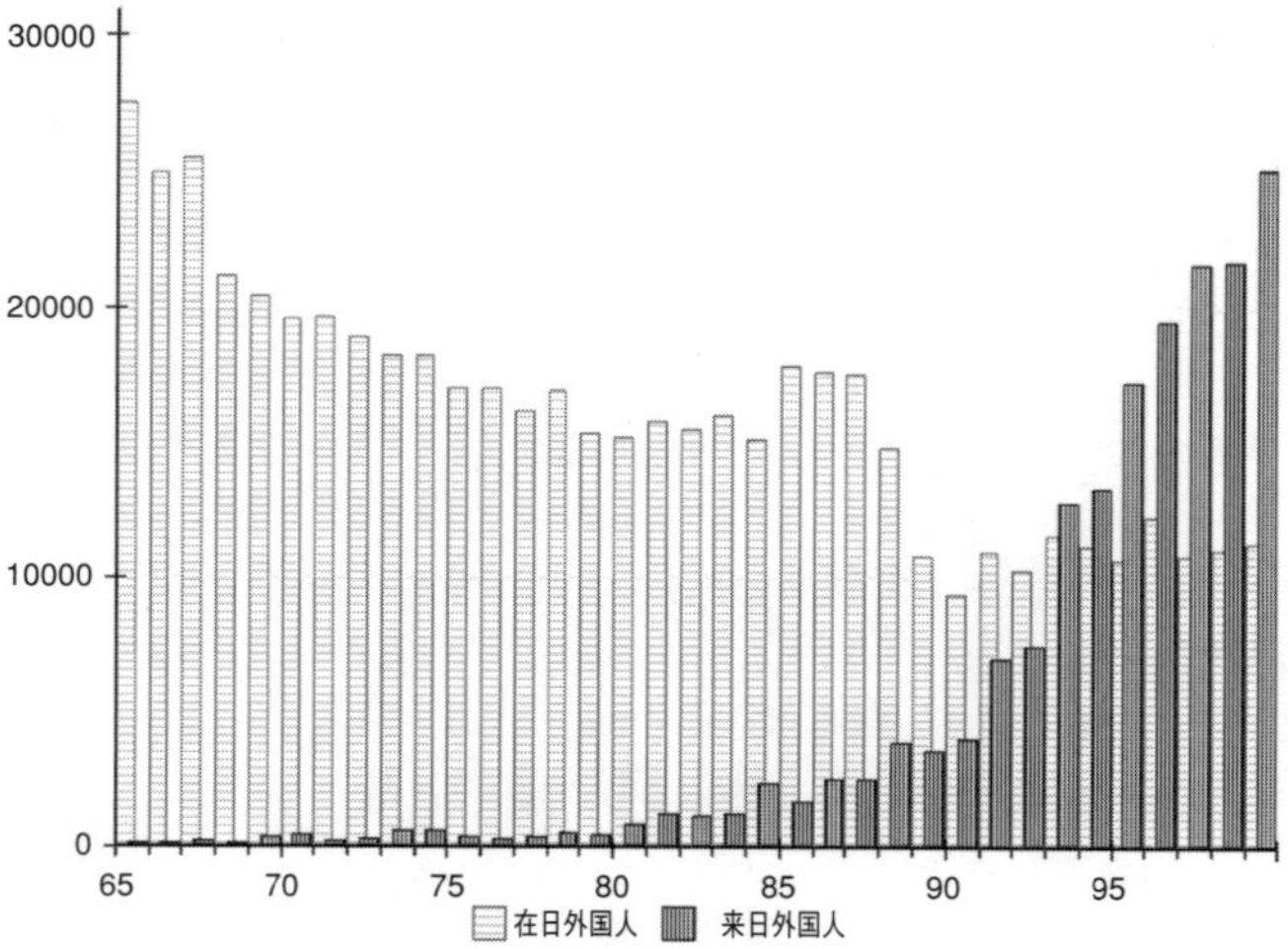

図14　外国人犯罪検挙件数の推移

むしろ減少しているという事実である。

実は、わが国では第二次大戦後から八〇年代まで、ほぼ一貫して外国人犯罪の割合は減少してきていた。例えば有罪人員は、人口の変化などを無視し絶対数で比較しても、一九五五年の四分の一に減少しているのである（表1参照）。検挙人員の変化をみても、着実に減少しつつあった。このような外国人犯罪の減少は、日本全体の犯罪状況の安定化とパラレルなものであったといえよう。そして、戦後の外国人犯罪の特色は、八〇%以上が韓国・朝鮮人を主体としたものであった点であり、昭和二〇年代、三〇年代にはそれに加えて在日米軍関係が目立った存在であったのである。

表1　1980年までの外国人の刑法犯有罪人員の変化（人）

1955	1960	1965	1970	1975	1980
4821	3797	2769	1922	1646	1358

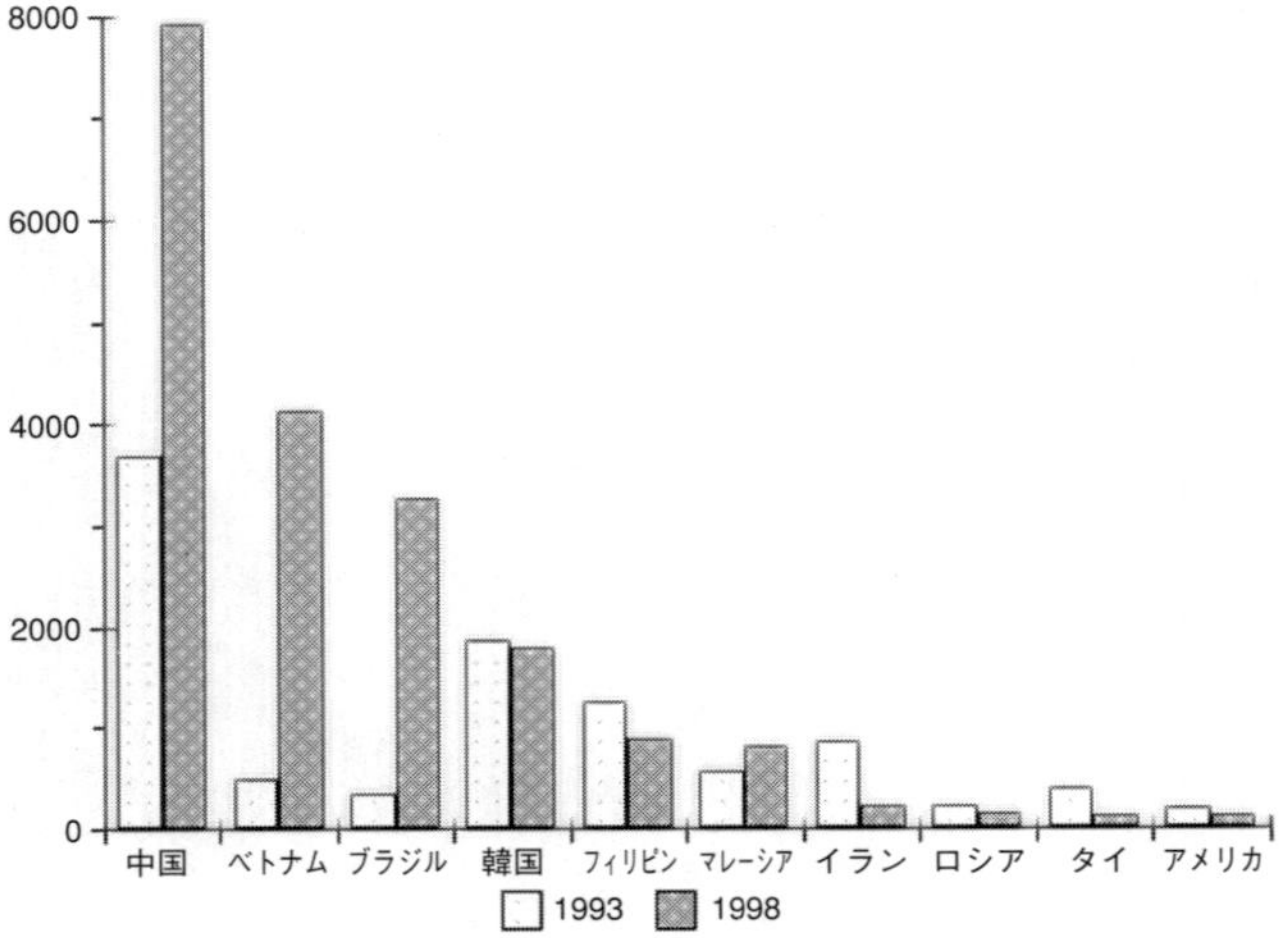

図15　国別来日外国人検挙件数

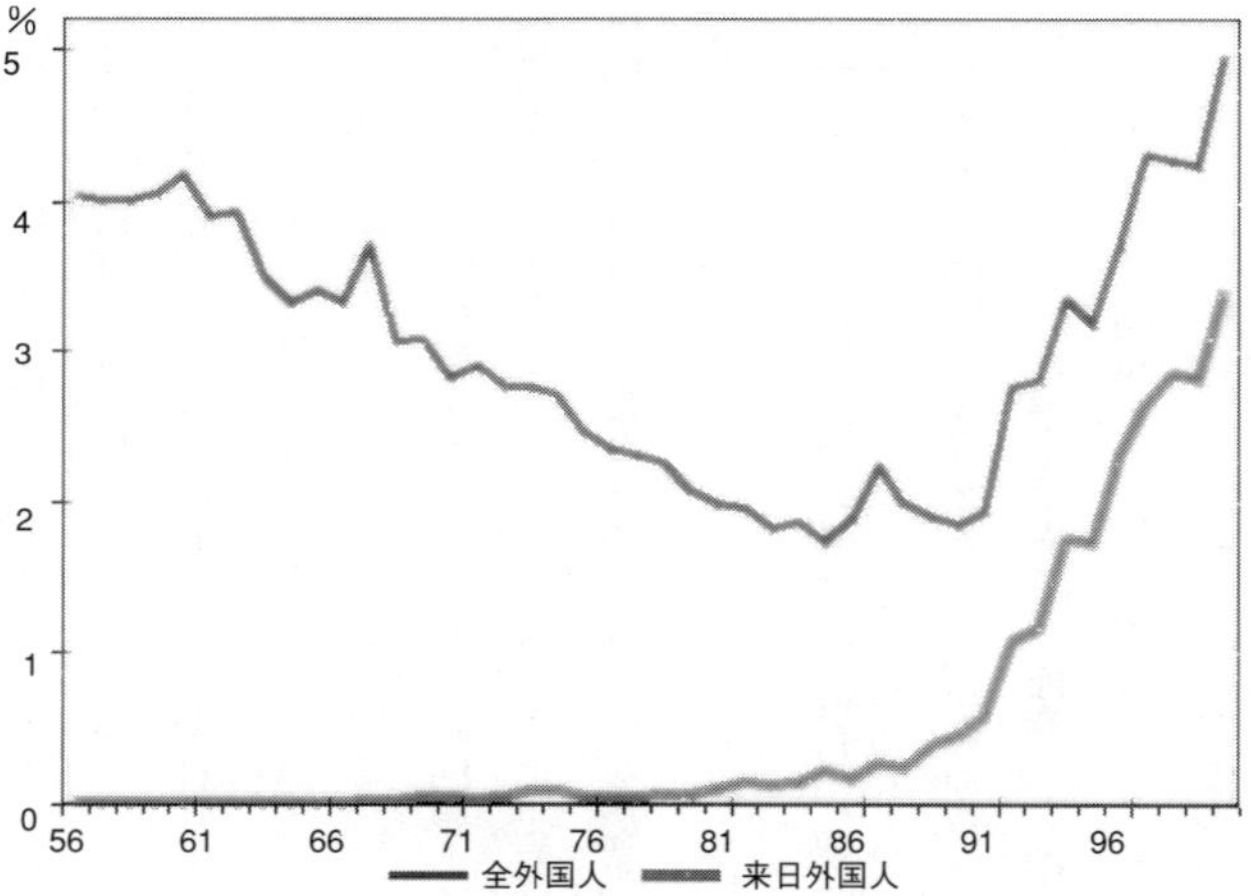

図16　外国人検挙件数の占める割合

ところが、九〇年代に入ると、外国人犯罪の増加が始まる。ただ、来日外国人によるものに限られたのである。来日外国人とは、もともとは警察で用いてきた概念で、日本に滞在する定着居住者（永住者等）、在日米軍関係者及び在留資格不明の者以外の外国人の意味である。

図14及び図16に見る如く、来日外国人の犯罪検挙件数の増加は著しい。それは、一般に考えられている以上に急激なものであるといえよう。ただ、外国人といっても、犯罪外国人数は、国によってかなり異なる。図15に示したように、最近は中国、ベトナム、ブラジル、韓国が目立つ。中国や韓国の入国者数は非常に多いので、犯罪数が多いのは当然である。その意味では、ベトナムの多さが非常に目を引く。

また、犯罪類型によって事情はかなり異なることに注意しなければならない。刑法犯検挙人員中に来日外国人が占める割合は、三・四%であるが（図16参照）、それより高い割合を示しているのは、殺人罪、強盗罪と占有離脱物横領罪等である。これに対し、恐喝罪や横領罪、さらに詐欺罪等は、来日外国人が犯す割合は低い。なお、凶悪犯の半数以上が不法残留者によるものであるという事実も指摘されている。

このような趨勢が続くと、欧米諸国のような犯罪率に到達する危険も考えられなくはない。犯罪傾向を有する外国人の流入の抑止も含め、多元的な施策が要請されているといえよう。

日本では、犯罪は三件に一件しか解決しない

日本の犯罪状況を考える上で、ある意味で犯罪率以上に問題なのが、検挙率である。前章でも指摘したが、平成に入っての検挙率の落ち込みは著しい（図17、さらに七頁参照）。それまで、認知した事件の六〇%が解決され、世界的にも高く評価されてきた。しかし、今はその半分

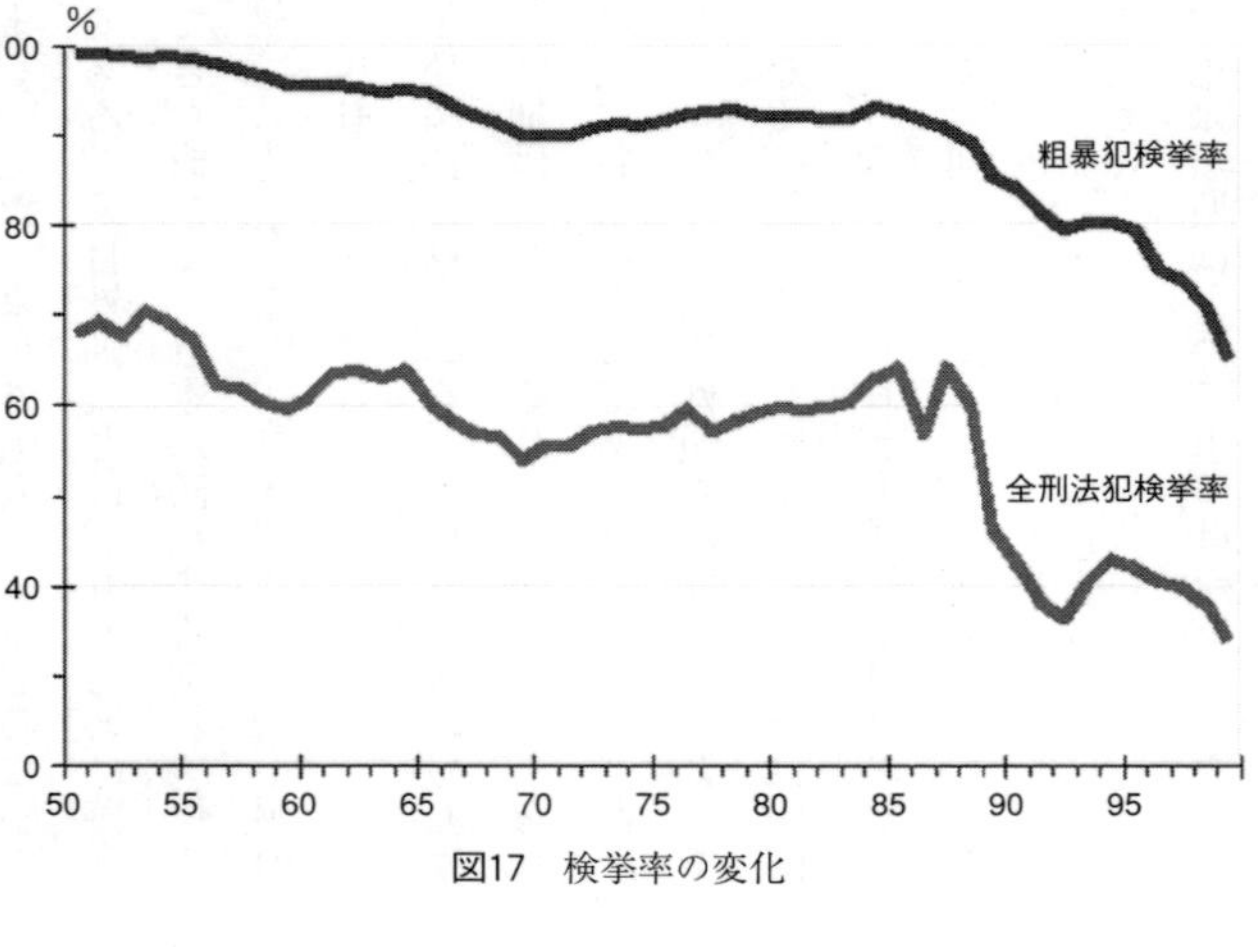

図17　検挙率の変化

なのである（二〇〇〇年前期の刑法犯検挙率は二五・三%）。重要な犯罪でも、犯人が捕まらない場合が増えてこよう。少なくとも、「自転車が盗まれました」と届け出ても、犯人を捕まえてもらえるとは限らないのである。

　そして、この検挙率の落下は急激に生じた。しかし、昭和から平成にかけて犯罪数、警察官の定員などに特に急激な変化があったわけではない。とすれば、このような動きをもたらしたものは、警察の検挙方針の転換だと考えざるを得ない。そして、このような変化は、実は、検察でも生じていた。図18に示したように、刑法犯の起訴率が平成に入って、急激に減少したのである。これは、起訴基準に関する明確な方針転換の結果であった。交通事故に関する過失事犯の不起訴化である。それは、限りある検察官という「資源」を重要な事件に振り向けるべきだという、いわば「小さな政

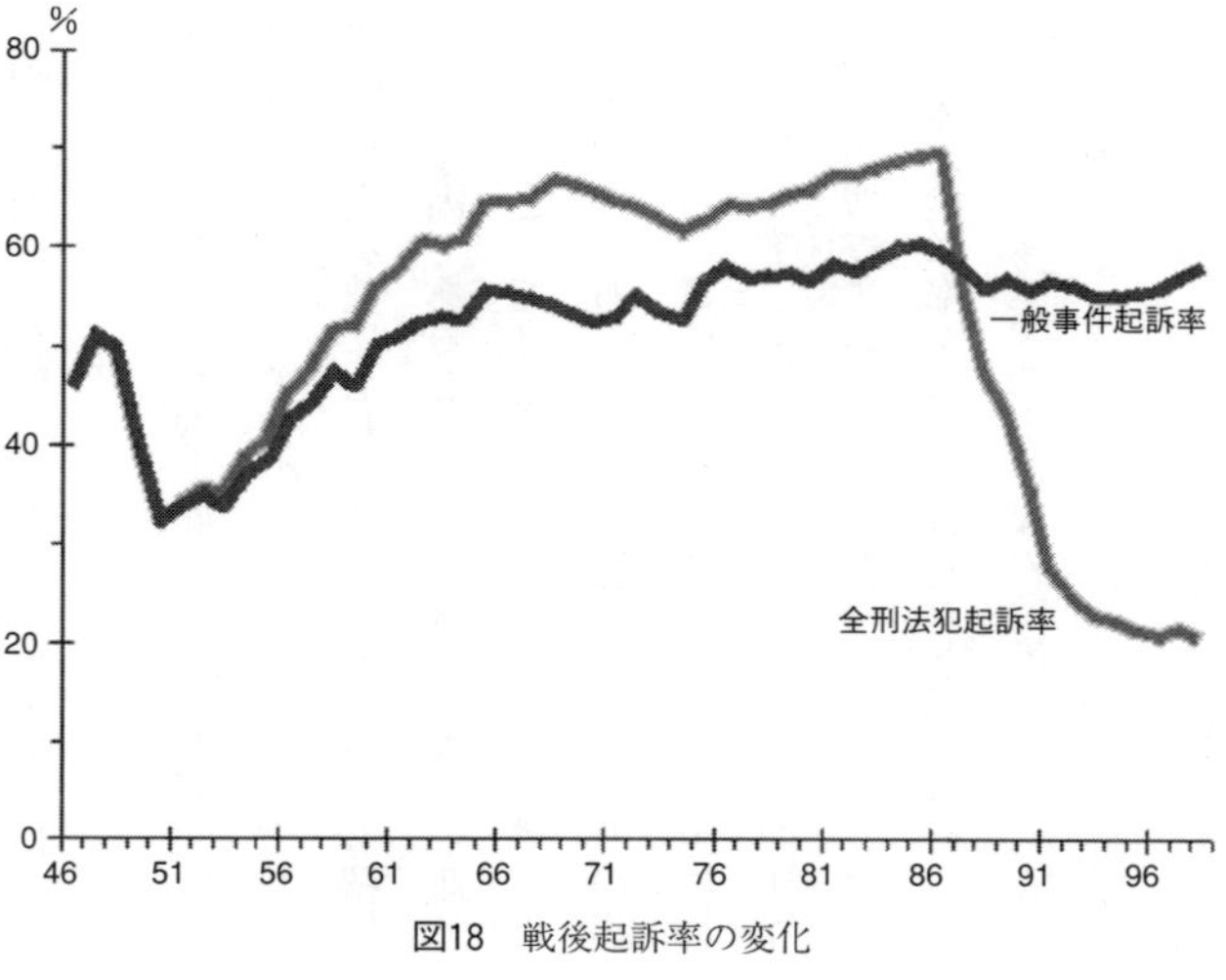

図18　戦後起訴率の変化

府」「行革」的発想である。交通事故のようなものを裁判に持ち込んで、厳密な立証などにエネルギーをかけるのでなく、凶悪事件などに精力を傾けるのが国民の利益に合致するという政策判断は、あながち間違いではない。

これは、その当時から流行りだした「規制緩和」論とも結びつく。もちろん刑事司法固有の問題として、犯罪の増加や検察官の任官者の数が少ないことも影響していた。警察の検挙率の変化も、基本的には同じ構造であろう。万引きや自転車盗等の窃盗事犯が膨大な数に上り、その他の課題にも積極的に取り組むには警察官の数が足りなくなったことが一つの原因であるということは疑いない。限りある警察力を重大事件に振り向けるべきだという発想は、当時としては自然であった。ただ、警察の場合、かなり重要な犯罪についても検挙率が低下してしまったのである。図17に恐喝、傷害などの粗暴犯の検挙率の変化を示したが、凶悪犯の検挙率も低下している。この点、起訴裁量の基準の転換は、交通事故以外の一般の刑事事件には影響していない（図18参照）。すでに検挙した事件の処理の問題なので、交通関係だけを区別できたわけである。しかし、警察の捜査において「重要な事件を中心に解決せよ」という指示は、広くグレーゾーンを残し、犯罪全体の検挙率をダウンさせたと推測される。

ただ、起訴基準の変更にせよ、国民から見た場合、「起訴されない交通事件なので警察がきちんと調べてくれない」という不満となって現れてきていることを見落としてはならない。「警察が犯罪を解決してくれない」という認識が広まることも、非常に危険である。たしかに、税金で運用される刑事司法である以上、合理化は必要であるが、国民に安心感を与えられない刑事司法であってはならない。その意味で、刑事司法の信頼の回復（維持）は、前述のように犯罪の増加に転じてしまった日本社会において、至上命令といってもよい。

もちろん、裁判官・検察官・警察官の増員は容易ではない。そしてそれ以上に、増員のみで犯罪を減少させ得るわけでもない。むしろ重要なのは、家庭や学校も含めた「社会の犯罪抑止力」であろう。少年犯罪の問題は、その点を考える上でも重要な示唆を与えてくれる。そして、少年非行を考える場合にも、警察力、厳罰主義にはコストがかかり、行革や規制緩和には逆行せざるを得ないということを認識しておく必要がある。

3 少年非行とはなにか

少年法の定義

「少年非行とはなにか」と厳密に考えると、答えることはかなり困難である。少年の犯罪が中心であることはもちろんであるが、そもそも、犯罪とは何かが微妙なのである。スーパーで万引きして見つかっても、必ずしも裁判にかけられて刑罰が科されるとは限らない。ここでは、「現在、法律で刑罰が科されることが予定されている行為」という形式的な定義から出発することにしたい。その意味での犯罪を少年が犯した場合が少年非行の中心である。ただそうだとすると、少年でも刑罰が科されそうであるが、「犯罪を犯した少年は少年法で裁かれ、基本的に刑法の刑罰は適用されない」ということは、常識として誰でも知っている（もちろん、例外的には刑法が適用されることもある→六四頁）。刑罰でなく処分なのである。ただ少年法が対象を選んで手続きに取り込み処分を行う場合にも、やはり犯罪という枠が用いられるのである。

一方、少年は犯罪行為、すなわち刑罰法規に触れる行為をしていなくても、家出や不純異性交遊

（→四二頁）を理由に少年院に送られたりする。後述する「ぐ犯」である。さらに、刑法では「十四歳に満たない者の行為は、罰しない」（四一条）とされているが、少年法は一四歳に満たない者も対象にするのである。

二〇歳未満の者には、少年法の適用がある（少年法二条）。少年法は「少年非行」として三つの類型を挙げている。㋑一四歳以上二〇歳未満の少年による刑罰法規にあたる行為（犯罪行為）、㋺刑罰法規に触れる行為だが一四歳未満のために刑事責任を問われないもの（触法行為）、㋩刑罰法規に該当しない不良行為（ぐ犯）である。それぞれの類型にあたる少年を「犯罪少年」「触法少年」「ぐ犯少年」と呼ぶ（図1）。少年は、年齢により年少少年（一四—一五歳）、中間少年（一六—一七歳）、年長少年（一八—一九歳）に分けて説明されることが多い。そしてそれ以下の年齢の者が犯罪を犯した場合は触法少年と呼ばれる（ぐ犯にはもちろん一四歳未満も含まれる）。

そのほか、少年法の対象にはならないが、不良行為少年が警察の補導の対象とされている。非行少年が、少年司法に触れるのは、まずこの領域からだといってよい（後述四八頁）。

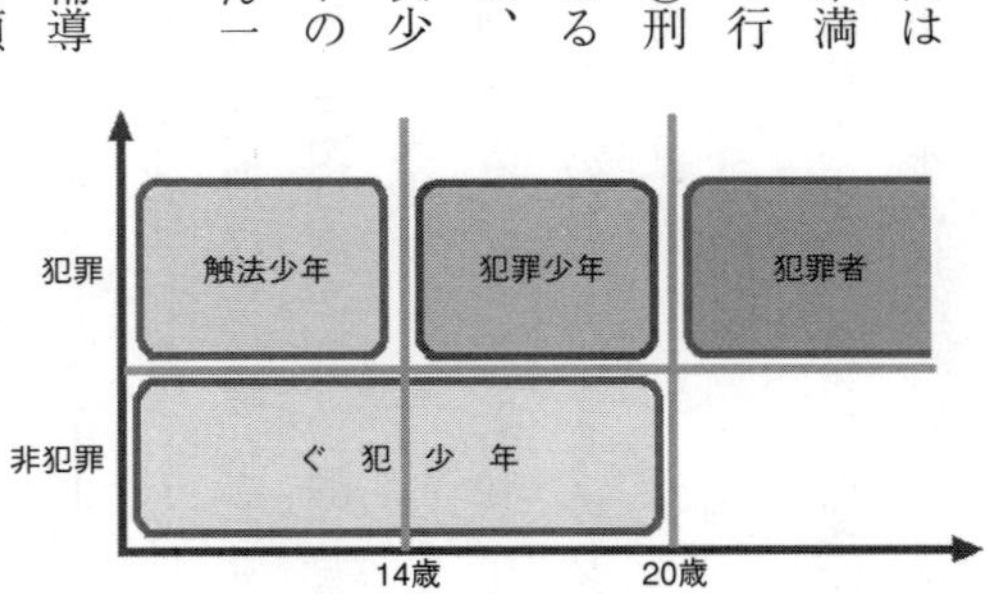

図1　非行少年の類型

東京少年審判所の建物（大正11年11月4日竣工）（更正保護50年史編集委員会編『更正保護50年史』より）

戦前の非行少年への対応

現在の少年法が施行されるまで、すなわち第二次世界大戦終結直後まで施行されていた旧少年法は、①少年法を適用する少年の年齢を一八歳未満としていた。そして、②刑罰法令に触れる行為をした少年（犯罪少年）または刑罰法令に触れる行為をするおそれのある少年（ぐ犯少年）に対し保護処分をすることができることとしており、③保護処分の審判を行うための役所（司法省下の行政機関――といっても準司法的組織であるが――としての少年審判所）を設けていた。

そして、④審判の結果、寺院、教会、保護団体又は適当な者への委託、少年保護司の観察、感化院への送致、矯正院への送致など九種類の処分を認めていた。ただ、犯罪少年に対しては、まず、検察官が刑事裁判所に起訴するか否かを判断した

日比谷通りをパレードする進駐軍の戦車（1945）　読売新聞社提供

上で、起訴しない少年の中から保護処分相当と認められるものを少年審判所に送致する検察官先議の建前をとっていたのである。そして、刑事罰も認めていたが、成人にはない不定期刑制度を新設し、犯行時一六歳未満の者に対する死刑及び無期刑の原則的禁止等少年に対する特例を定めていた（旧少年法が施行された当時、一四歳未満の刑事未成年者の処遇は、感化法に基づいて行われ、不良行為をなし、または不良行為をなすおそれがあり、かつ、適当に親権を行うものがなく、地方長官が入院を必要と認めた者は、感化院に収容されることとされていたが、昭和八年に感化法が廃止されて、少年教護法が制定され、感化院は少年教護院と改称されることとなった。また、同法により、各道府県の少年教護院内に少年鑑別所が設置され、戦後、児童福祉法に基づいて設置された児童相談所として引き継がれた）。

現行少年法の骨格

第二次世界大戦後、アメリカの強い影響の下で、昭和二二年三月の教育基本法、四月の学校教育法、五月の日本国憲法、そして二三年一月の児童福祉法に続いて、二四年一月に現行少年法が施行された（同時に、少年審判規則、少年院法が施行され、家庭裁判所、少年鑑別所が発足した）。新たに施行された日本国憲法は、基本的人権の保障を重視しており、少年の自由を拘束する強制処分を含んだ保護処分を行政機関で行うことは適当でないと考えられたことなどから、旧少年法は根本的な変更を迫られたといえよう。そして、アメリカの強い影響力も存在した。ただ、一方で、すでに戦後の混乱によって少年犯罪が激増しつつあったため、刑事政策的見地も無視することはできず、少年に刑罰を科す余地も残された。ただ、基調は、もともとわが国の少年司法にもあった国親思想（保護の考え方→一六七頁参照）を、新設された家庭裁判所の中で実現しようとするものであったといってよい（なお、立法を急ぐ関係上、あまり十分な審理が尽くされたわけではなかったことも否めない）。

現行少年法の主な改正点は、まず①地方裁判所と同格の司法機関である家庭裁判所を新たに設けたことにある。そして、保護処分の種類を整理して保護観察、教護院（現在の児童自立支援施設）または養護施設送致及び少年院送致の三種類とした。さらに②少年の処理について検察官が先に判断することを変更し、すべての事件はまず家庭裁判所に送致され（全件送致）、家庭裁判所が保護処分にするか刑事処分にするかを決定することとしたのである。このように、少年の処分、特に刑罰を科すか否かを家庭裁判所の判断にゆだねたところに、最大の特色があるといってよい。「まず、保護の対象として科学的調査を踏まえて教育的観点から考えて処分を行い、それが不可能な例外的な場合に刑罰を科す」という骨組みなのである。

③少年法の適用年齢を一八歳未満から二〇歳未満に引き上げ、④刑事処分を残すものの一六歳以上の少年に限定し、死刑と無期刑の言渡しの制限を、犯行時一六歳未満から同一八歳未満に引き上げたことも、保護中心主義の投影といってよい。そして、⑤保護処分の決定と執行を分離し、裁判所が保護処分の決定をした後の執行は行政機関に一任することとし、⑥少年の福祉を害する成人の刑事事件についても家庭裁判所の管轄とした。⑦保護処分に対し少年の側からの高等裁判所への抗告を認めたことも新しい点である。

現行少年法の施行と同時に少年院法が施行され、

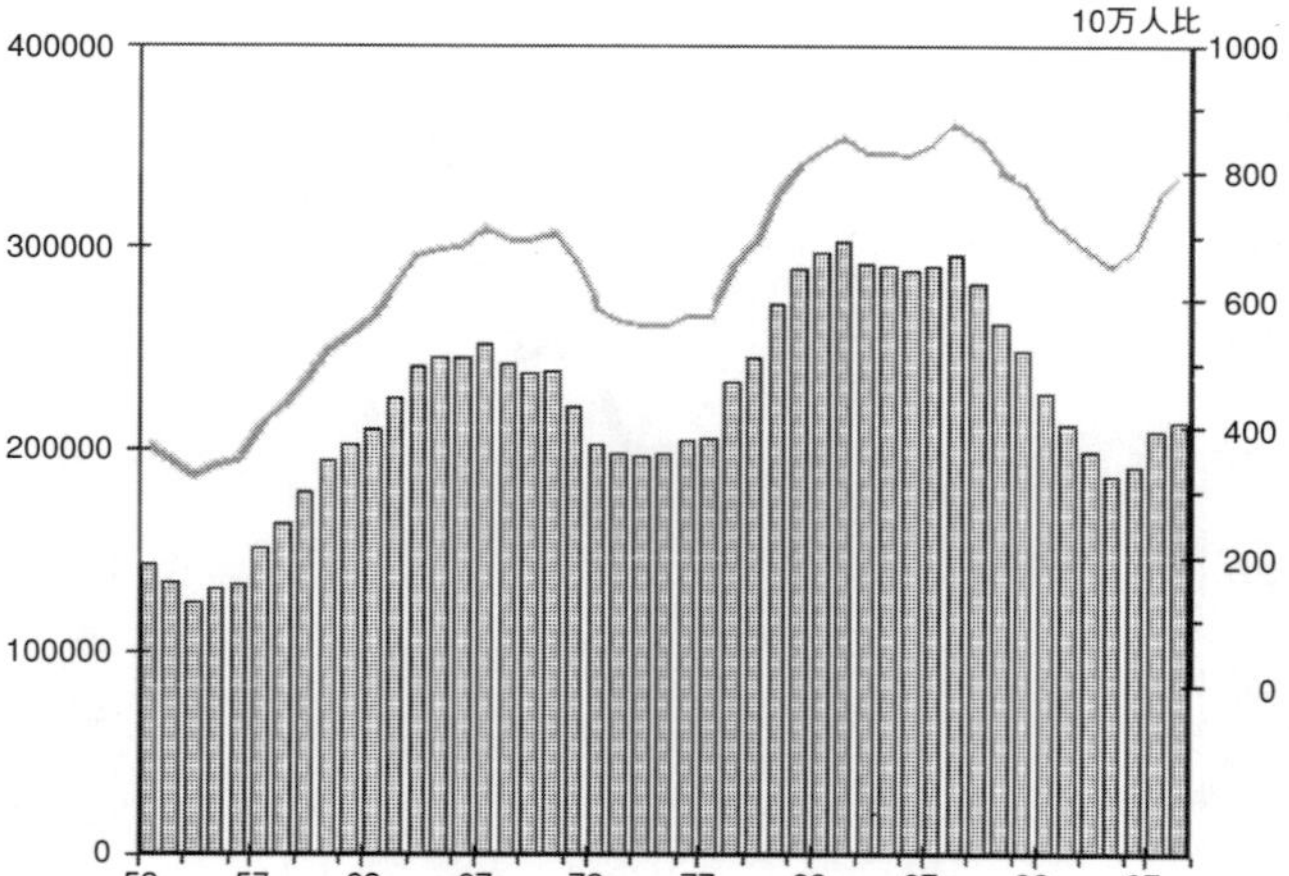

図2　一般少年事件受理人員の変化

矯正院法は廃止された。現行少年法の規定によって、観護措置（→六六頁）をとられた少年を送致する施設として、新たに少年観護所が設置され、少年の資質鑑別を行うための少年鑑別所が付置された。少年観護所と少年鑑別所は、その後に統合されて少年保護鑑別所となり、さらに、名称が変更されて少年鑑別所となった（なお、旧少年法の少年保護司観察は、昭和二四年七月に施行された犯罪者予防更生法によって、保護観察所の保護観察に改められた）。

一方、一四歳未満の者の処遇については、少年法と同時に施行された児童福祉法により、全児童を対象とした健全育成・福祉政策の中に包含され、少年教護院は教護院と名称を改められて、児童福祉施設の一つに位置づけられることとなった（その後、平成九（一九九七）年に児童自立支援施設に変更された）。

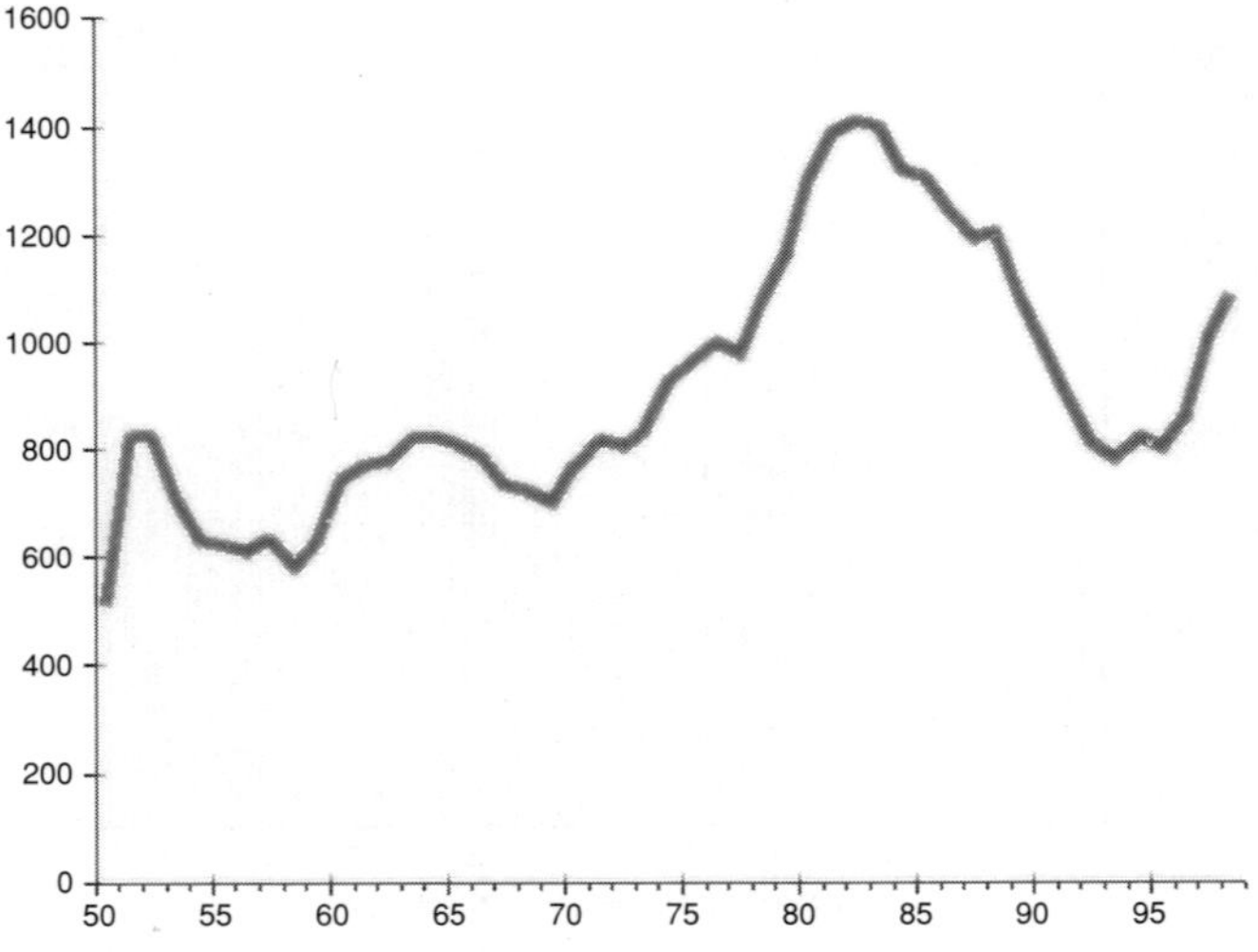

図3　窃盗犯送致人員（10万人比）

犯罪少年と触法少年

一九九八年に家庭裁判所が保護処分を検討するために新たに受理した少年の数は、三一万八五〇八人であった。ただ、そのうち道路交通規定違反関係（刑法犯には該当しない）の一〇万四八七七人を除いた、一般的な犯罪少年・触法少年・ぐ犯少年などの一般保護事件の対象は二一万三六三一人となる。さらに犯罪のうちでも交通事故の関連する業務上過失致死傷罪を除くと、一七万二七四四人となる。

家庭裁判所に送致されてくる人数は、図2に示したように、六〇年代と八〇年代に増加して、九〇年代は沈静化しているかに見えるが、これは、警察段階での犯罪検挙率が急減したことの影響なのである（前述8頁）。送致人員の変化は、図2と図3を見ればわかるとおり、窃盗罪を犯した者の

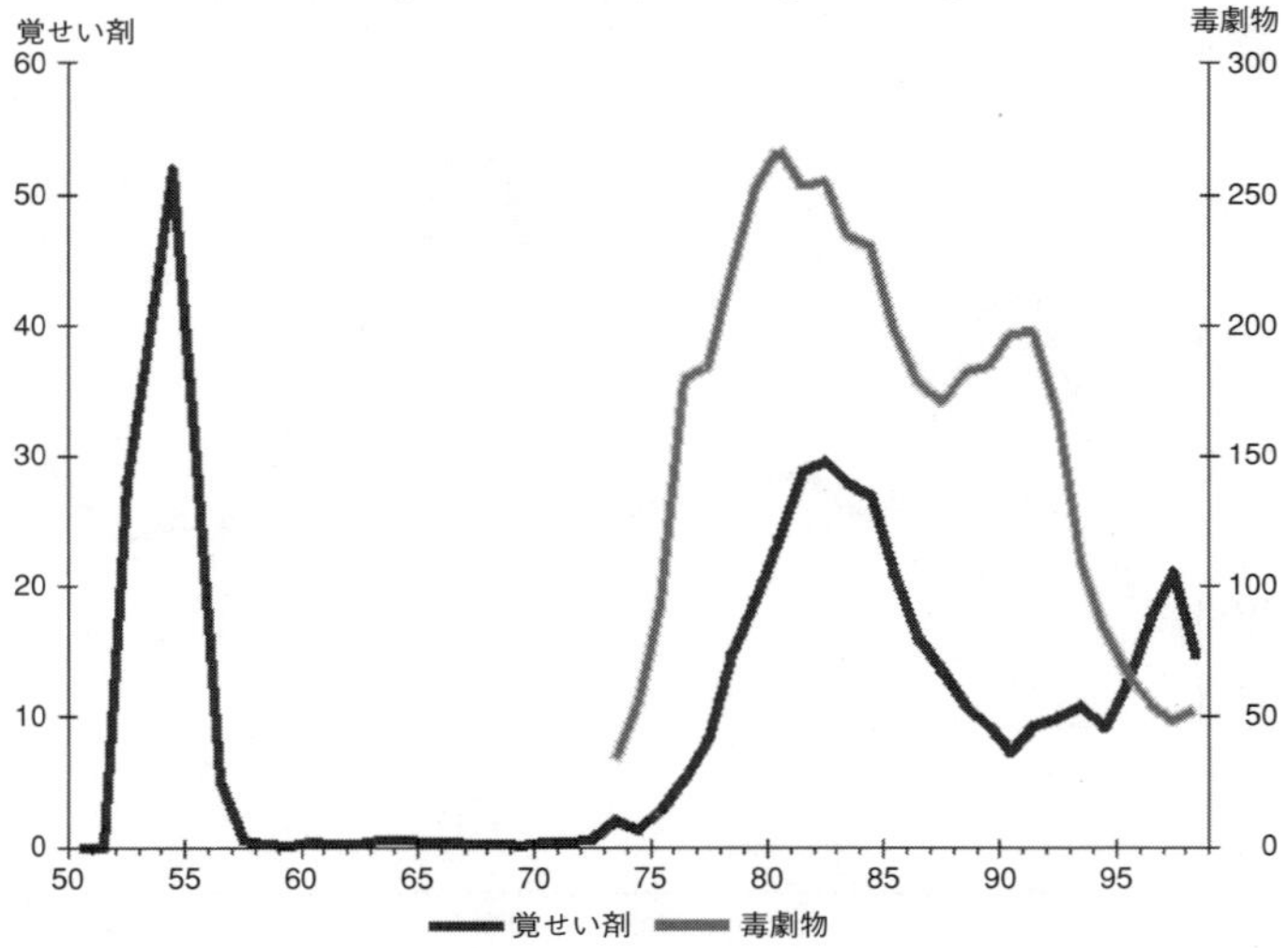

図4　覚せい剤関連の犯罪

数に強く規定される。窃盗罪が圧倒的多数なのである。刑法犯については、別の角度から詳細に検討するので(六八頁以下)、ここでは、刑法典に載っていないが重要な犯罪、しかも、少年非行にとって重要な意味を持つ犯罪に触れておく。

覚せい剤関連の犯罪(図4)は、戦後早い時期

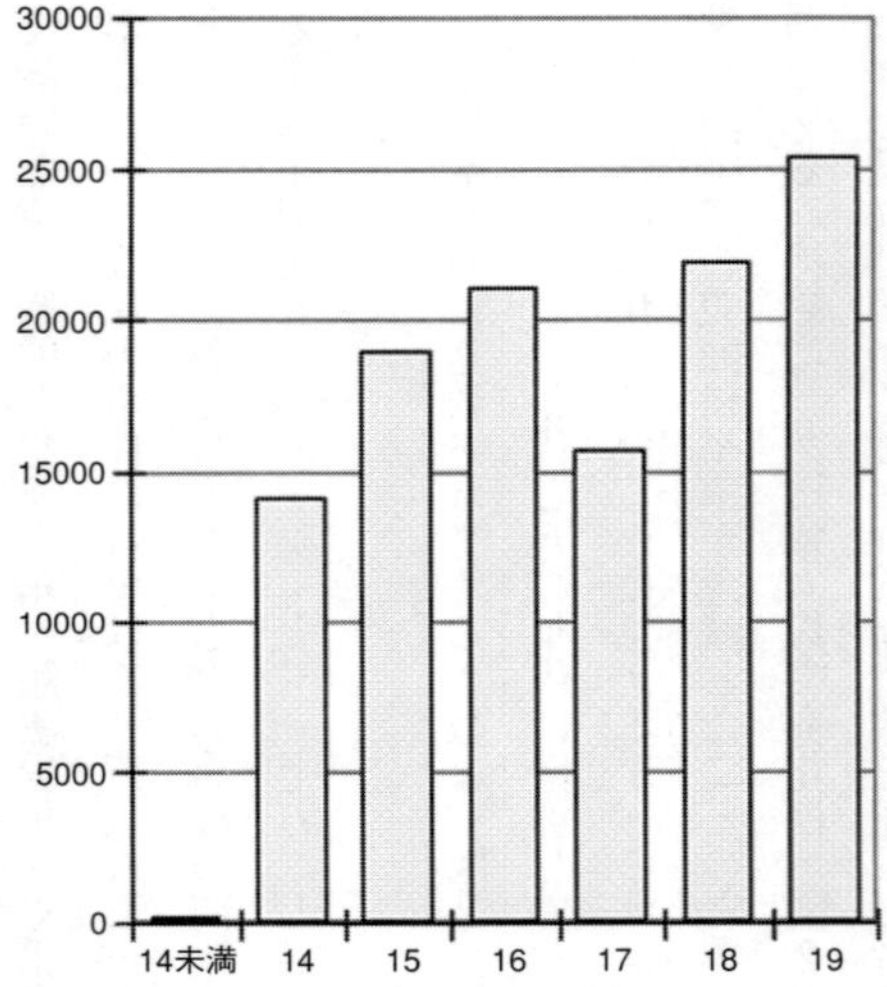

図5　年齢別家裁処理人員

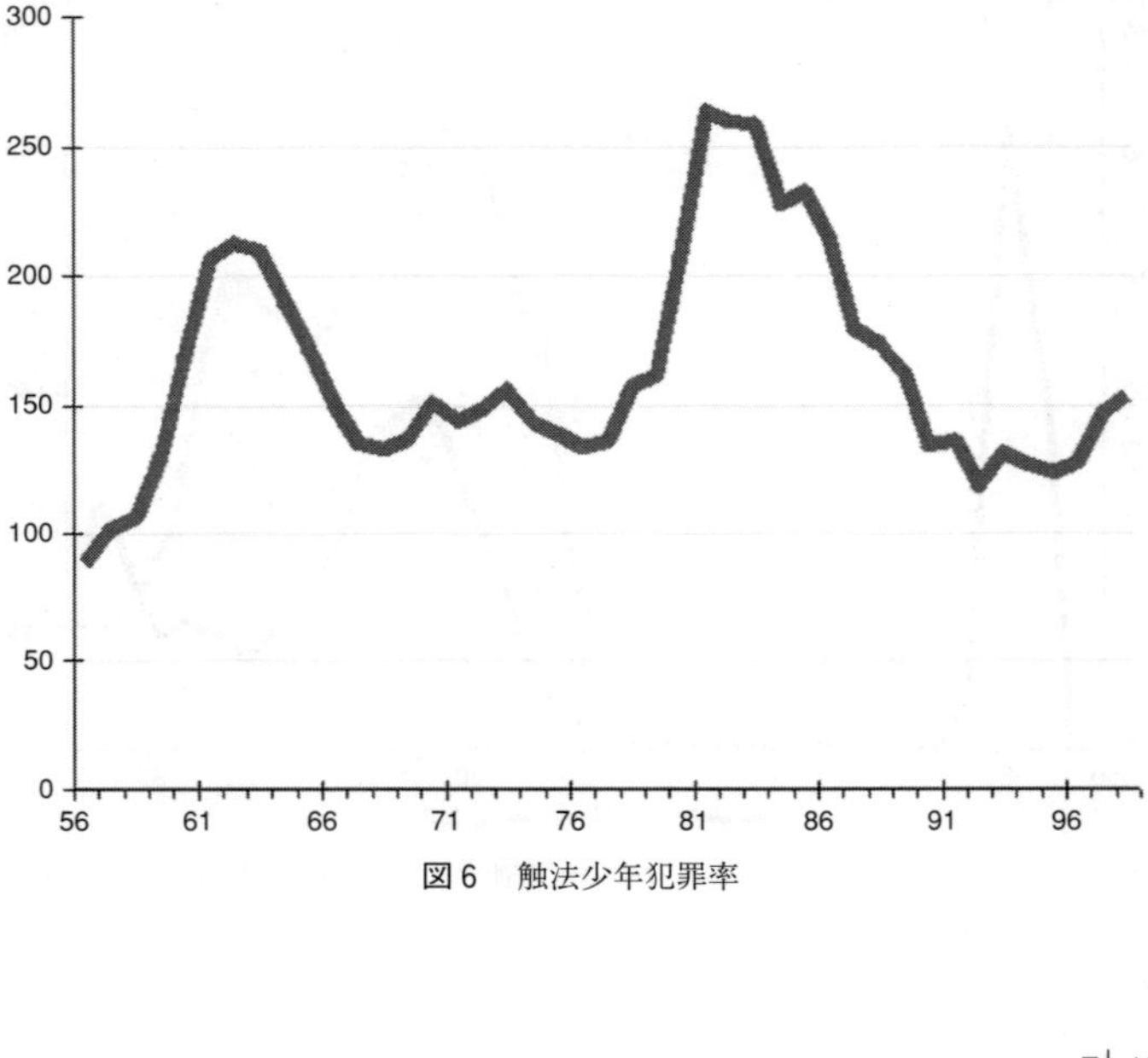

図6　触法少年犯罪率

にピークを迎え、一時期おさまったものの、七五年以降、再び急増してきた。図4に示した毒劇物とは、いわゆる「シンナー」のことである。シンナー吸引行為も、覚せい剤使用とほぼ比例して増加したことがわかる。両罪が増加した七五年から八五年にかけては、まさに戦後少年犯罪の第三のピークとして問題とされる時期で、貧困や経済的発展のひずみによる犯罪、反権力的・反抗的犯罪から、「非社会的」で享楽的な犯罪へと戦後の「犯罪の潮流」が大きく転換したことを象徴するものだったのである（→八六頁以下参照）。

なお、家裁に送致される少年のほとんどは、一四歳以上である（図5参照）。触法少年が家裁に送られる数は非常に少ない。もともと犯罪を犯す者の絶対数が少ない上に（図6参照）、まずは児童相談所などに送られるためである（五五頁図3参照）。触法少年の数は、現在同世代一〇万人あたり約一五〇人で、八二・八三年の六割程度であるが、ここでも検挙率が半分程度に落ちたことを勘案しなければならない。

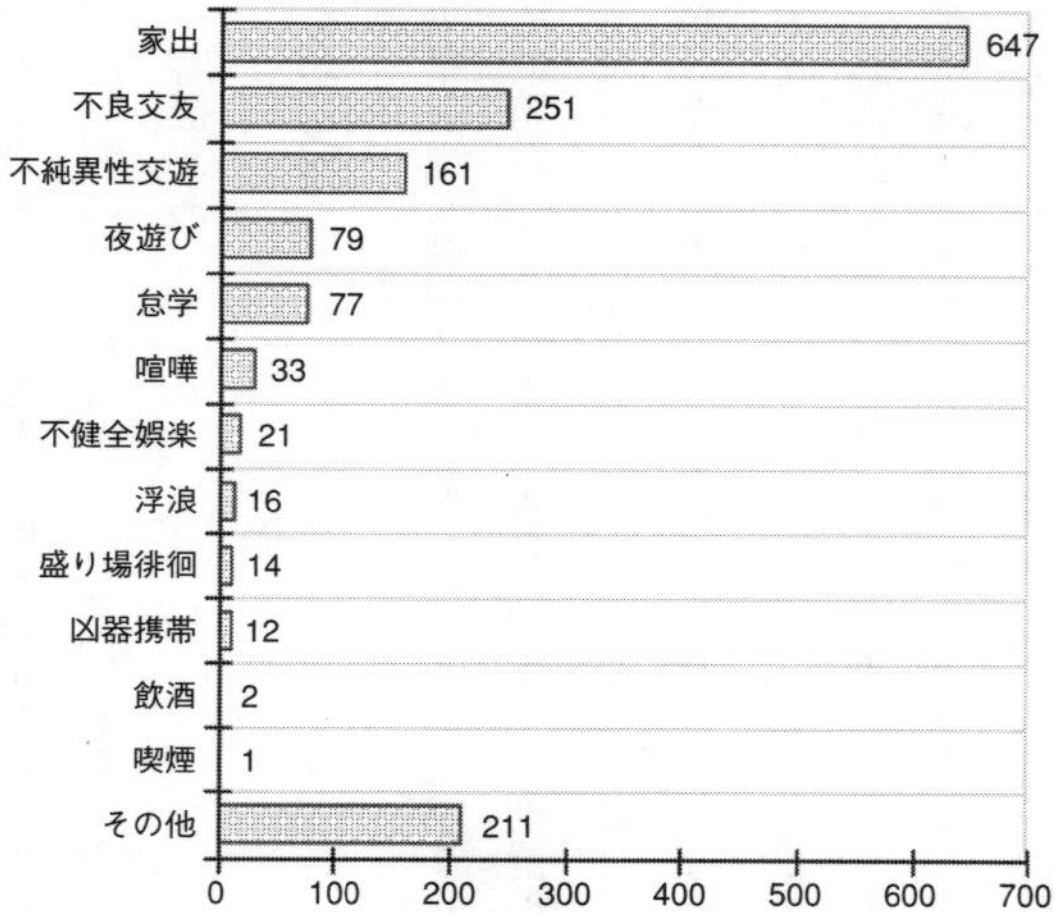

図7　ぐ犯態様別終局人員（1998）

行為時の年齢で見ると、図5に示したように年齢が高い順に多くなるが、一七歳はやや少ないという特徴がある。

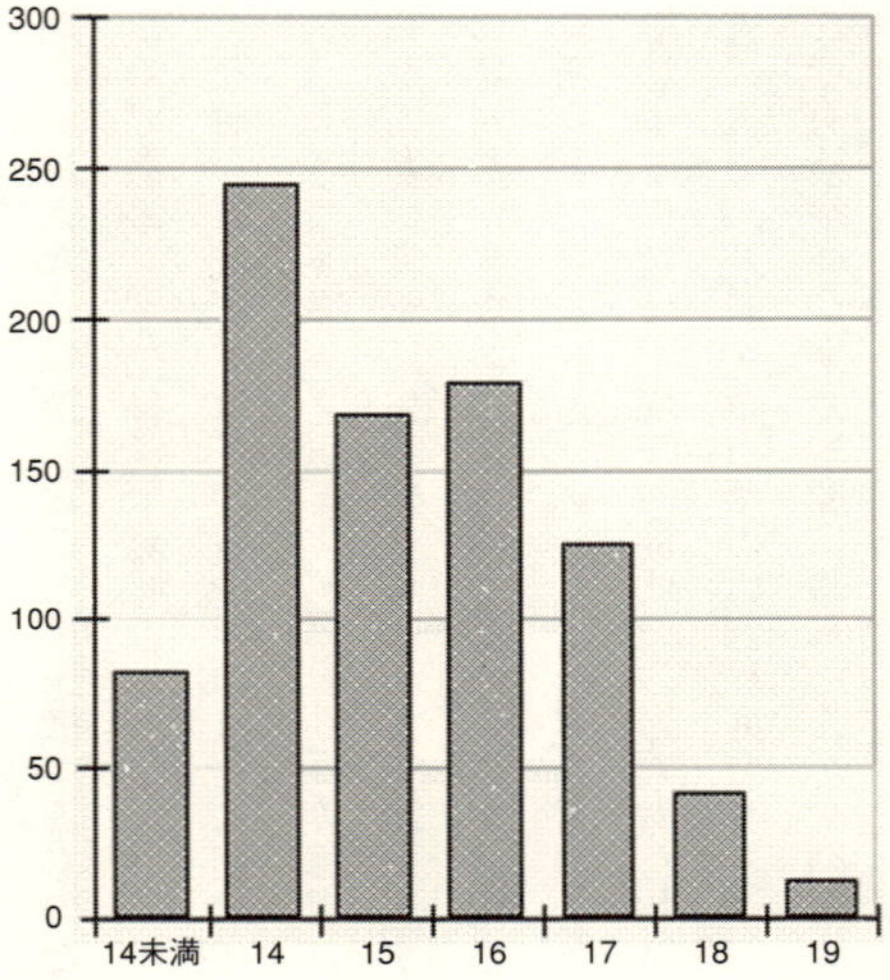

図8　年齢別ぐ犯処理人員

ぐ犯少年

少年法三条の定めるぐ犯とは、その性格または環境に照らして、将来罪を犯し、または刑罰法令に触れる行為をするおそれのある少年のことであるが、次のいずれかに該当しなければならないとされている。（イ）保護者の正当な監督に服しない性癖のあること、（ロ）正当の理由がなく家庭に寄り附かないこと、（ハ）犯罪性のある人若しくは不道徳な人と交際し、またはいかがわしい場所に出入すること、（ニ）自己または他人の特性を害する行為をする性癖のあることが認められることである。少年は、犯罪を犯しても、原則として処罰されない。しかし、逆に、犯罪を犯さなくても「処分」される可能性がある。具体的には、図7にあるように、家出、不良交友、不純異性交遊、夜遊び、怠学、喧嘩、不健全娯楽、浮浪、盛り場徘徊などをきっかけに補導される（飲酒、喫煙の割合は非常に低い）。

保護主義には、少年が犯罪を犯してもその未熟さや将来を考えて処罰をしないという側面と、「親」の視点から、犯罪に陥るおそれのある少年達に干渉することを許容する面（パターナリズム）とがある。ぐ犯とは、後者の保護主義の主要な部分なのである。ところが、図9に示したように、ぐ犯少年の送致人員は著しく減少した。多いときの六分の一以下である。一九九八年には、家裁が新規に受理した非行人員の〇・五％にも満たないのである。

ぐ犯が急激に減少したのは、七〇年代前半であった。この時期に犯罪少年数はさほど減少していない。ただ、この時期は、戦後日本で最も「自由」が強調された時代だったのである。そのような状況の中で、家出をしたりたばこを吸ったり酒を飲んで、なぜ少年院に送られなければならないのか疑問が生じたことは当然であった。法益保護思想

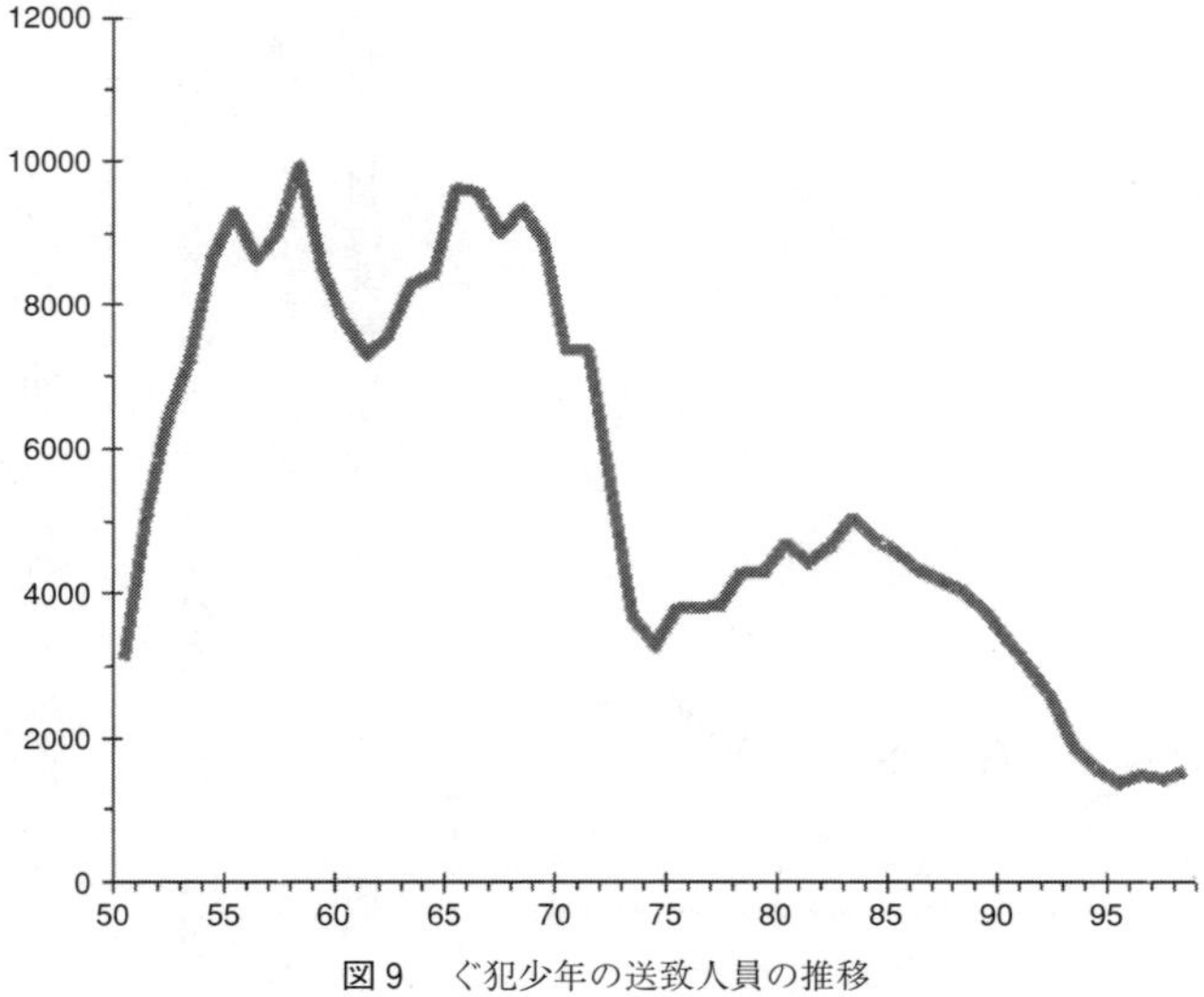

図9　ぐ犯少年の送致人員の推移

の有力化とともに、具体的な他者への侵害がないのに刑事的な側面を有する少年院送致などの処分は許されるべきでないという主張が優勢となっていく。アメリカでもぐ犯に似た怠学や飲酒喫煙などを処分の対象から除外する動きが生じていたのである（↓一七五頁）。

八〇年代の犯罪多発期にかけて、家出と暴力団などとの不良交友を理由とするぐ犯はかなり増加するが、不純異性交遊、夜遊び、賭博などの不健全娯楽はほとんど補導されなくなったのである。そして、九〇年代には、すべての事由について家裁に送られる人員は非常に少なくなってしまった（図10・

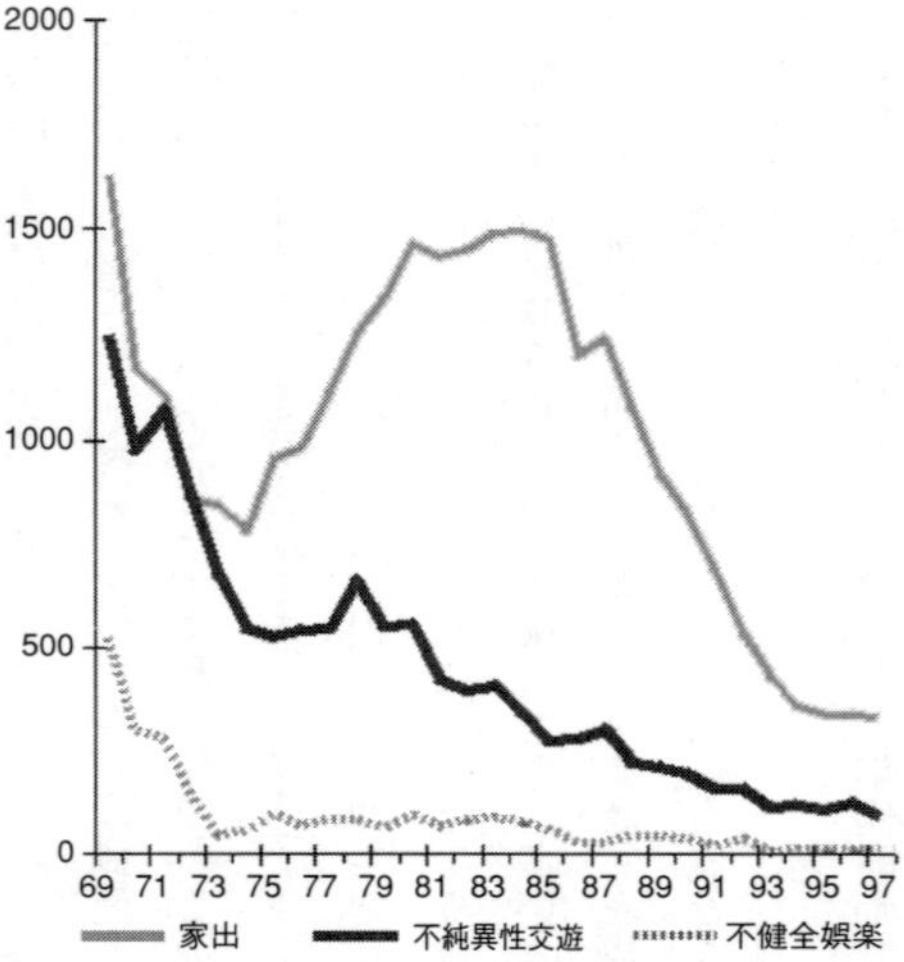

図10　ぐ犯の態様①

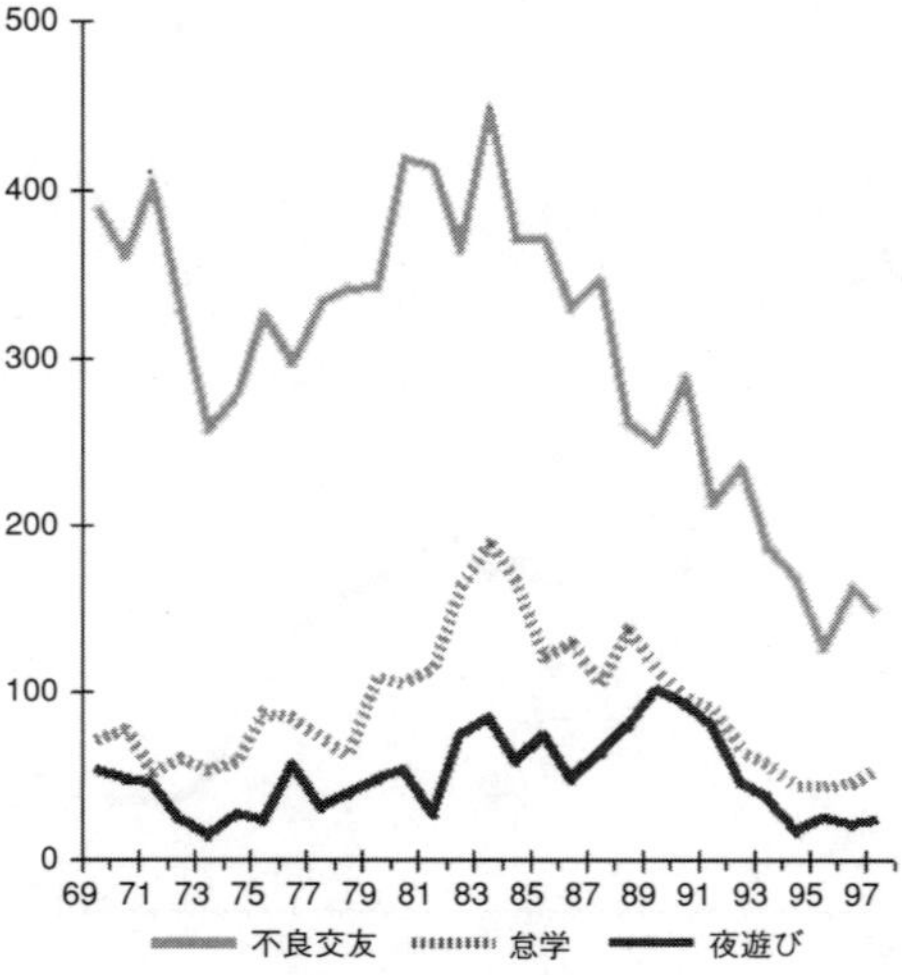

図11　ぐ犯の態様②

11参照)。

少年の人権とぐ犯の減少

一部の学者まで「大麻はタバコより害が少ないから解禁すべきだ」と主張していた時代には、たしかに、家出がなぜ処分の対象となるのか、中学生が異性と関係を持って何が悪いのかという批判は、否定しにくかった。ただ、それと同時に、少年審判にも適正手続きをという「自由主義的要請」が、これもアメリカの影響の下で有力になっていったことが、ぐ犯消極論を加速したのである。ぐ犯性の認定基準は、「これから犯罪を犯すおそれがどれだけあるのか」という要素を含み、どうしても曖昧となることは否定できない。家裁の処分でも人権を害するので適正手続きが必要だというのはもっともではある。ただ、適正手続きを強調する自由主義は、「きちんとした手続きで行われる刑事罰」に移行していくべきだという議論につながっているのである。

七〇年代前半の急激なぐ犯の減少の引き金としては、七一年に出された次の判例の存在が考えられる。高校一年二学期頃から保護者の正当な監督に服さず怠学をくりかえし、一一月頃には事実上中退して家出中の女子高生と同棲し、接着剤を吸引するなどした少年を保護観察に付したところ、少年側が争い、名古屋高決昭和四六年一〇月二七日(家裁月報二四巻六号六六頁)は一審の判断を取り消した。「少年が将来罪を犯し、又は刑罰法令に触れる行為をする危険が予測される程度のものであることを要し、また、その罪もしくは刑罰法令に触れる行為は、単に一般的、抽象的な犯罪一般というものでなく、ある程度具体性をもった犯罪の蓋然性があることを要する……少年が保護者である父の監督に服せず、ややもすれば無軌道な行動に出る傾向があり、父も困惑している事情がうかがわれるけれども、……少年が将来具体的にどのような犯罪を犯す虞があるかを予測判定することが困難である」としたのである。

ぐ犯として送致する警察・検察にとって「非行に該当しないので不処分」という決定は重い。「判断ミス」として、いわば落第の答案を提出したようなことになってしまう。「非行なし」の不処分は、二〇〇〇分の一より低い率でしか言い渡されないのである。当時、親に反抗して家出して同棲し、接着剤まで吸引した者が不処分とされたショックは、現場にとって相当大きなものであった。その後、送致するには「具体的な犯罪」に陥る蓋然性を示す必要があるという意識がかなり強

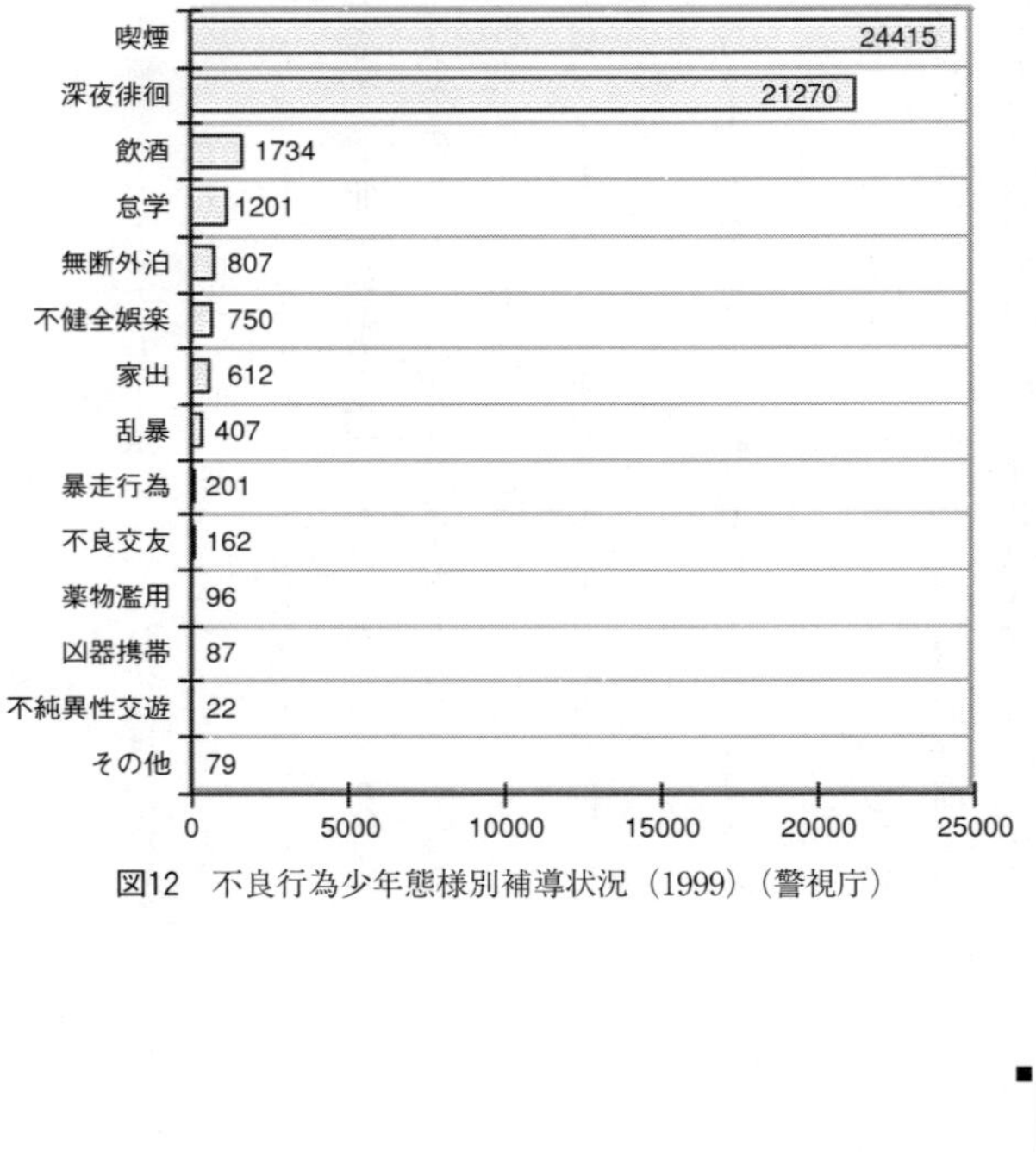

図12　不良行為少年態様別補導状況（1999）（警視庁）

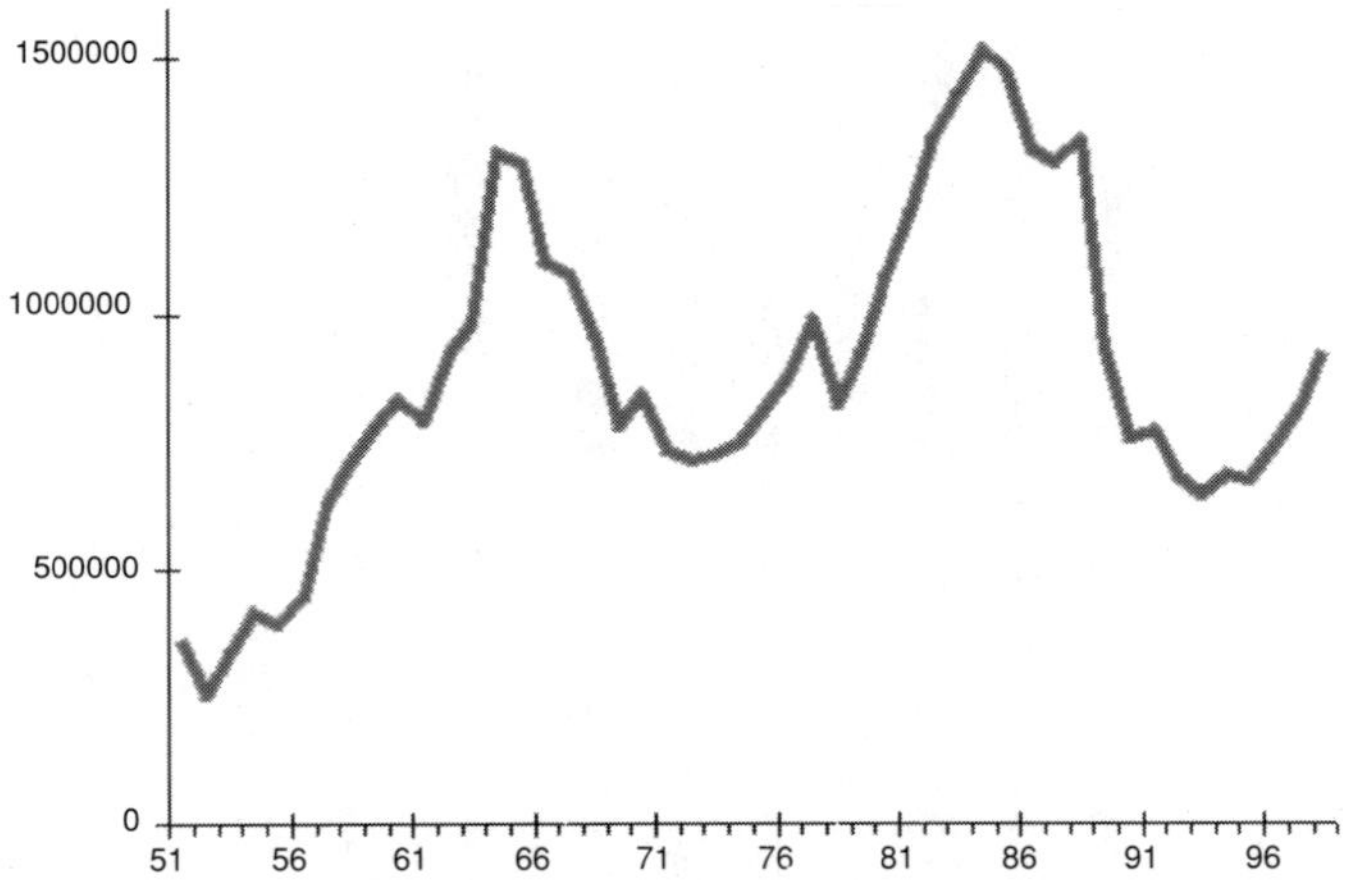

図13　不良行為少年補導人員

図14　不良行為少年の補導数（警視庁）

くなっていった。ただもちろん、この裁判所の判断は、当時の社会一般の考え方、さらに学者の「具体的に明白な危険がなければ不利益処分を課してはならない」という自由主義的な思潮の反映であった。

この自由主義の強調が、少年犯罪の増加の土壌を用意した面がある（↓一五四頁以下）。ただ、制服を着た中高生が駅で喫煙していても注意しないという時代がくるとは、当時は想像していなかった。

不良行為少年

九八年に警察が補導した不良行為少年は、約一〇〇万人で、家裁に送られる非行少年の三〇倍を超える。その事由は、喫煙と深夜徘徊が圧倒的多数を占める（図12）。その他には、怠学、無断外泊、不健全娯楽、家出、乱暴、暴走行為、薬物使用、不純異性交遊などである。この不良行為についての補導は、全国的に見ると、六〇年代と八〇年代にピークが存在する。これは、犯罪少年全体の検挙人員数の動きとほぼ比例する（図13）（↓三七頁参照）。犯罪の多発化に応じて、補導が強化されたのである。厳密には、犯罪の多発化より少し遅れて補導数が増加するのである。

ただ、東京に関しては、図14にあるように、六五年以降に急激な変化が見られる。これは、少年補導員制度運営要綱の一部改正にもよるが、やはりその背景には、自由主義的主張からの少年への過干渉に対しての抑制が考えられる。

少年法（昭和二三年七月一五日法律第一六八号、昭和二四年一月一日施行）抄

第一条（この法律の目的）　この法律は、少年の健全な育成を期し、非行のある少年に対して性格の矯正及び環境の調整に関する保護処分を行うとともに、少年及び少年の福祉を害する成人の刑事事件について特別の措置を講ずることを目的とする。

第二条（少年、成人、保護者）　1　この法律で「少年」とは、二十歳に満たない者をいい、「成人」とは、満二十歳以上の者をいう。

2　この法律で「保護者」とは、少年に対して法律上監護教育の義務ある者及び少年を現に監護する者をいう。

第三条（審判に付すべき少年）　1　次に掲げる少年は、これを家庭裁判所の審判に付する。

一　罪を犯した少年

二　十四歳に満たないで刑罰法令に触れる行為をした少年

三　次に掲げる事由があつて、その性格又は環境に照して、将来、罪を犯し、又は刑罰法令に触れる行為をする虞のある少年

イ　保護者の正当な監督に服しない性癖にあること。

ロ　正当の理由がなく家庭に寄り附かないこと。

ハ　犯罪性のある人若しくは不道徳な人と交際し、又はいかがわしい場所に出入すること。

二　自己又は他人の徳性を害する行為をする性癖のあること。

2　家庭裁判所は、前項第二号に掲げる少年及び同項第三号に掲げる少年で十四歳に満たない者については、都道府県知事又は児童相談所長から送致を受けたときに限り、これを審判に付することができる。

第六条（通告）　1　家庭裁判所の審判に付すべき少年を発見した者は、これを家庭裁判所に通告しなければならない。

2　警察官又は保護者は、第三条第一項第三号に掲げる少年について、直接これを家庭裁判所に送致し、又は通告するよりも、先づ児童福祉法による措置にゆだねるのが適当であると認めるときは、その少年を直接児童相談所に通告することができる。

3　都道府県知事又は児童相談所長は、児童福祉法の適用がある少年について、たまたま、その行動の自由を制限し、又はその自由を奪うような強制的措置を必要とするときは、同法第三十三条及び第四十七条の規定により認められる場合を除き、これを家庭裁判所に送致しなければならない。

第八条（事件の調査）　1　家庭裁判所は、前二条の通告又は報告により、審判に付すべき少年があると思料するときは、事件について調査しなければならない。検察官、司法警察員、都道府県知事又は児童相談所長から家庭裁判所の審判に付すべき少年事件の送致を受けたときも、同様である。

2　家庭裁判所は、家庭裁判所調査官に命じて、少年、保護者又は参考人の取調その他の必要な調査を行わせることができる。

第九条（調査の方針）　前条の調査は、なるべく、少年、保護者又は関係人の行状、経歴、素質、環境等について、医学、心理学、教育学、社会学その他の専門的智識特に少年鑑別所の鑑別の結果を活用して、これを行うように努めなければならない。

第一九条（審判を開始しない旨の決定）　1　家庭裁判所は、調査の結果、審判に付することができず、又は審判に付するのが相当でないと認めるときは、審判を開始しない旨の決定をしなければならない。

2　家庭裁判所は、調査の結果、本人が二十歳以上であることが判明したときは、前項の規定にかかわらず、決定をもつて、事件を管轄地方裁判所に対応する検察庁の検察官に送致しなければならない。

第二〇条（検察官への送致）　家庭裁判所は、死刑、懲役又は禁錮にあたる罪の事件について、調査の結果、その罪質及び情状に照して刑事処分を相当と認めるときは、決定をもつて、これを管轄地方裁判所に対応する検察庁の検察官に送致しなければならない。但し、送致のとき十六歳に満たない少年の事件については、これを検察官に送致することはできない。

第二一条（審判開始の決定）　家庭裁判所は、調査の結果、審判を開始するのが相当であると認めるときは、その旨の決定をしなければならない。

第二二条（審判の方式）　1　審判は、懇切を旨として、なごやかに、これを行わなければならない。

2　審判は、これを公開しない。

第五一条（死刑と無期刑の緩和） 罪を犯すとき十八歳に満たない者に対しては、死刑をもつて処断すべきときは、無期刑を科し、無期刑をもつて処断すべきときは、十年以上十五年以下において、懲役又は禁錮を科する。

第五二条（不定期刑） 1 少年に対して長期三年以上の有期の懲役又は禁錮をもつて処断すべきときは、その刑の範囲内において、長期と短期を定めてこれを言い渡す。但し、短期が五年を越える刑をもつて処断すべきときは、短期を五年に短縮する。

2 前項の規定によつて言い渡すべき刑については、短期は五年、長期は十年を越えることはできない。

第六一条（記事等の掲載の禁止） 家庭裁判所の審判に付せられた少年又は少年のとき犯した罪により公訴を提起された者については、氏名、年齢、職業、住居、容ぼう等によりその者が当該事件の本人であることを推知することができるような記事又は写真を新聞紙その他の出版物に掲載してはならない。

4 非行少年はどう扱われるか

家庭裁判所に送られても、四分の一しか処分されない

犯罪少年・触法少年やぐ犯少年は、家庭裁判所に送致される（図3参照。少年法三条。これを全件送致主義という。なお、一四歳未満の者については都道府県知事または児童相談所長からの送致が必要である）。処罰を目的としていた通常の刑事「裁判」とは異なり、少年の保護を原則とするため、通常の裁判所ではなく家庭裁判所で「審判」（少年審判と呼ばれる）に付されるのである。ただ、重大な犯罪行為（死刑、懲役または禁錮にあたる罪）で、刑事処分をすることが相当と家庭裁判所が判断した場合には、検察官に送致される（これを逆送という。ただし、数はごく少なく全処理数の〇・三%しかない）。逆送されると、検察官により起訴される可能性が出てくる（図1）。

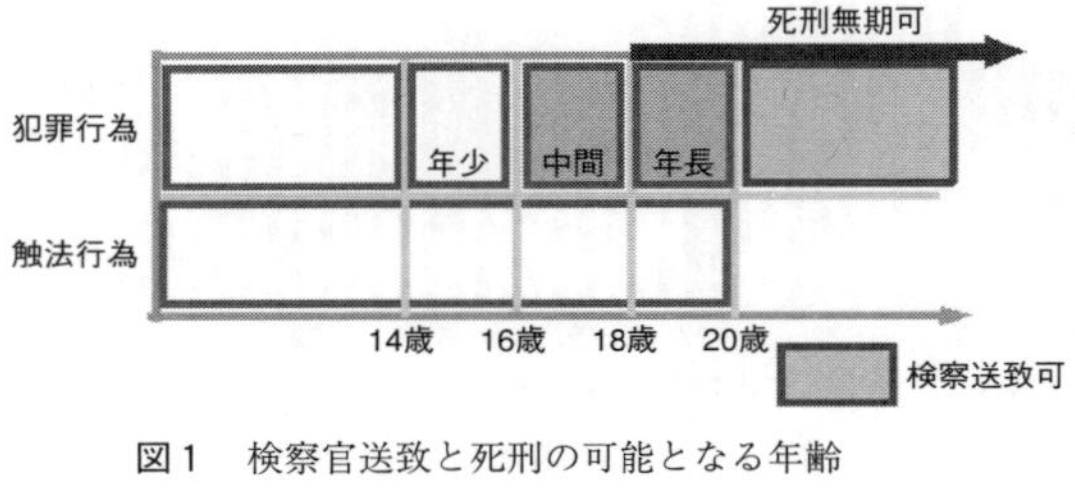

図1　検察官送致と死刑の可能となる年齢

口絵図15にあるように、九八年の家裁の処理状況を見ると、全少年二一万四三〇四人のうち、審判をそもそも開始しない者が一二万一八八一人、審判したが処分をしない者は三万六八八三人で、処分される者は三万一二六一人に過ぎない。そして処分者の内訳は、施設には収容されない保護観察が圧倒的に多く二万四八五五人で、少年院送致が五〇二三人、児童自立援護施設が三四三人、刑事処分は一〇二三人のみなのである。このように、家裁に送られても、処分不開始・不処分になる少年が四分の三を占めている状況が、日本の少年司法の最大の特徴といってよい（もちろん、そのプロセスで少年に一定の感銘力や脅威を与えることはあるであろうが）。そしてこのような状況は、図2で示したように、一九七五年に始まる。

といっても、犯罪類型によっては、処分割合がかなり異なる。図4に示したように、殺人罪や傷

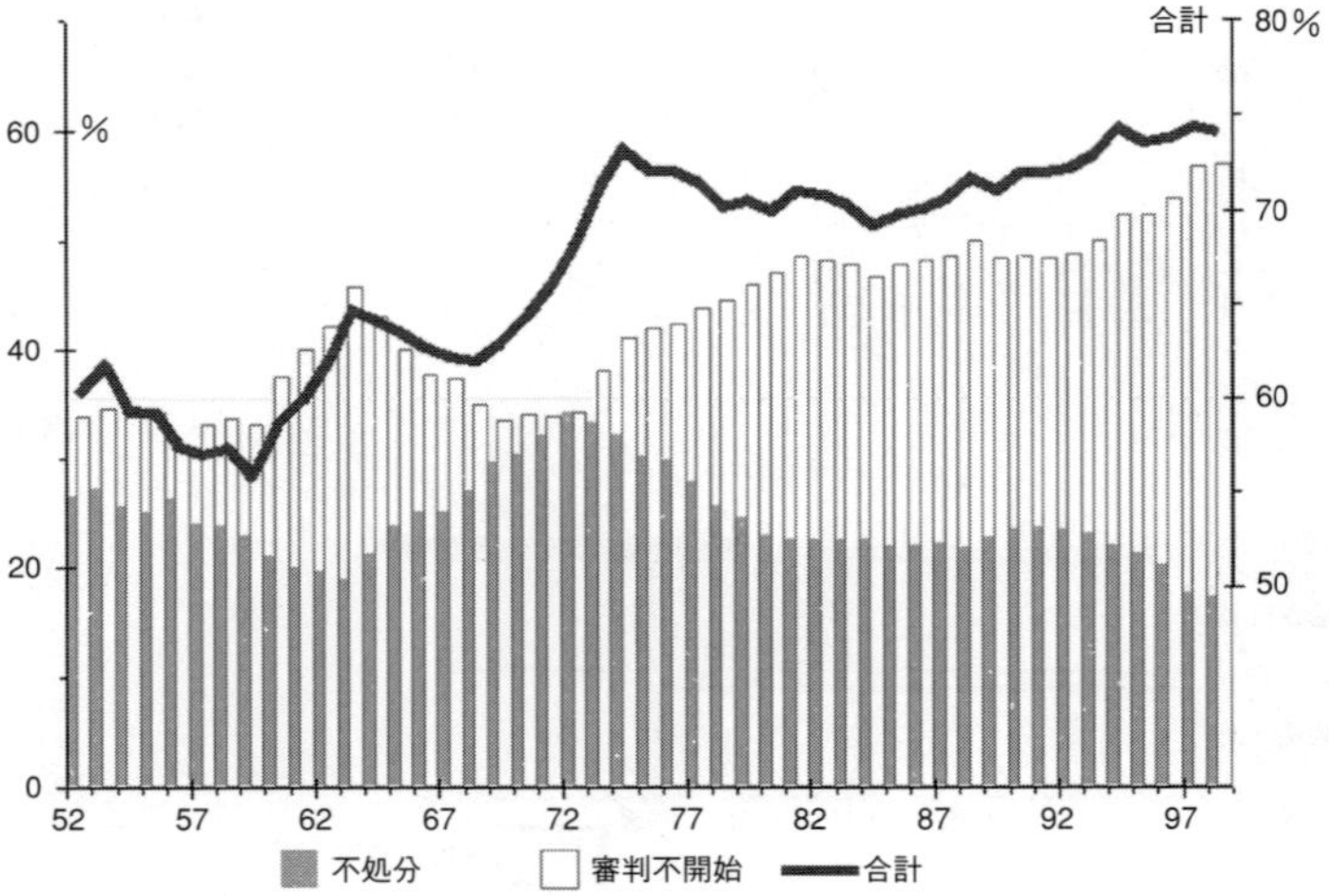

図2　審判不開始と不処分

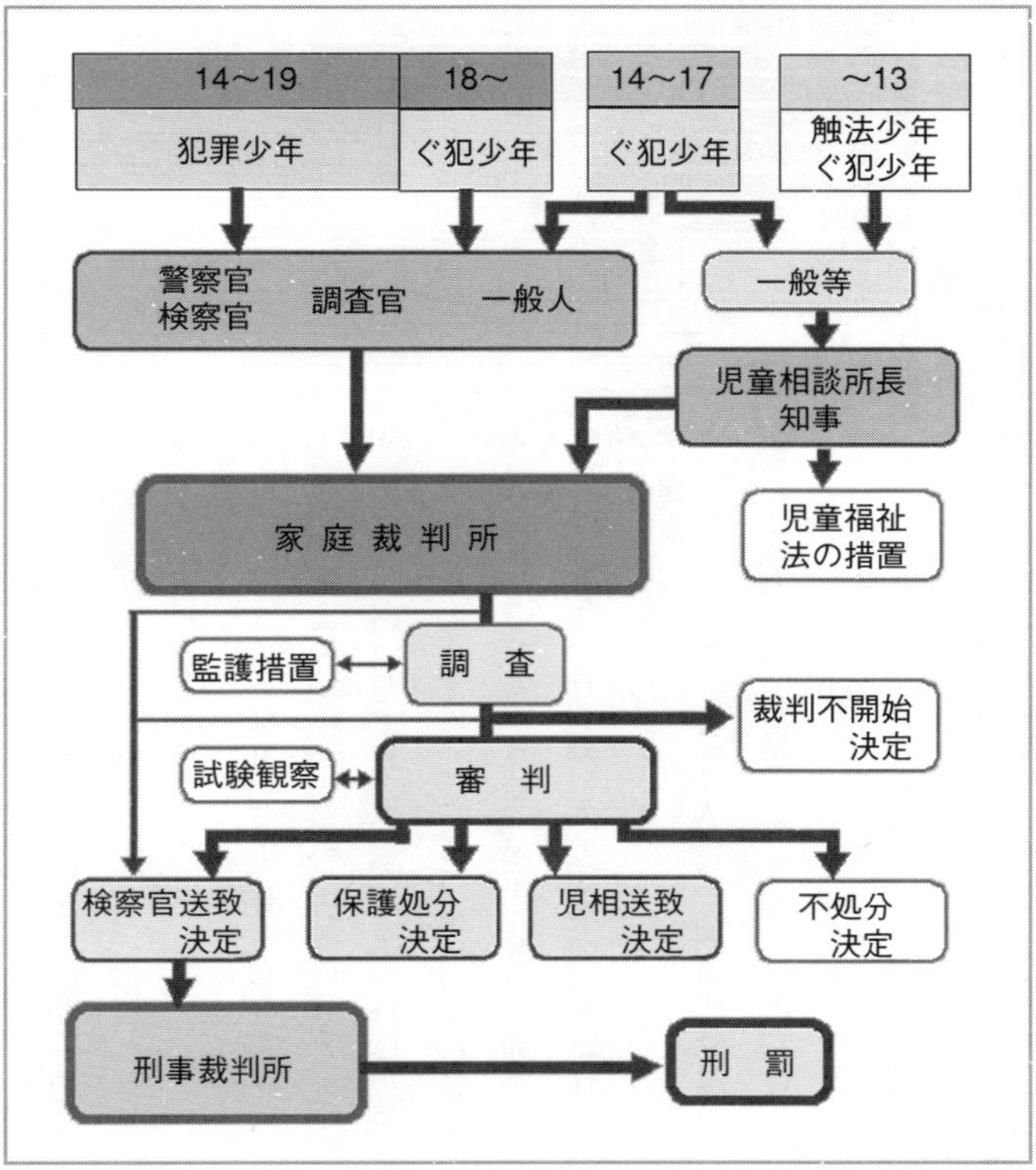
14～19
犯罪少年
18～
ぐ犯少年
14～17
ぐ犯少年
～13
触法少年
ぐ犯少年
警察官
検察官
調査官
一般人
一般等
児童相談所長
知事
児童福祉
法の措置
家 庭 裁 判 所
監護措置
調　査
裁判不開始
決定
試験観察
審　判
検察官送致
決定
保護処分
決定
児相送致
決定
不処分
決定
刑事裁判所
刑　罰

図３　少年手続きの全体

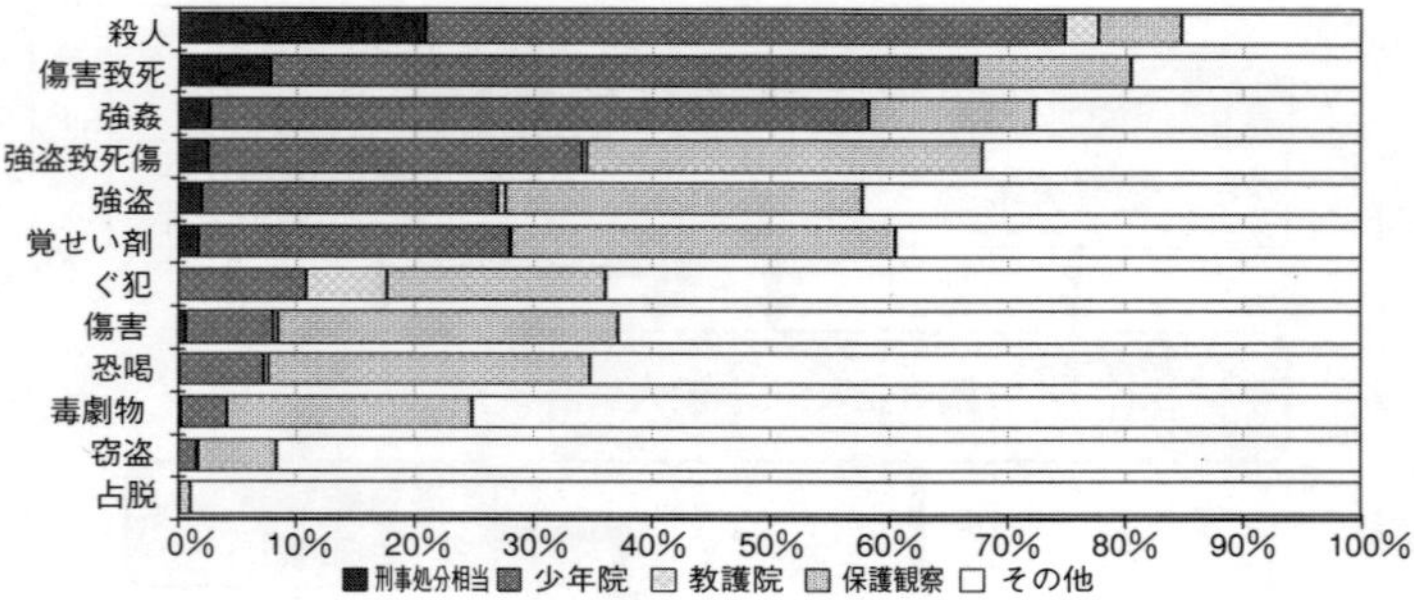

図4　罪名別家裁処理状況

害致死罪の場合には、七、八割は施設に収容される。次いで収容される割合が高いのが強姦罪である。強盗はもとより、強盗致傷罪よりその割合が高い。強盗と覚せい剤犯罪とは処分の重さが類似する。

また、ぐ犯は少年院送致率が高く一一%なのである。傷害や恐喝より家出の方が、少年院に入る率が高いところに、少年法の特色があらわれている（ただ、家庭裁判所に送致されるような「家出」等は、非常に要保護性の高いものが多いことに注意しなければならない）。

当然のことながら、刑事処分は一六歳以上に限られるが、実際には、一七歳以上、さらにいえば一八歳以上がほとんどなのである。逆に児童自立援護施設送致は、一四歳に集中する（図5）。

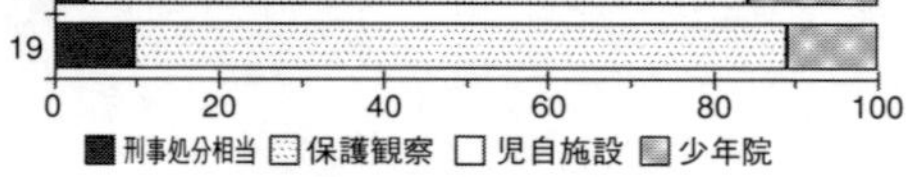

図5　年齢別処分の割合

保護観察

少年を施設に収容せず、家庭や職場等においたまま、指導監督・補導援護を加えてその改善更生を図る制度で、いわゆる社会内処遇の主要なものである（ここで問題とするのは、審判した少年に対する処分としての少年法二四条一項一号の保護処分（一号観察）であるが、このほかに、少年院仮退院者（二号観察）、仮出獄者（三号観察）、執行猶予者（四号観察）、婦人補導院仮退院者（五号観察）に対するものがある）。

保護観察は保護観察官または保護司が行う。通常は保護観察官が主任官、保護司が担当者となって少年の指導監督・補導援護にあたる。処遇が困難と予想される事例では、保護観察官が直接担当することもある。保護観察官は、医学、心理学、教育学、社会学、その他の更生保護に関する専門的知識・技術を有する職員である。保護司は、非常勤・無給の国家公務員で、いわゆる篤志家（有識者）であり、保護観察所長の推薦、保護司選考会の意見聴取を経て、法務大臣により委嘱されている。保護観察官の数が少ないため、少年との実際上の接触は保護司に委ねられている面が多い。保護司に人を得ることが重要である（改善の努力はされているが、その老齢化が特に少年事件では問題である）（図6）。

保護観察の具体的内容は、遵守事項を定め、これを守るように指導監督することである。法定の一般遵守事項としては、①一定の住居に居住し、正業に従事すること、②善行保持、③犯罪性のある者・素行不良者と交際しないこと、④転居・長期旅行には、あらかじめ許可を求めることがある。少年の場合は、さらに保護観察所長が家庭裁判所の意見を聞いて特別遵守事項を定めている。指導監督は、

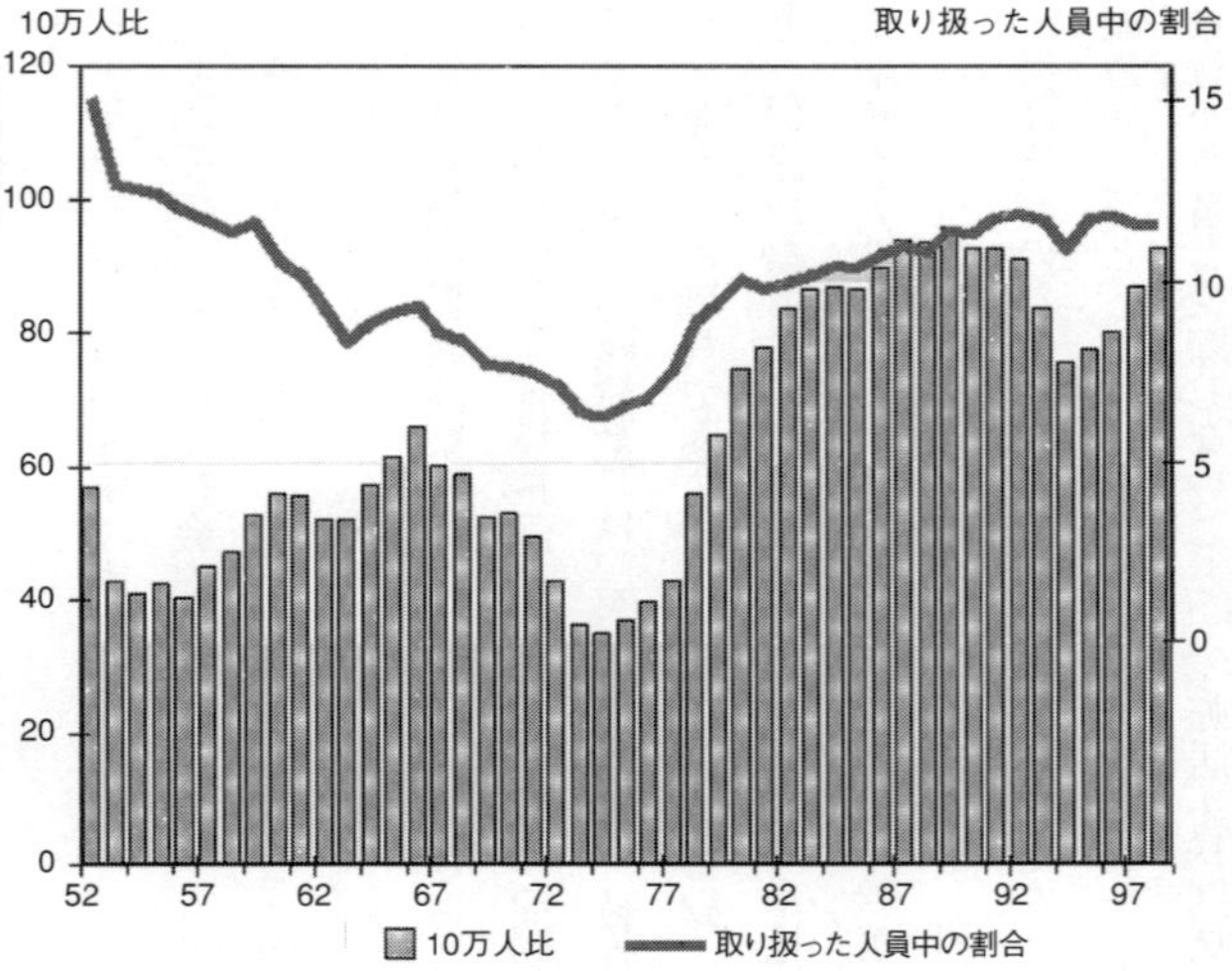

図6　保護観察人員の推移

担当保護観察官・保護司が少年と接触してその行状を見守り、指示を与え、必要な措置をとることで、補導援護とは、教養訓練の手段・医療・住居を得ることや就職することを援助し、職業を補導し、環境を改善・調整することなどである。通常の事件では少年が保護司を月二回程度訪問して近況を報告し、保護司から指導・助言を受ける形が多いが、保護司が少年のところに赴く指導も行われている。

少年が二〇歳に達するまでが原則であるが、決定から二年に満たないときは、成人後も含め二年間となる。期間中でも成績良好等で保護観察の必要がないと認められれば、停止・解除ができる。

口絵図15に示したように、この保護観察が、犯罪を犯した少年に対する処分の四分の三以上を占めているのである。

少年院送致

保護処分のうちで最も強力な処遇である。少年院とは、法務省の少年矯正教育施設で、初等、中等、特別、医療の四種類に分けられる（少年院法二条）。初等少年院はおおむね一四歳以上一六歳未満の者を収容し、中等少年院はおおむね一六歳以上二〇歳未満の者、特別少年院は犯罪的傾向の進んだ、おおむね一六歳以上二三歳未満の者を収容する。重大な病気等の場合は、医療少年院に収容される（一四歳以上二六歳未満の者）（図7）。

対象少年の年齢と特性に対応して、少年に自分の問題点を見つめさせ自己改善意欲を喚起するとともに、健全な生活習慣の育成、生活リズムの回復、学習・勤労習慣の育成、教科教育の補習、職業教育・資格取得などの教育が行われている。裁判所が送致決定でその種別を指定する（図8）。

その収容期間は、本人が二〇歳に達するまでが原則であるが、送致決定時に一九歳を超えている場合は、送致時から一年間となる。また特別少年院については二三歳まで、医療少年院では二六歳まで一定の事由があれば収容できる。期間満了による退院の他、地方更生保護委員会の決定による退院・

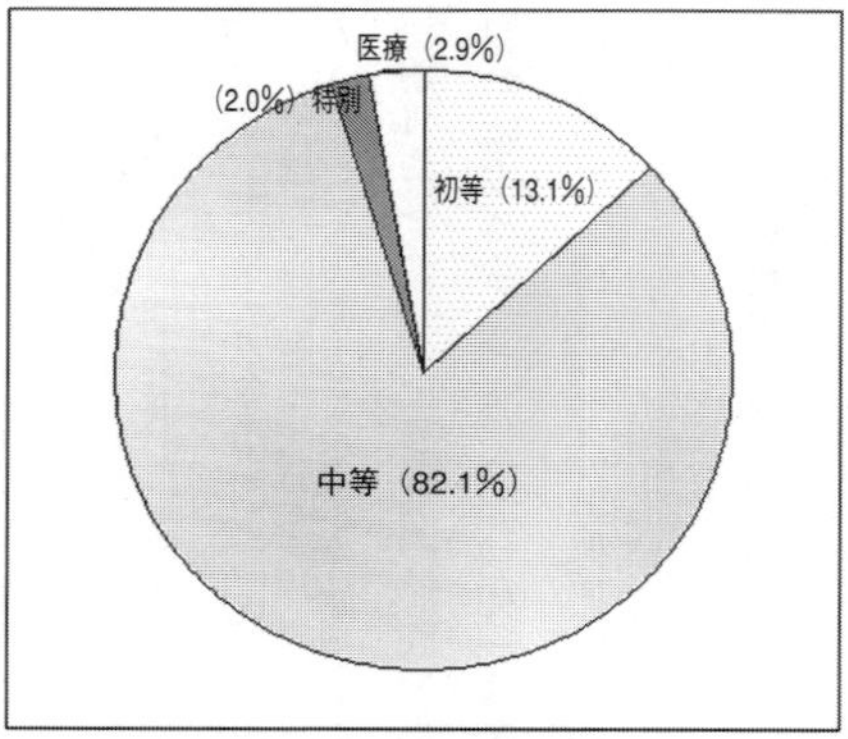

図7　少年院送致の割合（1998）

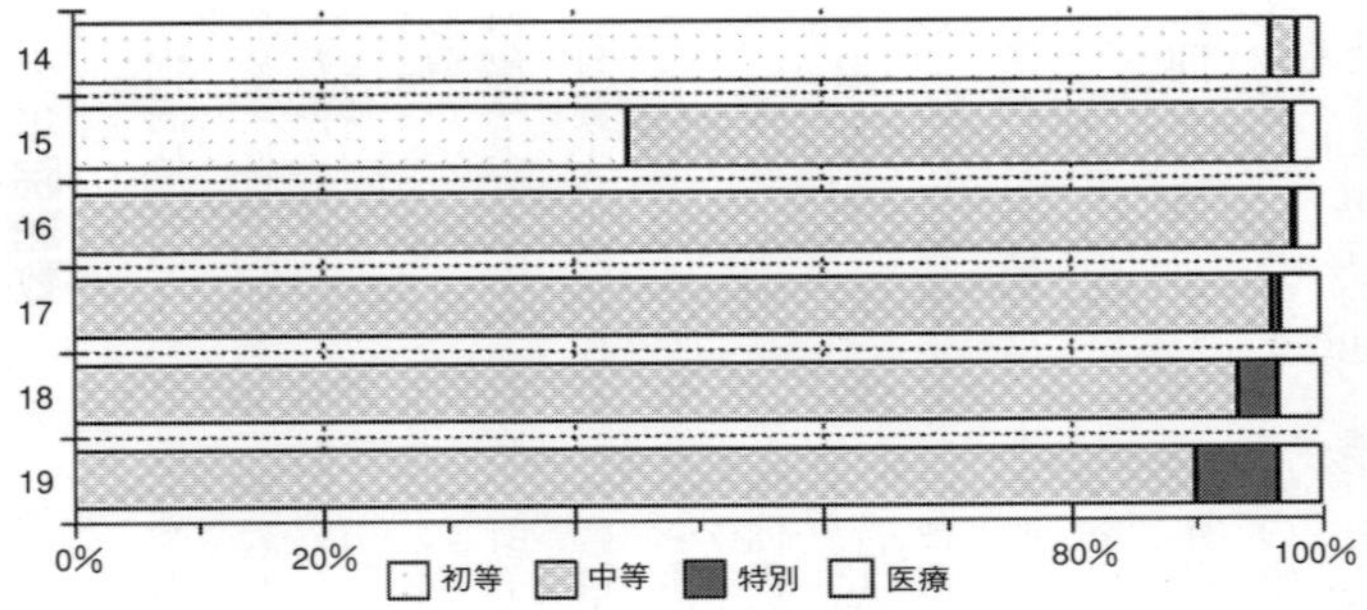

図8　年齢別各少年院送致の割合

仮退院が認められている。少年院送致も、ぐ犯とほぼ相関する形で減少してきた（図9・10と3章図9参照）。

初等・中等少年院については運用上長期処遇と短期処遇に分けられ、さらに対象者の入院時の年齢により年少者（一四―一七歳未満）と年長者（一六―二〇歳未満）に分類して処遇が実施されている（特別・医療少年院には短期処遇はない）。男女別の施設であり、男子は短期・長期処遇が別個の施設とされているが、女子は人数が少ないため長期・短期が併設され、施設内で分離処遇が行われている（図11）。

家裁が処遇の勧告をしない場合、原則として長期処遇となる。収容期間は二年以内とされ、おおむね一年程度を目処とした処遇計画が編成されることが多い。長期処遇には①生活訓練課程、②職業能力開発課程、③教科教育課程、④特殊教育課程、⑤医療措置課程がある。

①は処遇に著しい困難を伴う者を対象とし、基本的な生活態度を身につけるための教育訓練を行う。非行性が極めて複雑・深刻であるため特別の処遇を必要とする者については、原則として二

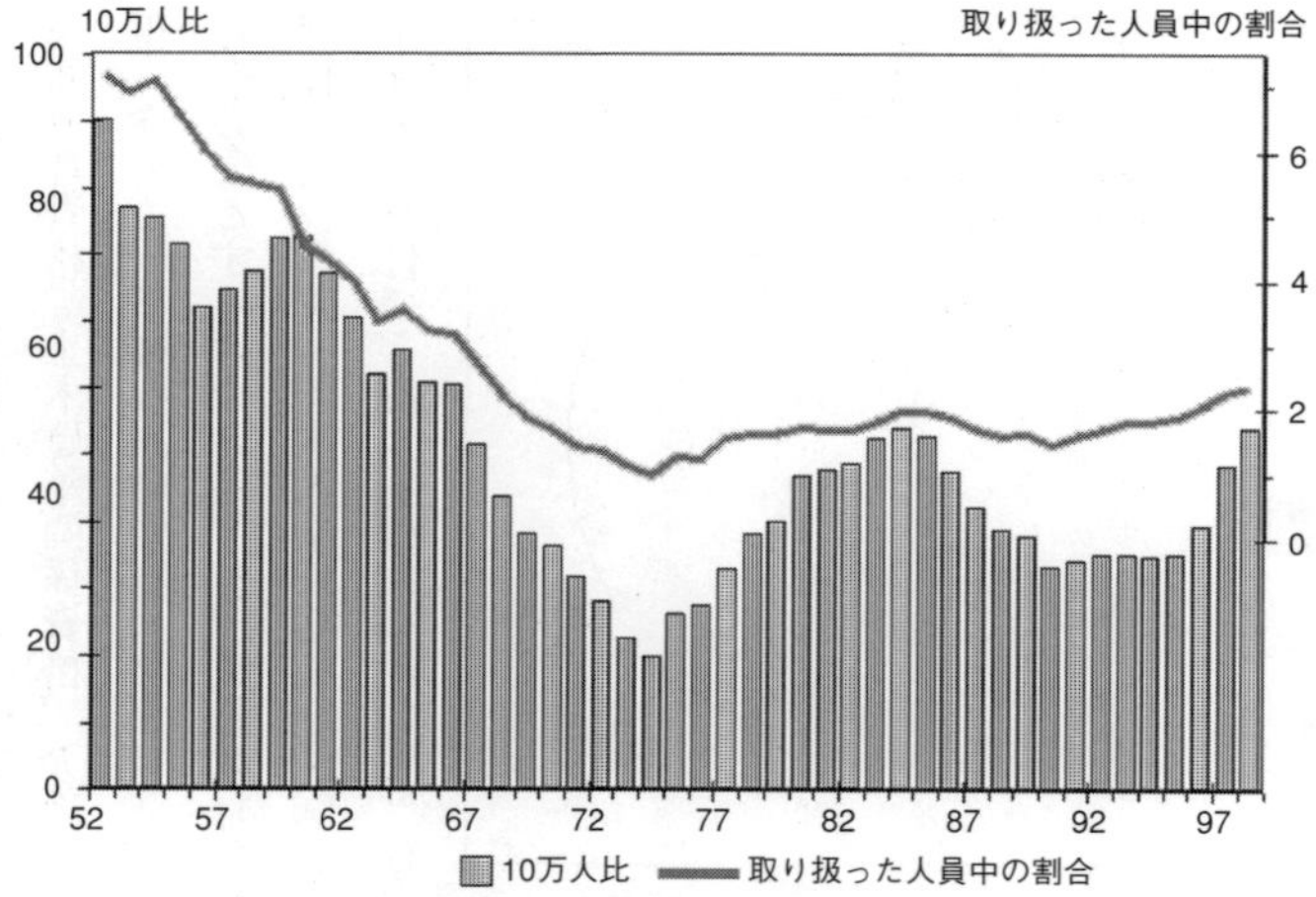

図９　少年院送致者の推移

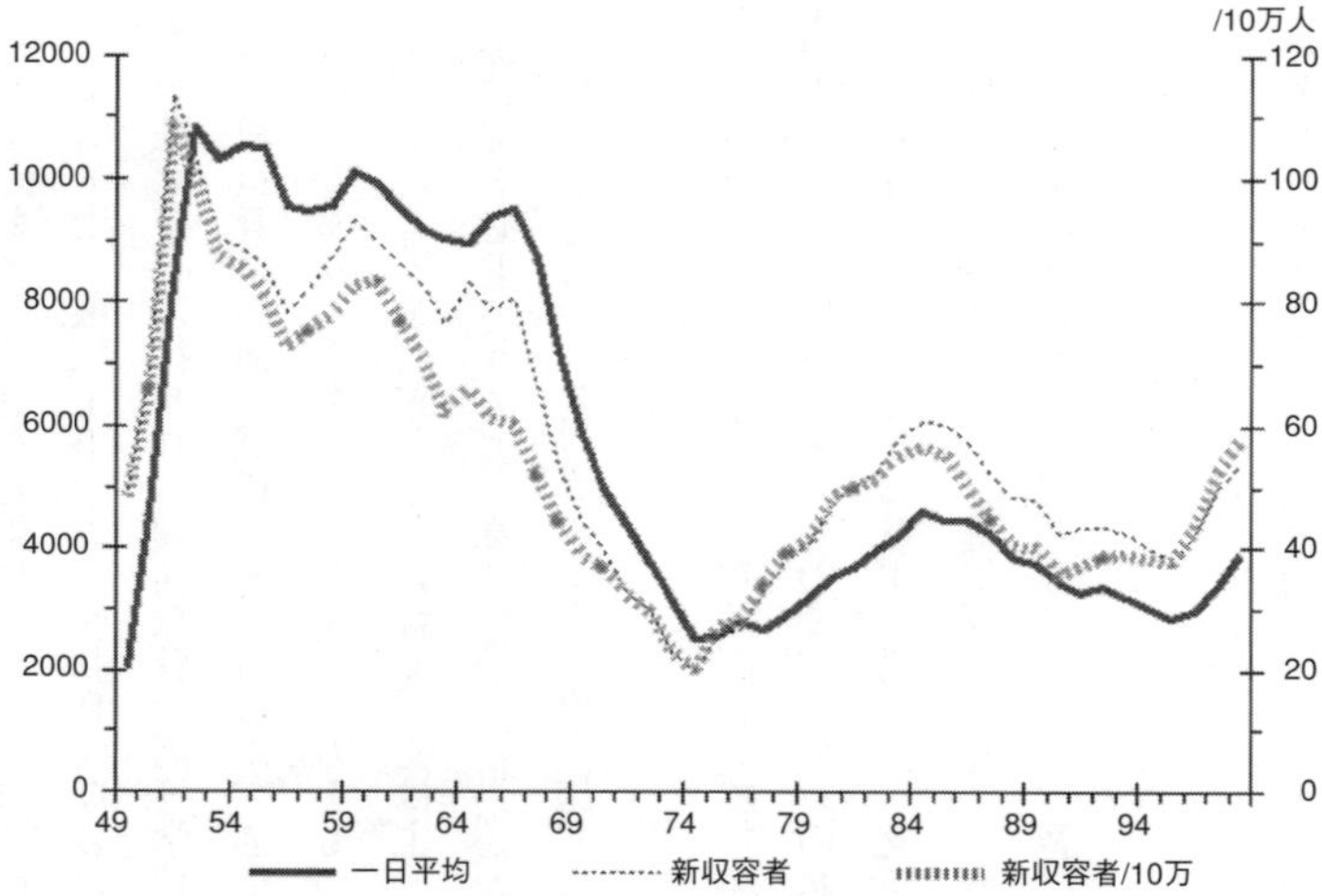

図10　少年院収容人員

年を超える収容期間を設定する。②は職業訓練・職業指導を必要とする者を対象にし、溶接技能検定、情報処理資格、土木建築関係資格、介護アテンダントサービス士、電気工事士等かなり高度な資格取得も含めて、多様な訓練が行われる。③は初等・中等少年院を中心に行われ、義務教育、高等学校教育を必要とする者を対象とし、教科教育を行う。教育には教員資格のある職員があたるほか、通信制課程の高校教育、大学入学資格検定試験受験指導なども行っており、卒業証書等と同じ効力をもつ修了証書も交付できる。④は精神薄弱者、社会的不適応が著しい者等を対象とした教育で、⑤は主として医療措置を必要とする者（身体疾患者、精神病者及びその疑いのある者等）を対象として医療を施すものである。

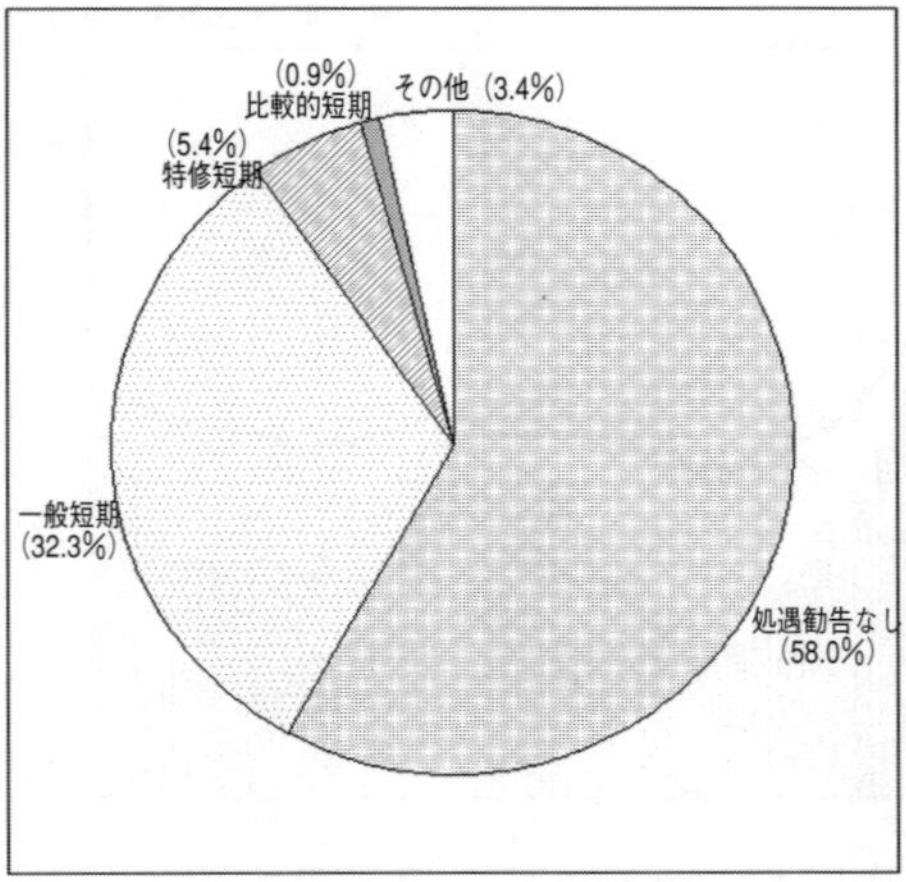

図11　少年院送致処遇勧告（1998）

短期処遇は、原則半年以内の短期間の訓練指導による矯正・社会復帰を目指すもので、対象者の基準として、非行が常習化しておらず、児童自立支援施設（旧教護院）・少年院（特修短期処遇を除く）の収容歴がなく、反社会的集団に加入しておらず、著しい性格の偏り・心身の障害がないことなどが挙げられている。実際には家庭裁判所が一般短期処遇の勧告をした者が対象とされる。収容期間は六ヵ月以内とされ、四―五ヵ月の教育課程が編成され、教科教育課程、職業指導課程、進路指導課程の分類処遇が実施される。平成三年から、収容期間四ヵ月以内の特修短期処遇が設けられた。問題性が単純または比較的軽い少年に対し、開放処遇などを重視した処遇がなされている。

いずれにせよ、少年院は、刑事施設ではなく、非行に至った自分を反省させ、社会に適応する能力を身につけさせる教育機関なのである。

児童自立支援施設（旧教護院）送致

児童自立支援施設とは不良行為をなし、またはなすおそれのある児童等を入所させ、または保護者の下から通所させて、必要な指導を行い、その自立を支援することを目的とする施設である。都道府県の施設であり、地域により態様が異なる。

児童養護施設（旧養護施設）は、保護者のない児童、虐待されている児童、その他環境上養護を要する児童を入所させて、これを養護し、あわせてその自立を支援することを目的とする施設である。保護環境に恵まれない児童が入所者の中心となる。児童指導員、保育士等が児童と起居を共にし、生活指導をするほか、職業指導員による職業指導等が行われる。

これらの福祉的な施設における処遇を、非行少年に対する保護処分として利用することには、かなり問題を含む面もある。そして、保護処分として児童自立支援施設等に送致される少年は極めて少ない（図12参照）。その理由の一つに、対象者は中学生を中心とする義務教育中の者が大半を占めている実状がある。保護処分が選択される少年は、一四歳以上が原則となるので、審判の際には義務教育期間を過ぎた者や残期間が少ない場合など、本送致処分を活用できる事例は、時期的にかなり限定される。また福祉的措置であり、少年院送致・児童自立支援施設送致と異なり、送致後、家庭裁判所は全く関与できないという問題がある。いろいろな面で強制は困難なのである。

刑事処分

少年法二〇条は、死刑、懲役または禁錮にあたる罪の事件について、調査の結果、その罪質及び情状に照らして刑事処分を相当と認めるときは、家庭裁判所の決定をもって、これを検察官に送致しなければならないと定める（逆送）。ただし、送致のとき一六歳に満たない少年の事件については、これを検察官に送致することはできない。

少年が刑事処分を科されるのは、一六歳以上で、懲役・禁錮以上の重大な犯罪を犯した場合に、しかも家裁が「刑事処分相当」と判断した場合に限られる。その結果、適用例は非常に少なく、九八年でも、一般保護事件として家裁が処理した二一万四三〇四人中、一〇四〇人に過ぎなかった（犯罪類型ごとの逆送率については、五六頁図4参照）。そして図13に示したように、七〇年以降、

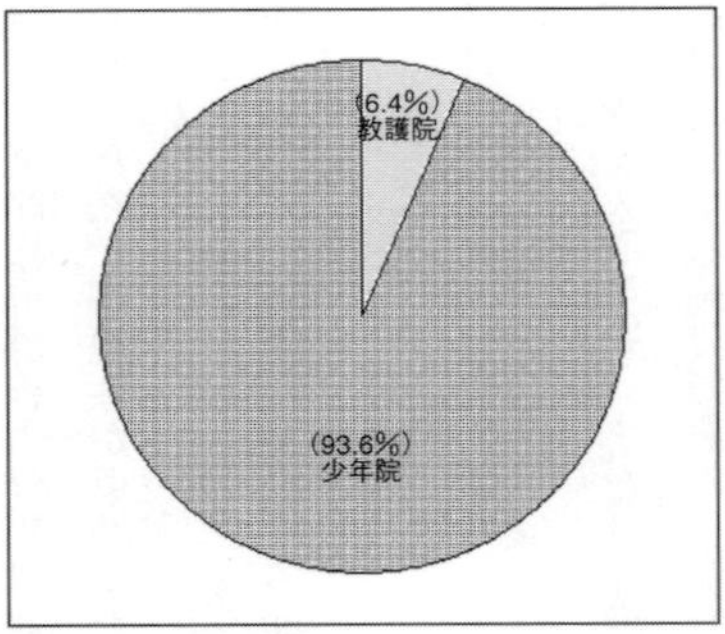

図12　少年院送致の割合（1998）

数も率も減り続けている。少年犯罪は、増加しているにもかかわらずである。

そこには、「刑事処分相当性」の要件が影響している。条文上、「罪質及び情状に照して」とされているが、保護優先の立場は「保護処分によっては矯正改善の見込みがない場合（保護不能）」に限定する。重大事案でも、改善可能であれば検察に送るべきでないとするのである。もちろん一方では、「保護不能ではなくても、事案の性質、社会感情、被害感情等から保護処分で対処するのが不相当な場合」も含める立場も有力である。家裁裁判官の中でも、その判断は微妙である。この二つの考え方のうち、五〇—六〇年代は後者が次第に有力化し、七〇年以降は前者が優越していったのである。

なお、法務省設置法四条により「少年刑務所」が設けられている。少年刑務所は、「刑務所、少年刑務所及び拘置所組織規程」により定められ、川越、

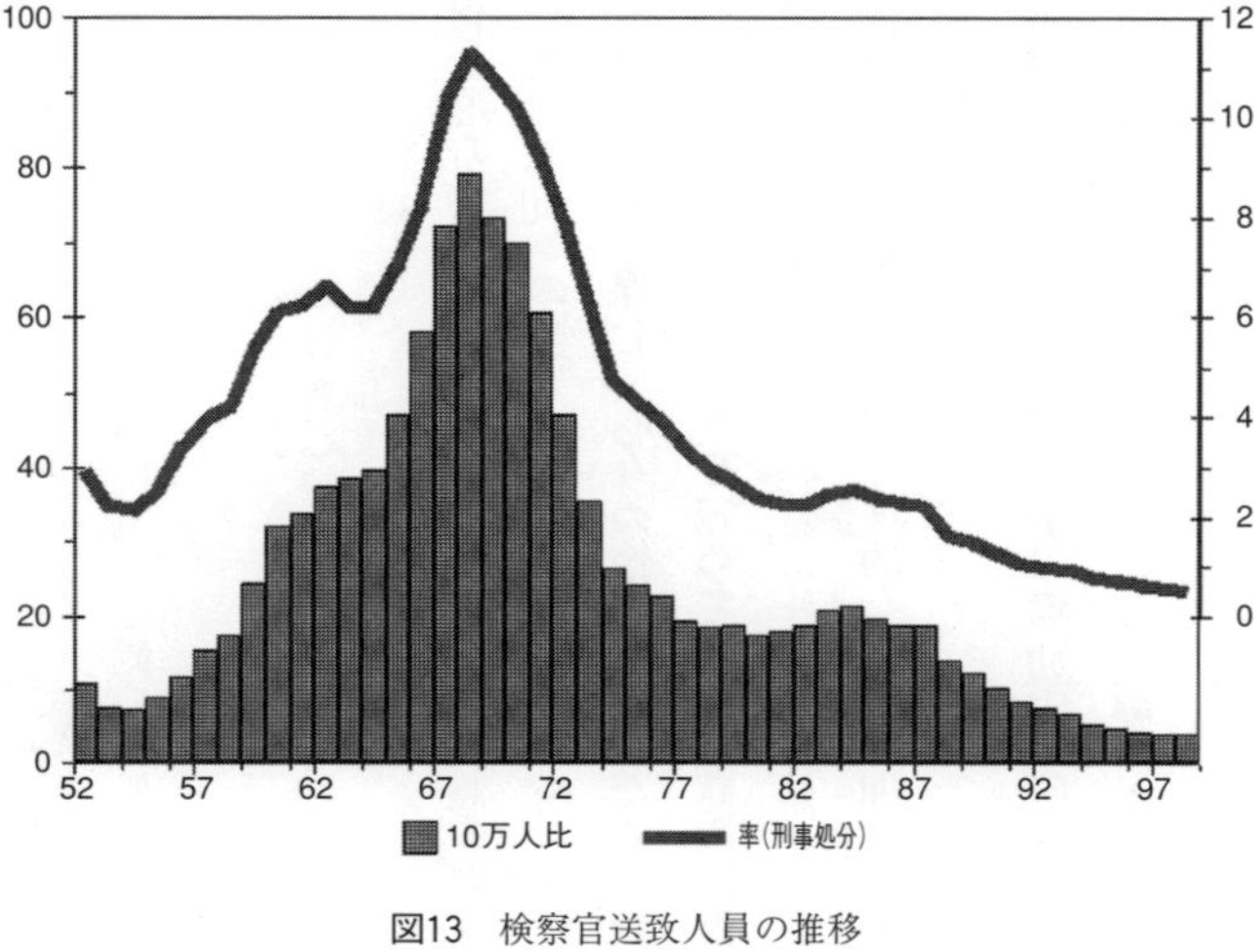

図13　検察官送致人員の推移

水戸、松本、姫路、奈良、佐賀、盛岡、函館にある。少年刑務所には、少年受刑者のほか二六歳未満の青年受刑者をも収容しており、少年受刑者が少ないため、大多数は青年受刑者になっている。少年刑務所は、青少年受刑者の特性を考慮して職業訓練、教科教育及び生活指導に重点を置いて処遇している。

少年鑑別所

少年事件の調査・審判にあたって、少年の身柄を確保し心身の鑑別をする必要や緊急に保護を要する状態にある少年を、最終的な決定までの間、暫定的に保護する等の必要がある。このため少年法一七条は、少年の心情の安定・情操の保護を図りながらその身柄を確保し、心身の鑑別を行うため、調査官の観護（調査官観護）と少年鑑別所送致（実務上の「観護措置」）の手続きを定めている。観護措置は少年の身柄を拘束するので、人権保障の観点から厳格な要件が定められている（最大二八日間に身柄拘束は制限される）。調査官観護は、基本的には、少年を施設等に収容せず、心理的な強制を加え、調査官の人格的な力によって観護の目的を達しようとするものである。

観護措置（少年鑑別所送致）は、本人あるいは環境に問題の多い少年の身柄を少年鑑別所に収容して調査・審判の円滑な遂行を確保し、その間の非行性の深化等を防止するとともに、社会調査・行動観察・心身鑑別を行って、適正な審判の実施を図るものである。

なお、少年鑑別所では、鑑別技官による知能検査、性格検査等各種の心理テスト、面接等の結果、身柄事件の場合は観護担当教官による少年の行動観察結果などを総合的に検討・分析して少年の心身の鑑別をし、少年の問題点、有効な処遇の方法、予後の見通しなどの分析及び処遇意見（判定）を付して家庭裁判所に書面で通知する（鑑別結果通知書）。鑑別は、「少年の素質、経歴、環境及び人格並びにそれらの相互の関係を明らかにし、少年の矯正に関して最良の方針を立てる目的」で行われる。

なお、少年鑑別所に入所する人員も、七〇年以降、大幅に減少し、八〇年代に増加し、また最近増えはじめた（図14）。

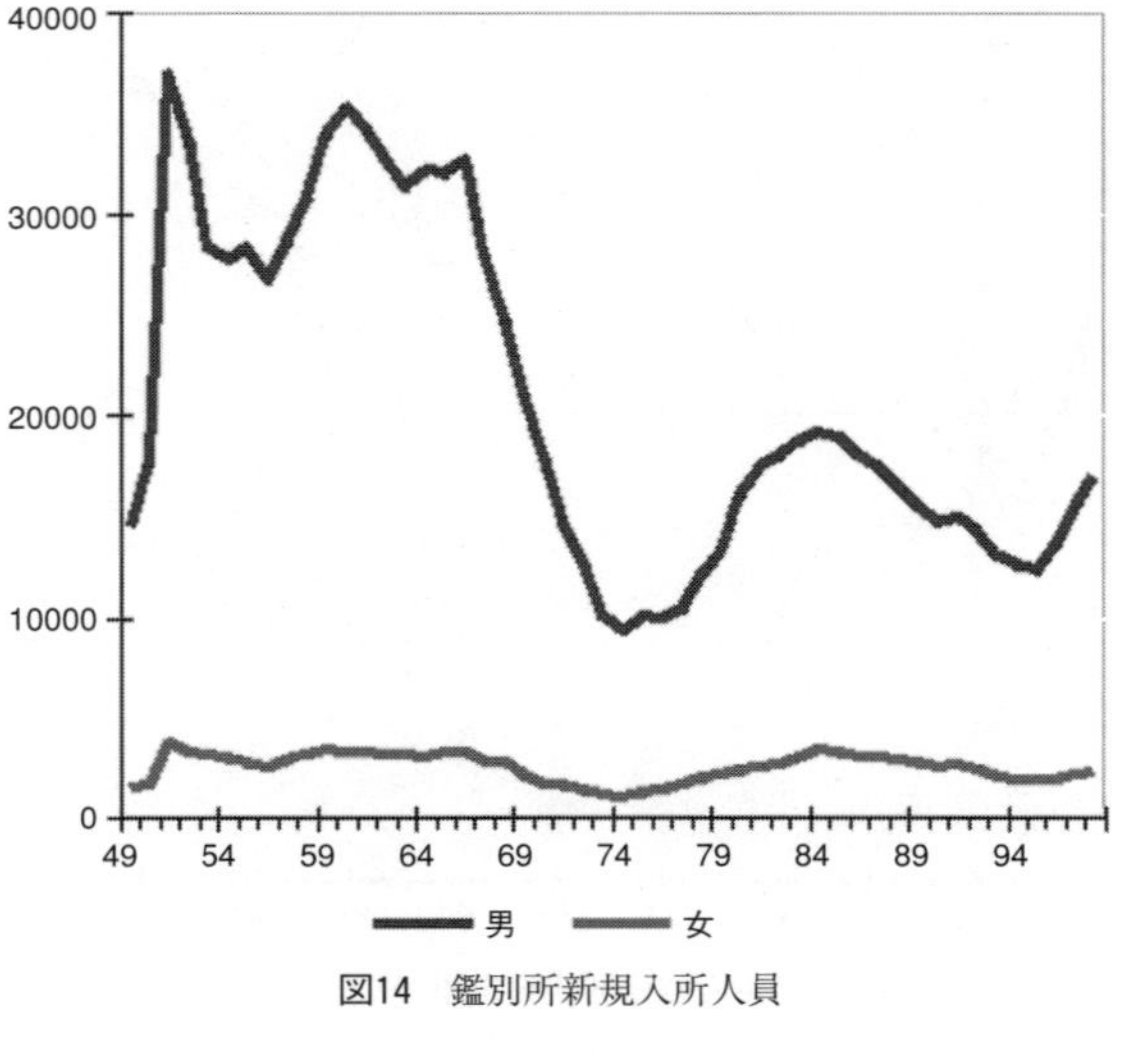

図14　鑑別所新規入所人員

■5■ 戦後復興と少年犯罪

窃盗罪と強盗罪の多発化——五五年まで

戦後の少年犯罪は、三つの波として説明されてきた。①第二次世界大戦終了後から一九五五年までの戦後混乱期、②六〇年代前半に頂点に達する五〇年代の増加期、③一九八三年頃のピークである。しかし、口絵図1等に示されているように、現在も著しい増加期なのである。

第①期はまさに戦後の混乱期であり、少年のみならず成人の刑法犯も激増した。図1に示したように戦後もっとも刑法犯が多発した時期である。特に、窃盗罪と強盗罪の検挙人員率の高さは著し

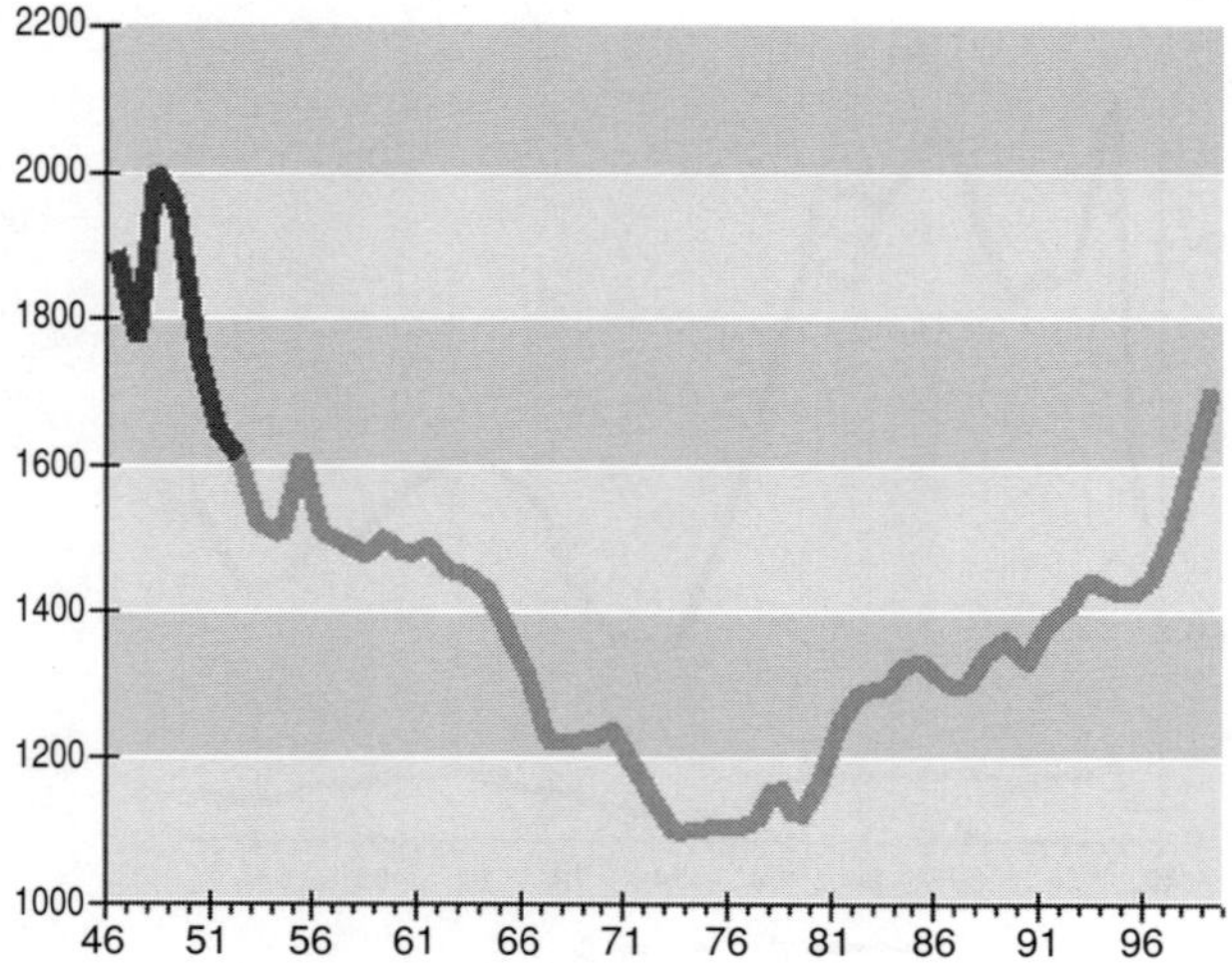

図1　日本の戦後刑法犯犯罪率

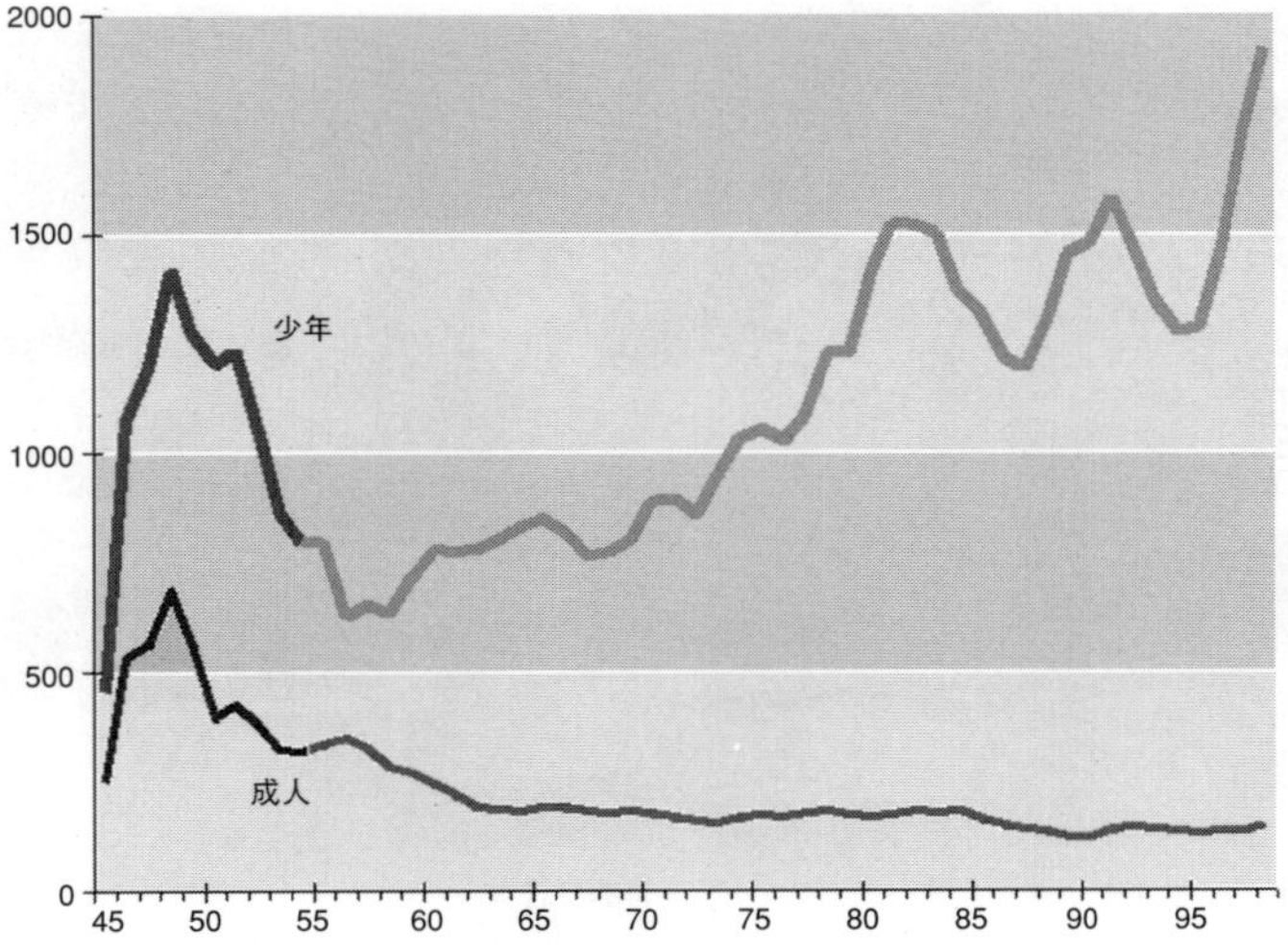

図2　窃盗検挙人員率

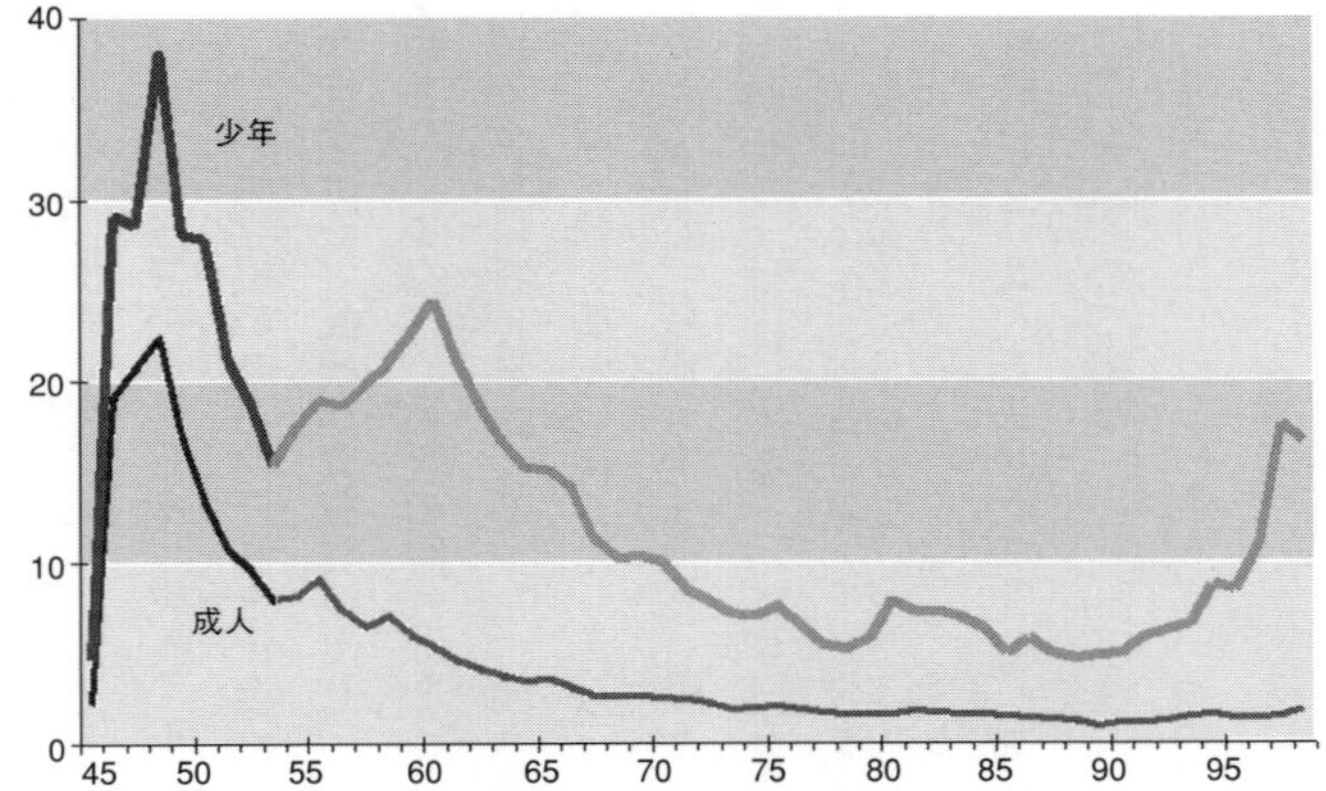

図3　強盗罪の検挙人員率

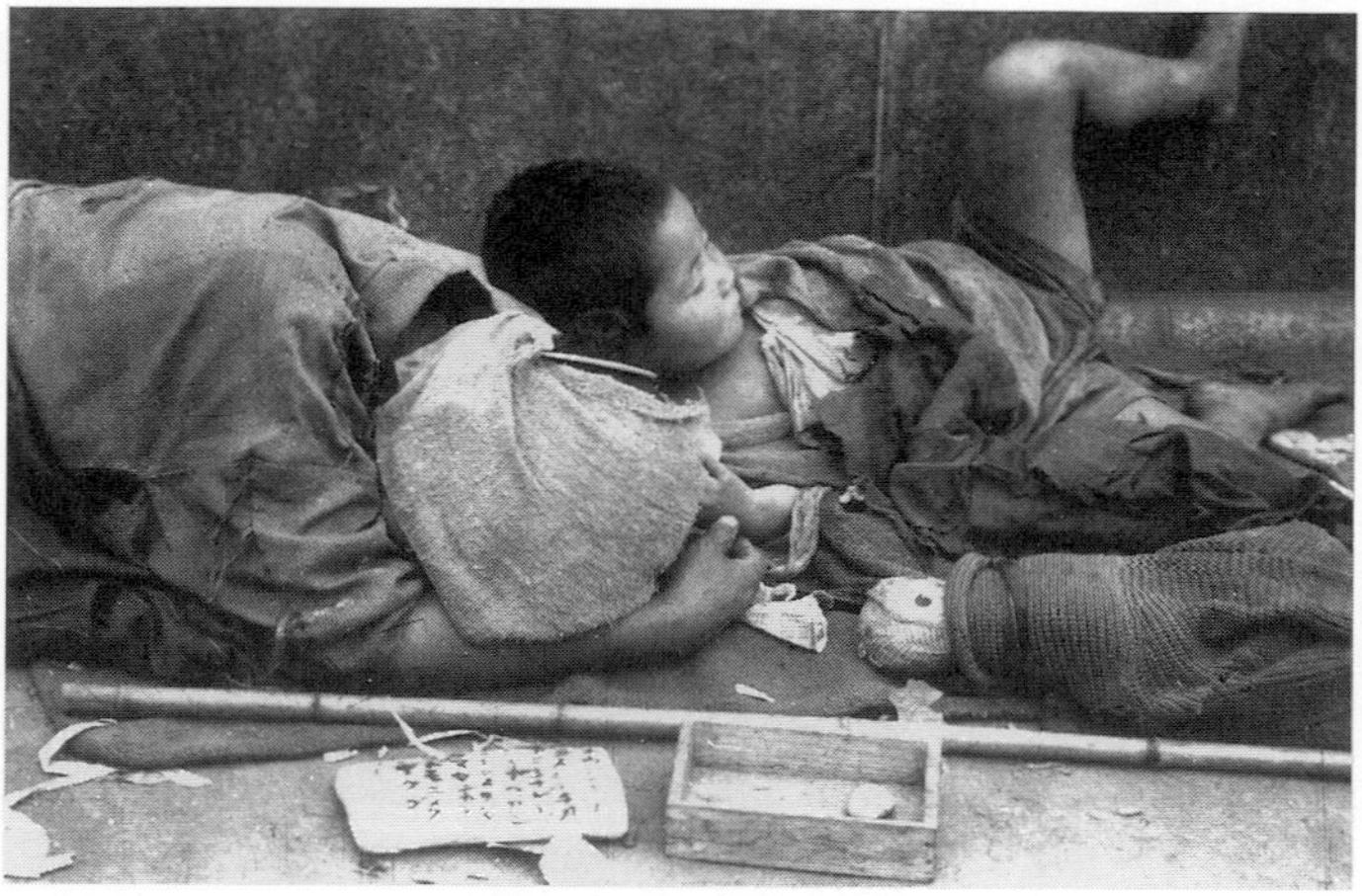

路上で眠る浮浪者の母子（1948）　毎日新聞社提供

い。図2・3に示したように、四八年に頂点に達するがその前後数年は、異常状態であった。そして、この時期の窃盗・強盗罪の多発化は、成人・少年に共通しており、終戦直後の経済的混乱を色濃く反映していると想像される。配給、食糧買い出し、そして闇市に象徴されるように、窮乏の時代であった。そして、一部の少年は特に悲惨であった。四八年の厚生省の調査では、戦災孤児、浮浪児一二万三五〇〇人と発表されている。残飯を漁る孤児、路上で起居する浮浪児達にとっては、まさに、「食べるための犯罪」という面が存在したのである（この時期の少年非行を「生活型非行」と呼ぶ説もある）。そして、すでにこの時期から、成人より少年の窃盗・強盗の検挙人員率は高かったのである。

なお、この時期を特色づけているもう一つの犯罪が、殺人罪である（図4）。窃盗罪、強盗罪に比しピークがやや平坦で、五五年頃まで高い率を維持し、その後は最近まで一貫して減少している。それに対して、強姦罪や恐喝罪、傷害罪は、この時期にはさほど増加しなかった（↓七五頁）。混乱期ではあったが、そして、カストリ雑誌が氾濫し、いわゆる風俗産業が林立してきたが、現実には、強姦・喧嘩より窃盗・強盗だったのである。

五〇年六月には、朝鮮戦争が始まり、次第に経済的な復興が始まっていく（このころから、パチンコの流行が始まる）。五一年には、サンフランシスコ講和条約が調印され、五二年には日米安全保障条約と共に講和条約が発効しGHQが廃止された。

五〇年代後半には、まず強盗罪の減少が見られ、次いで窃盗の発生率も低下していく。そして、さらに遅れて殺人の高発生率がおさまっていく。一方で、強姦罪と傷害罪が次第に増加し始めるのである。そして、ヒロポン（覚せい剤）の濫用が広まった時期でもあった。

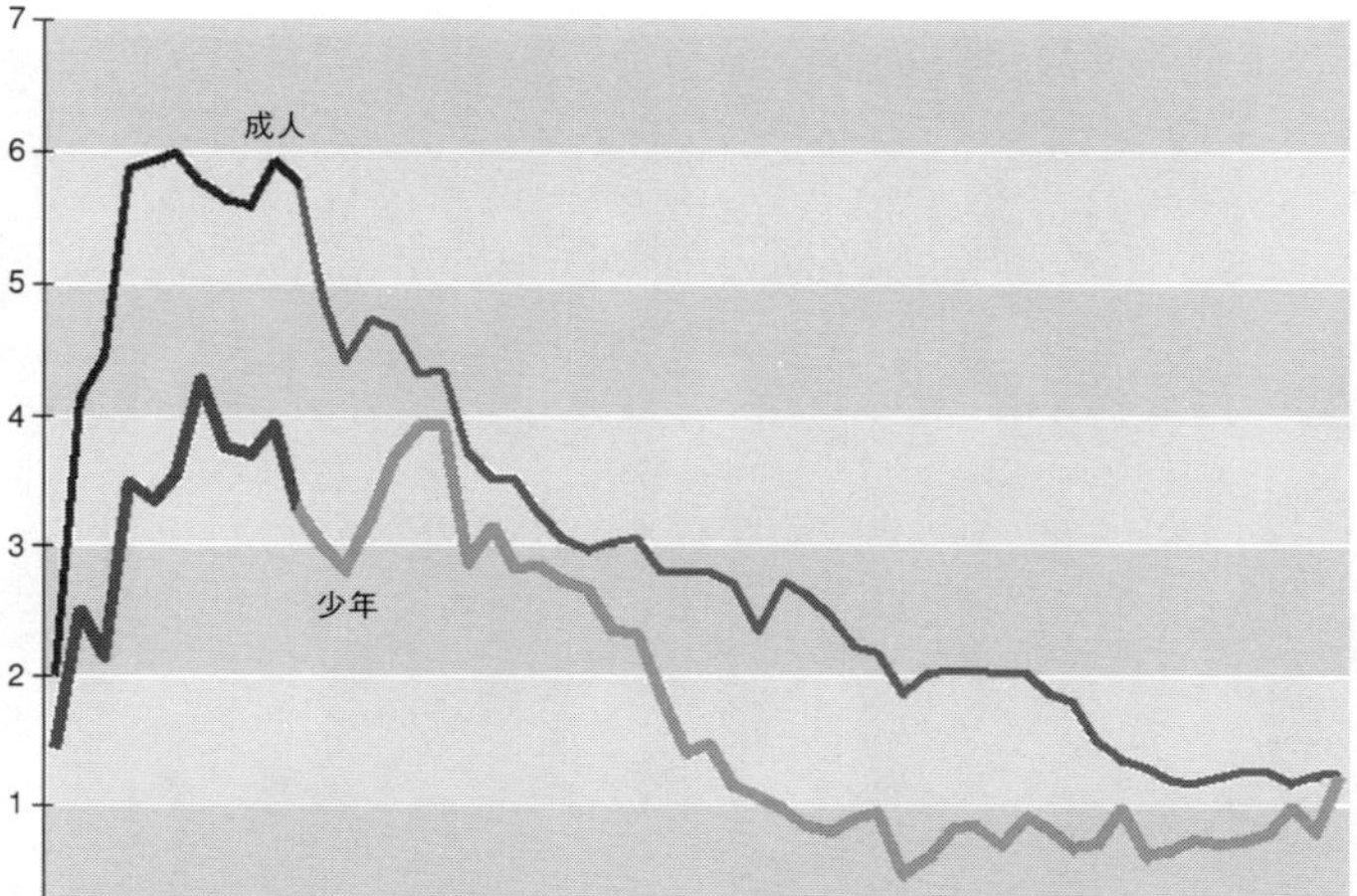

図4　殺人罪の検挙人員率

五五年からの凶悪犯の増加

一九六〇年代の少年犯罪は、大きな波と捉えられてきたが、口絵図1を見ると、実は刑法犯全体としては、さほど目立った動きではないように思われる。しかし、それは犯罪数の多い窃盗罪が減少した時期だったからであり(六九頁図2参照)、六〇年を中心に、窃盗罪を除く主要な刑法犯において、少年犯罪の激しい増加が見られたのである。それは、人口が都市に集中する時期でもあり、都市部において、少年犯罪が多発したのである。

まず、少年の強盗犯は、第①期の爆発的増加が沈静化したように見えた五五年頃から再び増加に転じ、六一年には、検挙人員率が終戦直後の最大値の三分の二まで上昇する。殺人、強盗、強姦の凶悪犯罪は、成人の犯罪の増減と少年のそれが相関するが、この時期の強盗罪の増加とごく最近の

集団就職・上野駅に到着した高卒生(1956)　毎日新聞社提供

強盗罪の増加は、少年だけに見られる注目すべき現象なのである（図6）。殺人罪も一九六〇年に向けて少年のみが増加する（図5）。

凶悪犯の中でも、この時期の少年の犯罪増加を最も象徴するのが強姦罪である。五〇年代に増加傾向は始まっていたが、図7に示すように、六〇年代は高水準を維持し続けた。強姦罪は少年犯罪増加の第②期を代表する犯罪なのである。そして強姦は、成人と少年の検挙人員率の乖離の激しい犯罪である。増加期は一致するものの、少年が犯す割合が圧倒的に高い（一〇万人あたりの検挙人員は、成人

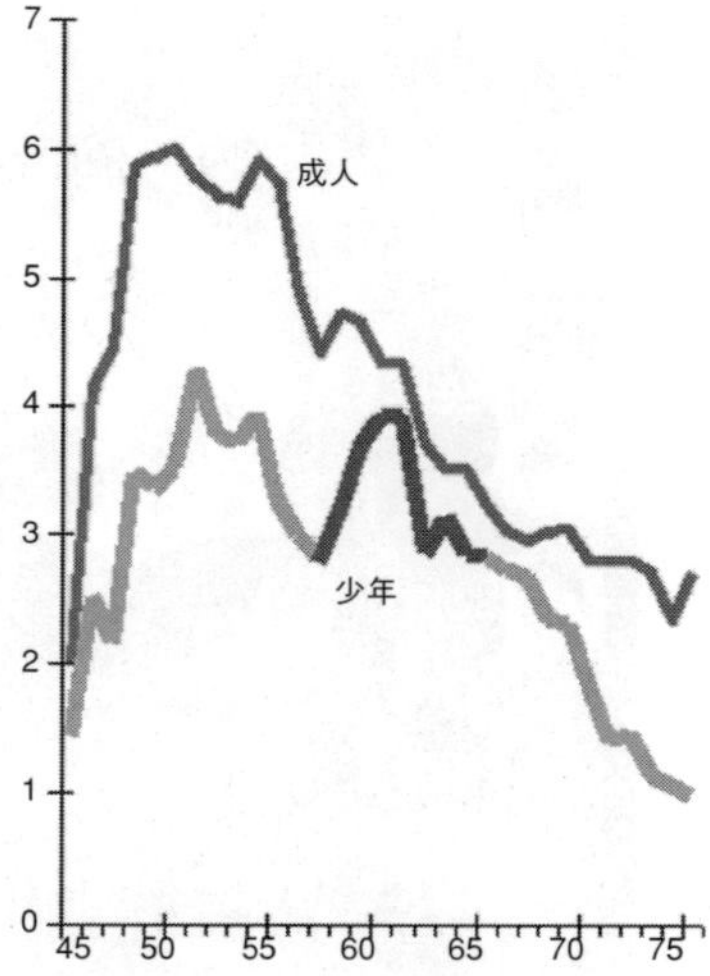

図5　殺人罪の検挙人員率

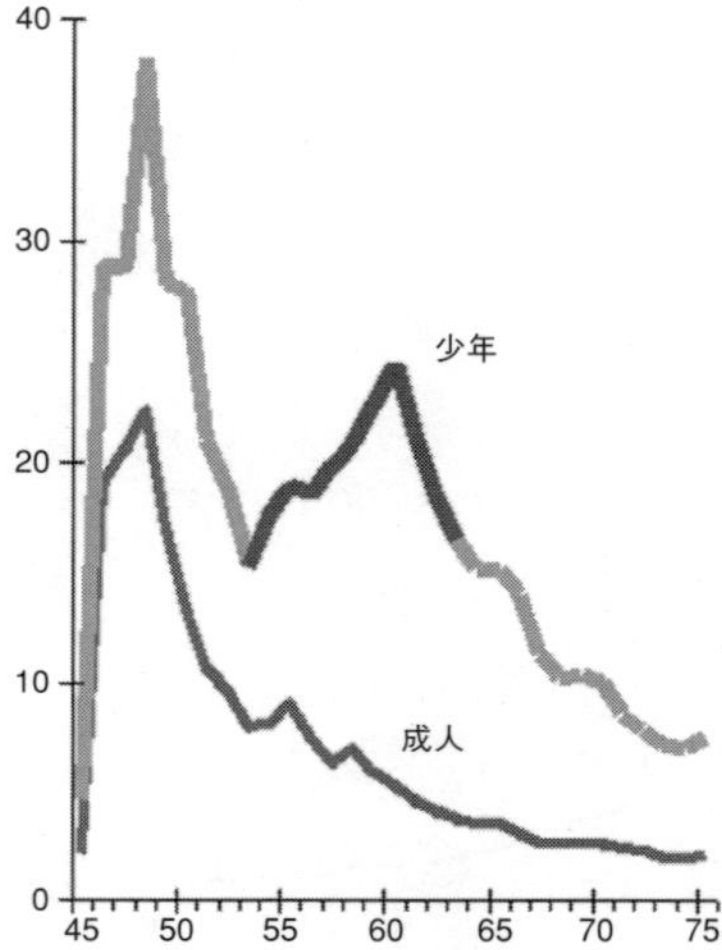

図6　強盗罪の検挙人員率

の五、六倍に達する)。その強姦罪の戦後のピークが、六〇年の直前なのである。そして、その後一貫して減少し、ごく最近増加に転じた。強姦罪は、認知件数の他に、届け出られない「暗数」の多い犯罪で、殺人や強盗より統計データの信用性は低いが、相対

「太陽の季節」のポスター（1956, 日活映画）

図７　強姦罪の検挙人員率

的な傾向は十分に読みとれる。

粗暴犯も六〇年にピークを迎える

強姦罪とほぼ同時期に戦後最大の検挙人員率を経験するのが傷害罪である（図8）。脅迫罪も同様の傾向を示す。傷害罪は、殺人罪と同様、成人と少年で対人口比の犯罪を犯す割合に差が少ない（ただし後述の如く、女性の場合は著しく異なる）。そして、成人の増加に一、二年遅れて少年が増加するという特色が見られる。

恐喝罪も、第②期を特色づける犯罪である。少年事犯が、一九六〇年頃に激しい増加をみる（図9）。恐喝罪は、傷害罪と異なり、成人の犯す率と少年のそれが著しく異なる犯罪類型で、現在、少年の検挙人員率は六五・八で成人の三・八の約一七倍である。

同じく、少年が犯す率の高い犯罪が盗品等に関

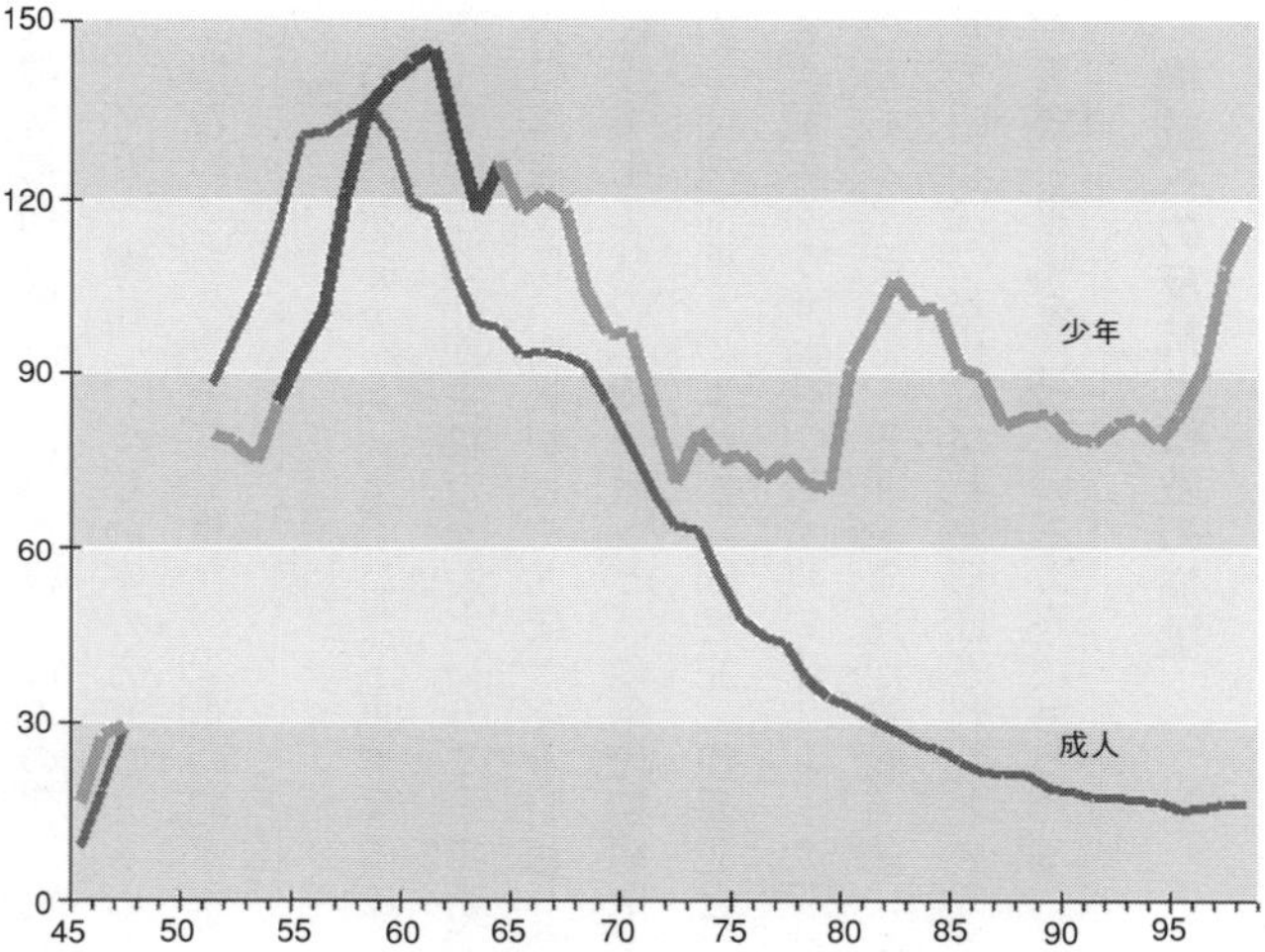

図8　傷害罪の検挙人員率

する罪（贓物罪）である（図11参照）。ただ、同罪は戦後初期の段階においては、成人の犯罪であった。それが変化し、少年の率の方が高まるのが第②期なのである。そして現在、少年の犯す率は成人の三〇倍となった（図10参照）。

当時の犯罪少年の特徴として重要なのは、凶悪・粗暴な犯罪が主役だったということである。六〇年前後に一四歳から一九歳となる昭和一〇年代後半生まれの「戦中派」と二〇年代初期生まれの「団塊前期」の世代が、凶悪犯、粗暴犯という重大犯罪を少年時代に最も高い率で犯した世代なのである。そして、犯罪少年達が終戦前後に生まれて昭和二〇年代に規範が形成されたということが重要な意味を持っているように思われる。

権威への反抗と権威の崩壊

この時期の少年犯罪の増加は、東京、神奈川、

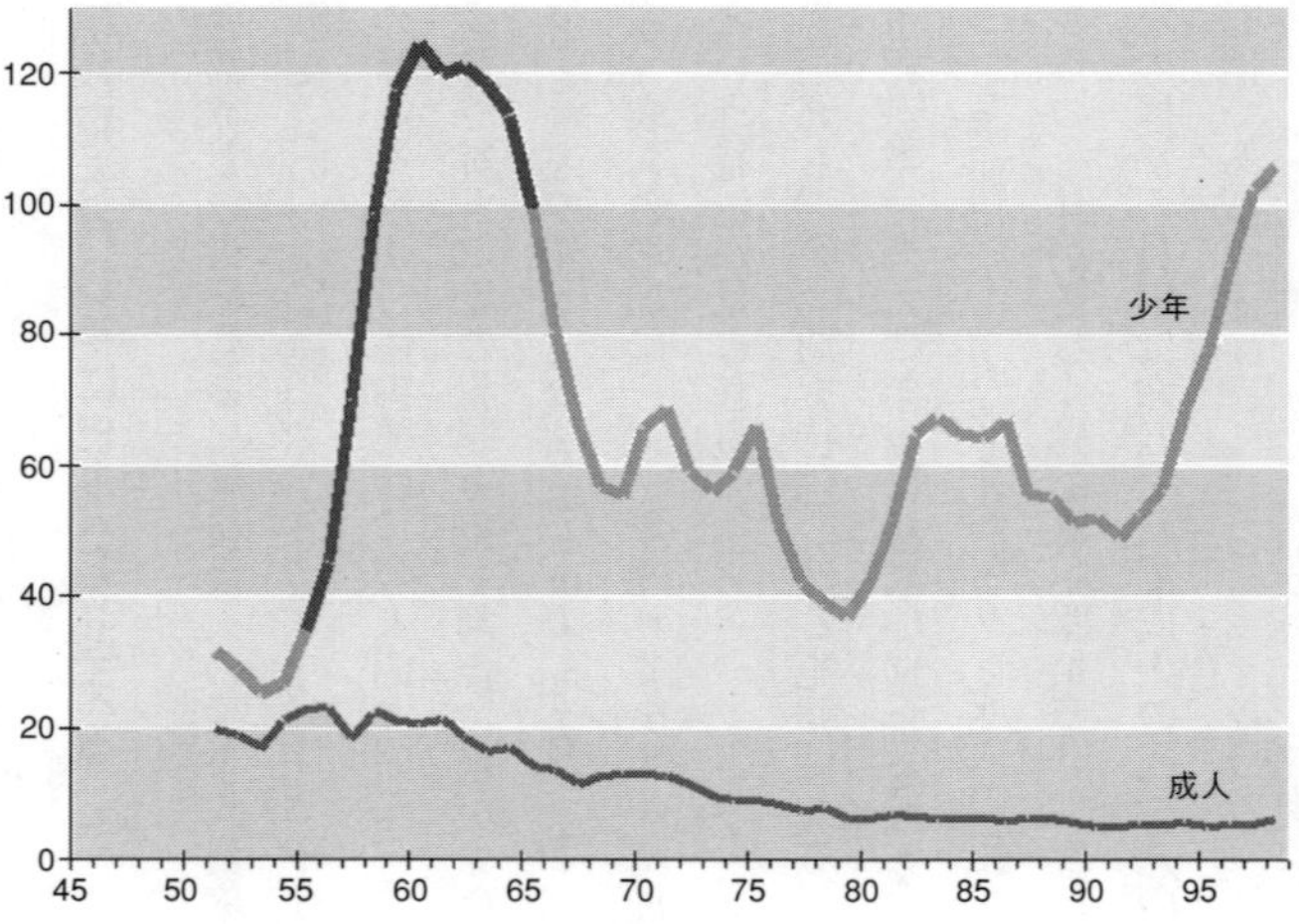

図9　恐喝罪の検挙人員率

黒塗り教科書（文部省『目で見る教育100年の歩み』より）

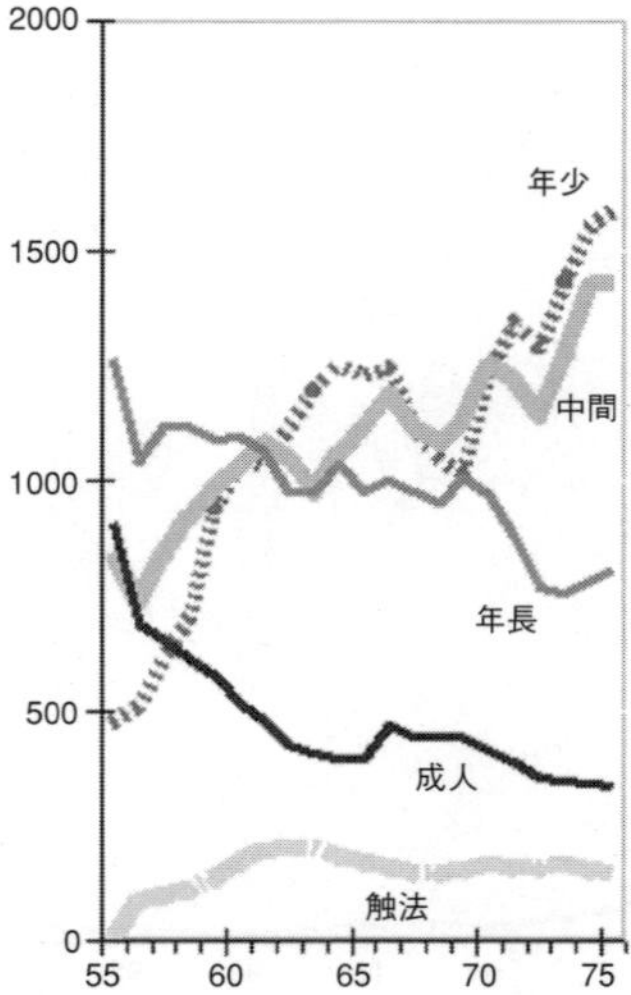

図10　年齢別検挙人員率（刑法犯）

大阪、福岡などの大都市部が中心で（一三二頁図15参照）、「高度経済成長のひずみ」で説明されることも多い。しかし、そう単純なものではないように思われる。経済成長期を迎えた活気ある社会と、その経済的競争からの落伍者を生み出すことが少年犯罪者を増加させたという一般的な説明は、強姦罪の爆発的増加や殺人の多発を説明しにくいし、成人、少年ともに窃盗罪が増加していないのである。そもそも、失業率はそれほど高くなったわけではない（↓一五八頁）。そして、少年についてのみ、殺人、強盗、恐喝、傷害が増加したことは、いかに説明されるのであろうか。強姦犯も、著しく増加したのは少年なのである。

この戦中生まれと団塊初期の世代の特色は、親や教師、さらには社会が、敗戦による価値観の根本的転換により、「教えるべき規範」を見失い、自信喪失状況にあったことから生じたと説明することができよう（前頁写真参照）。「食べるために盗んだり奪ったりする」という必要性は減少したが、社会が混乱し秩序意識が弱まった中で、自己の欲求をストレートに、しかも「荒っぽい手段」で実現したと解釈することもできる。もちろん、当時の日本の多くの家庭は従来の規範を維持していたが、特に都市部で「道徳・倫理軽視の社会的風潮」が、少年の具体的行動にまで影響を及ぼす

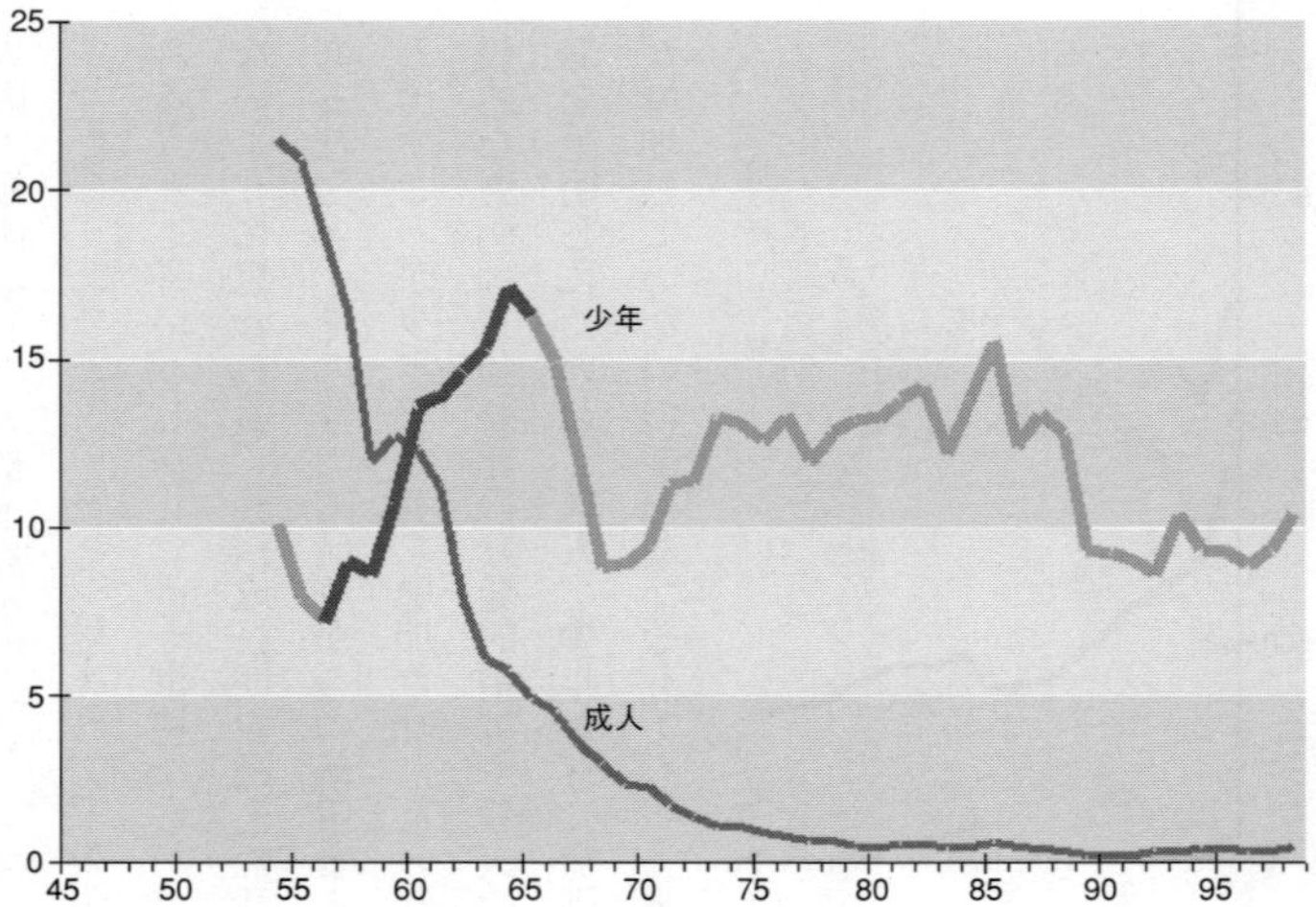

図11　盗品等罪検挙人員率

ようになったのである。なお、当時の検挙者中に占める女性の割合は低かった（↓一三八頁）。女性に対する規範的拘束はなお厳しいものだったのである。その意味でも、規範の崩壊は部分的であった。

年長少年の時代の終焉

戦後当初は、年長少年（一八・一九歳）の犯罪が最も多く、それについで中間少年（一六・一七歳）の犯罪を犯す割合が高かった。年少少年（一四・一五歳）の検挙人員率は低かったのである。それが、六

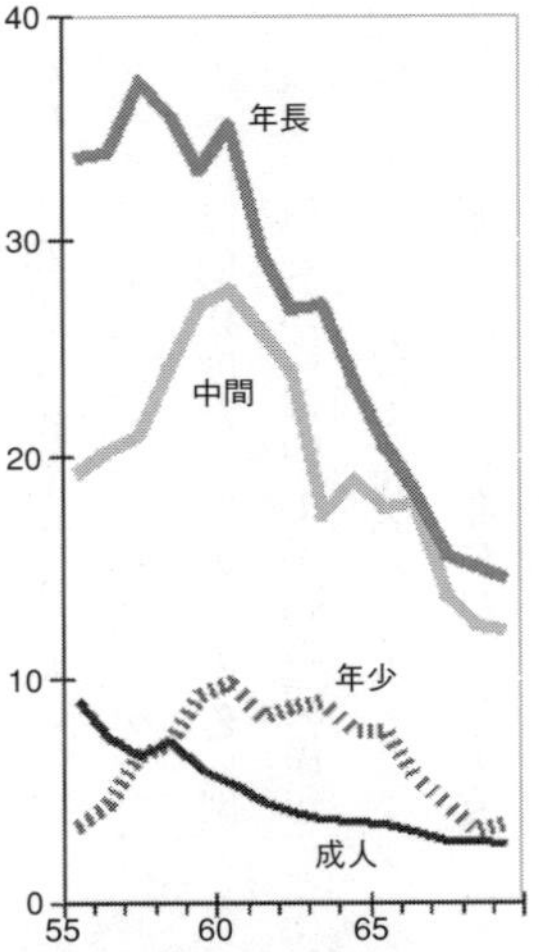

図12　強盗罪の年齢別検挙人員率

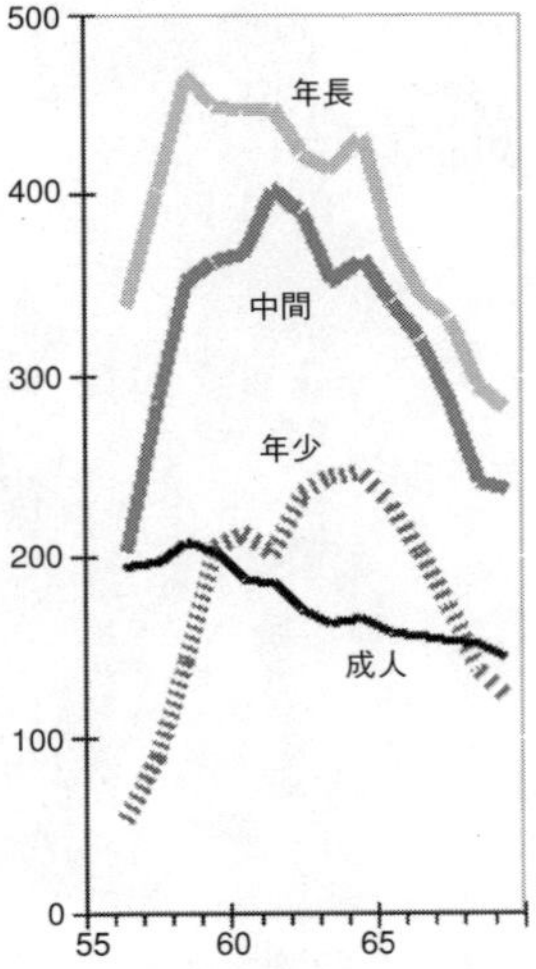

図13　粗暴犯の年齢別検挙人員率

〇年代には、ほぼ同じになってしまう。そして、それ以降、年少・中間少年が主役になっていく(図10)。

ただ、凶悪犯罪・粗暴犯罪においては、いぜんとして年少少年の割合は低かった。成人とほぼ同程度だったのである(図12・13)。粗暴犯において年齢の関係が逆転するのは、八〇年代なのである(↓九三頁)。そして、六〇年には、社会党浅沼稲次郎委員長が演説中に右翼の少年(一七歳)に刺殺され、六四年ライシャワー米大使刺傷事件(一九歳少年)、同年教授と検事の息子(一八歳)が弟を撲殺、六五年には二警官殺傷のライフル魔(一八歳)が人質をとって銃砲店にこもり、六八年には連続射殺犯(一九歳)が逮捕された。このような主として年長少年の

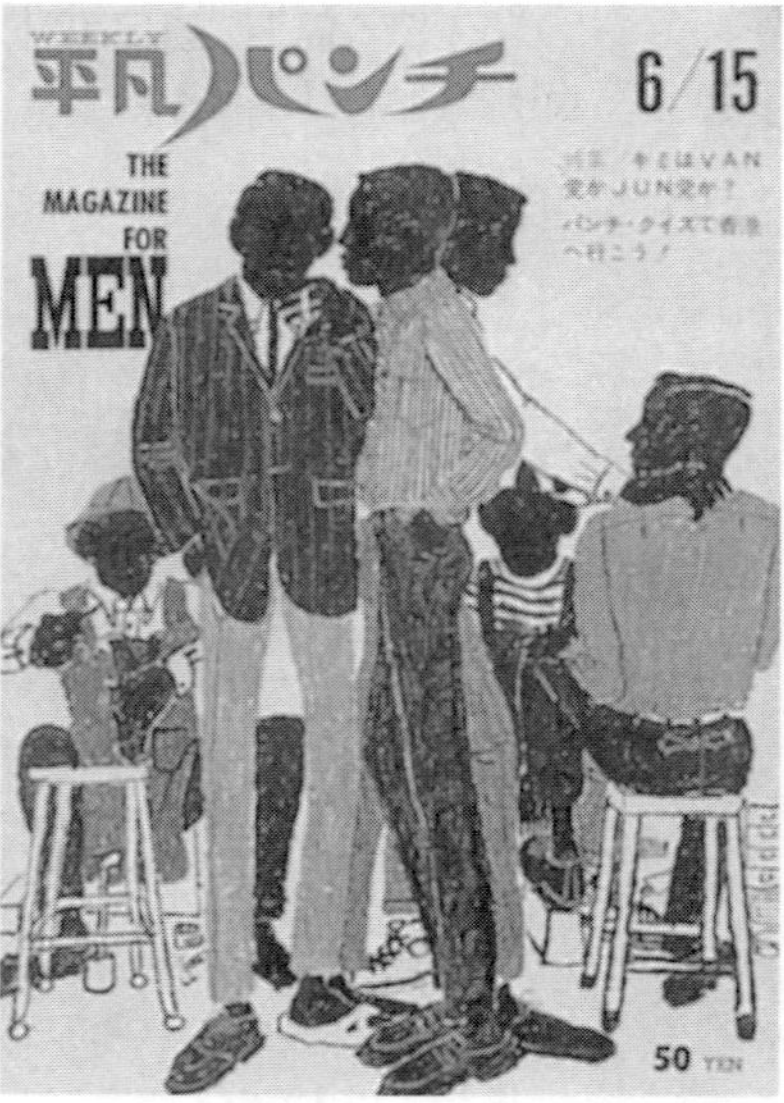

平凡パンチ第6号表紙(マガジンハウス編『平凡パンチの時代』(1996)より)

凶悪犯罪に対応すべく、法務省は前回の少年法改正に取り組んだのである（→八八頁）。

高度経済成長の進行

経済は着実に回復し、五六年に発表された第一〇回経済白書「日本経済の成長と近代化」は、「もはや戦後ではない」と宣言し、国連に加盟する。テレビが普及し、自家用車も増加していく（六〇年頃からの新しい三種の神器＝マイカー、カラーテレビ、電気冷蔵庫）。六二年には、テレビ受信契約が一〇〇〇万台を突破し、六四年には海外旅行が自由化され、中卒労働力が「金の卵」と評されるようになった（高校進学率との関係について一五五頁参照）。東海道新幹線が営業開始したのも、東京オリンピックもこの年である。この頃、みゆき族、アイビールックが登場する。

六五年には、フォークソング、グループサウンドが流行し始め、中教審の「期待される人間像」中間草案が発表された。そして、べ平連デモが始まるのもこの頃である。いよいよ、戦後の「復興」から、豊かな日本が始まり、そして新しい少年犯罪が登場してくる。貧困からの犯罪は消えていくのである。

	犯罪	社会
一九四五年	12・6 野菜泥棒の母娘を感電死させた電器商に懲役二年の判決。 12・15 上野地下道の狩り込み実施、浮浪者二五〇〇人を収容。	8・15 「戦争終結の詔書」。 8・20 新宿マーケット開設。闇市の原点。 8・30 マッカーサー厚木到着（占領軍東京に進駐）。 戦災孤児、浮浪児が街にあふれる。
四六年	3・7 外食券偽造犯七名逮捕、都内で数万枚の偽造外食券を発見。 6・18 東京・新宿でも闇市の利権を巡り抗争。	1・1 天皇、詔書で神格化否定（人間宣言）。 5・12 世田谷の「米よこせ区民大会」デモ。 六・三・三制発足
四七年	5・23 京大哲学科学生の老婆殺人事件。 9・19 少年小平事件発覚。	5・3 新憲法施行。新制高校発足。 カストリ雑誌氾濫。風俗産業林立。 この頃から新興宗教激増
四八年	4・5 浜松事件、朝鮮人と日本人ヤクザの抗争、三名死亡。	戦災孤児、浮浪児一二万三五〇〇人。
四九年	7・4 「光クラブ」の東大生社長、ヤミ金融容疑で摘発。 7・5 下山事件。 8・17 松川事件。	1・1 新刑事訴訟法実施。 性の開放、性犯罪の増加。
五〇年	3・15 アベック連続殺人事件。	6・25 朝鮮戦争はじまる。 パチンコ流行。

年	月日	事項	月日	事項
五一年	1・24	八海事件。	9・8	サンフランシスコ講和条約／日米安保条約調印。
五二年	1・21	白鳥事件。	4・28	講和条約、日米安保条約発効／GHQ廃止。
	2・19	青梅事件。	7・1	破壊活動防止法成立。
	2・20	ポポロ事件。	10・15	警察予備隊、保安隊に改組。
	4・29	辰野事件。		ヒロポン（覚せい剤）の濫用広まりはじめる。
	5・1	血のメーデー事件。		
五三年			2・4	東京学生の一割が売血を日常事（朝日新聞）。
				混血児は三四九〇人（厚生省調査）。
				深夜喫茶の増加。
五四年				神武景気。
五五年			11・15	自由党・民主党合同（保守合同）五五年体制。
				家庭電化進む、三種の神器（冷蔵庫、洗濯機、テレビ）。
五六年	10・31	凶作の北海道で三〇〇人の女性売買周旋。	1・23	『太陽の季節』芥川賞受賞。太陽族登場。
			3・19	日本住宅公団が初の入居者募集。
			7・17	第一〇回経済白書「日本経済の成長と近代化」、「もはや戦後ではない」。
五七年	1・13	美空ひばり塩酸火傷事件、一九歳の少女ファンが塩酸をかける。	10・1	日本、国連安全保障理事会の非常任理事国に。
				ロカビリー全盛。
五八年	8・11	小松川女子高生殺人事件（犯人は一八歳の同校生徒）。	9・15	日教組、総評の勤務評定反対の全国闘争。

9・3 東京教育大教授の妻が粗暴で金遣いの荒い長男を殺す。

12・23 東京タワー開業。
少年グレン隊。
テレビ時代の開幕。

五九年

1・27 荒川の少年通り魔事件、被害一〇人。

4・10 皇太子成婚式典の馬車パレードの際に少年（一九歳）が投石。

12・11 三井三池争議本格化。
「天の岩戸景気」。パブリカ・ブルーバード等国民車登場。
テレビ各局カラー本放送開始。

六〇年

6・15 安保反対のデモ隊国会に。

10・12 社会党浅沼稲次郎委員長刺殺（一七歳）。

12・27 第二次池田内閣「国民所得倍増計画」。
三種の神器（マイカー、カラーTV、電気冷蔵庫）。
インスタントラーメン。

六一年

睡眠薬遊び流行。

「巨人大鵬卵焼き」、ムームー、カンカンドレス。
東京都、世界初の一〇〇〇万都市に。
マッハ族、ボーイッシュルック。
海外旅行自由化（外貨持出し一人一回五〇〇ドル）。

六二年

六三年

六四年

3・24 ライシャワー米大使刺傷事件（一九歳）。

7・15 慶応志木高生の兄（一八歳）が弟（一六歳）を撲殺（父は大学教授、母は女性検事）。

8・24 手伝い少女、高島忠夫子息殺害（一七歳）。

12・26 杉並・通り魔の少年（一七歳）逮捕。

6月 労働省、中卒労働力を、「金の卵」と評す。

8月 東海道新幹線が営業開始。

10月 第一八回東京オリンピック大会。
みゆき族、アイビールック登場。
若者向け週刊誌登場。

六五年	5・22 東京農大ワンゲル部員しごき死亡事件。 7・29 座間で二警官殺傷の少年（一八歳）逮捕、人質をとり銃砲店にこもり一三〇発余を乱射。	1・11 中教審「期待される人間像」中間草案発表。 4・24 べ平連デモ始まる。 フォークソング、グループサウンド流行。サーキット族。
六六年		6・30 ビートルズ講演。 丙午で出生数激減。ミニスカート原宿族。
六七年	1・23 女性連続殺人少年（一六歳）逮捕。 2・15 羽田空港ビル爆破事件。 11・12 第二次羽田事件。	2・11 初の建国記念日。 自動車保有台数一〇〇〇万台突破。 学生運動勃興。フーテン族。
六八年	10・21 新宿騒乱事件。 12・10 三億円事件。	4・15 美濃部都知事初当選 以降三期一二年。 シンナー遊びによる死者多数。 この年、大学紛争全国で一一六校。 ヒッピー、サイケ、フーテン。
六九年	1・18 学園紛争が激化、安田講堂占拠事件。 4・7 連続射殺事件永山則夫（一九歳）逮捕。 4・14 兄弟喧嘩殺人事件。 4・23 サレジオ高校首切り殺人事件。 9・10 正寿ちゃん誘拐殺人事件（一九歳）。	都教組判決(最決昭和四四年四月二日)。 東名高速道路開通。 6・10 GNP、自由世界第二位と発表（経企庁）。 「親子断絶」「エコノミックアニマル」。

6 「自由」の加速——83年のピークに向かって

戦後日本のターニングポイント

一九六七年頃から、学生運動が盛んになる。六八年には全国で、学園紛争が一一六校に達する。新宿騒乱事件が発生し、翌六九年一月には安田講堂占拠事件が起こる。一方、六七年に美濃部革新知事が初当選し、以降三期一二年間都政を担当する。裁判所もこの時期は、戦後日本で最も革新的時代であった。都教組事件判決（最判昭和四四年四月二日）に代表されるように、最高裁も、公務員の労働者としての権利を重視する判断を示した。その後の判例全体を見ると、まさにピークだったことがよくわかる。七三年には判例の方向性は、完全に転換する（最判昭和四八年四月二五日全農林事件判決）。それを、単に最高裁裁判官の構成の変化だけで説明することはできない。「日本国憲法型自由主義」が頂点を越したことを象徴的に示すものだったのである。そしてそれは、戦後日本で最も治安のよい時代だった（→一六頁以下）

ぐ犯が急激に減少したのも、七〇年代前半であった。これは決して偶然ではない。この時期に犯罪

1968. 11/13(読売新聞／朝刊)

少年数はさほど減少していないにもかかわらず、少年犯件数が著しく低下したのは（→四三頁）、少年の「権利」が重視されたからに他ならない。このように自由が強調される時代状況の中で、「家出やたばこを吸ったり酒を飲んだだけでなぜ少年院に送られなければならないのか」という疑問が生じたことは自然であった。

一方、経済は着実に発展していった。六九年五月には東名高速道路開通、経企庁は六八年度の国民総生産（GNP）、自由世界第二位と発表、世帯あたり平均一〇〇万円を突破（厚生省の「国民生活実態調査」）した。そして、万国博が開幕した七〇年は、高度経済成長の終わりの時期であり、工業化社会・豊かな社会のほぼ確立した時期であった。その年流行した「モーレツからビューティフルへ」は、まさに時代の転換を的確に表現していた。「エコノミックアニマル」も同様である。そ

新宿駅東口のヒッピー族（1968）　読売新聞社提供

れまで、「勤勉」はプラスシンボルであったのである（労働時間の転換について→一五三頁）。そして、それ以降、日本社会は容易に共有できる目標を喪失する。と同時に、「親子の断絶」が流行語になったのである。

少年法改正

この時期に、前回の少年法改正作業が進行した。争点は、年長少年（一八・一九歳）を少年から除外し、刑事政策的観点から青年というカテゴリーをつくるべきか否かと、少年の利益にも通じる適正手続きの観点からの検察官の少年事件への関与の拡大であった（ここには六〇年代のアメリカの動きが色濃く反映している→一七四頁）。後者の点は、二〇年後の、すなわち最近の少年法改正の議論でも、ほぼ同様の形でなお論じられているが、前者の年齢に関する議論は、全く様相を異にしている。一九七〇年六月一八日に法制審に諮問された少年法改正は、小松川女子高生殺人事件（一九五八年）や、浅沼委員長刺殺事件（一九六〇年）、杉並通り魔事件（一九六四年）、ライシャワー大使襲撃事件（一九六四年）、少年ライフル乱射事件（一九六五年）等を受けて、六六年に法務省青少年課が、「少年法改正に関する構想」を発表したことに始まる。これらの事件は年長少年によって起こされたのである。そして、一九六〇年代前半は、前述のように少年犯罪第②の波の時代であり、少年犯罪に対する危機意識が高まっていた時期でもある。

そして、少年法改正作業は七年間にわたって熱心に継続されたが、結局「改正」という形で結実せずに終わった。当時の「自由拡大の流れ」の中で、少年に対する規制強化は、たしかに困難であった。そして、七六年一一月に法制審議会の少年法部会長が、①検察官関与と少年の権利保障の強化の両面から少年審判手続きの改善を図ること、②年長少年については、中間・年少少年とはある程度異なった扱いをすること、③一定の限度内で検察官に不送致を認めること、④保護処分の多様化及び弾力化を図ることという「中間報告」を、法制審議会会長に行って、一応の終結を見たのである（→その実務への影響について一九五頁以下参照）。

校内暴力からイジメへ

七一年に、アメリカのドル防衛措置の発表で株価が急落した（ドルショック）。翌年、田中通産相の「日本列島改造論」が発表され、その後の政策に取り入れられていくが、高度成長の終わった日本にとっては、「公共投資の見返りに実質的リベートとしての金と票を要求する政治」を産んだ「あだ花」

荒れる学校

に過ぎなかった。田中首相は七四年には金脈問題で失脚する。そして、七三年の第一次石油ショックにより、それまでの「消費は美徳」という意識は修正される。「ゼロ成長」という語が流行った。七五年にはベトナム戦争が終結し、日本では経企庁が、七四年度実質GNPが減少し戦後初のマイナス成長となったことを明らかにした。しかし、国民の九割が中流意識を持つようになっていたのである（内閣広報室発表）。

この頃、生徒の教師に対する暴行事件が顕著になりだした。七六年には、学習塾の増加が話題となる。三一〇万の小中学生が、五万校の学習塾に週二・四日通学しているとされた（七七年文部省発表）。八〇年にいたると、教師に対する暴力がより深刻な社会問題として語られるようになる（年間一〇〇〇件を超すようになる）。そこで、八二年には、文部省が学校管理強化手引

「このままじゃ生きジゴク」
いじめ、中2…
転校を勧め…

机のなかには運動靴の片方だけが入っていた＝三日、東京・中野の区立中野富士見中で

1986. 2/3（朝日新聞/朝刊）

き書を配布する。学校外では、オートバイ、自転車の窃盗・占有離脱物横領行為が急増し、犯罪数が第三のピークに達する（「積み木崩し」が話題となったのもこの時期である）。そして、文部省は八三年に、小中学生に対する出席停止措置の運用指針を都道府県教育委に通達する。この頃、テレビゲームが家庭に入り込む（バーチャル元年といわれる。この年、偶然ではあるが神戸児童殺傷事件や、豊川主婦殺害事件、バスジャック事件の犯人達が誕生した）。

八四年には、高校中退者が一〇万人を超える（文部省調査）。サラ金が社会問題となったこの時期、学校内でのいじめ問題が各地で発生してくる。

八五年、年少の少年達に圧倒的に人気のあったテレビ番組「八時だよ全員集合」が終了し、代わって「オレたちひょうきん族」が人気になっていく。その頃「規範からの逸脱の許容」がより広がったようにも見える（後述一六三頁以下）。

この頃からテレホンクラブが増加し、女子性非行も増加する。不倫を扱ったドラマ「金妻」が流行し、少年の世界では、いじめ問題が最大の局面を迎え、文部省がいじめ対策措置を発表することになる。

少年犯罪の低年齢化

少年法改正作業が挫折すると同時に、「暴走族」、「校内暴力」の語に代表される第三の少年犯罪増加期が始まる。暴走族の前身は五五年頃登場する。そして、六三年頃のマッハ族、六五年のサーキット族、七二年頃の狂走族、カミナリ族を経て、七四年頃から暴走族と呼ばれるようになる。また、「番長」「番長グループ」という言葉が当時の非行少年を象徴するものとして用いられたが、この時

高速道路を逆走する暴走族　読売新聞社提供

期までは、犯罪を犯す少年は一定の集団を形成することが多かった。そして、窃盗や占有離脱物横領で得られた財物を仲間で売り捌くなどの行為が多発した。

この七〇年代から八〇年代にかけての少年犯罪の多発期の特色は、主役が完全に年少少年に移行したということである（図1）。刑法犯についてみると、中間少年と年少少年はほぼ一貫して増加し、年長少年と成人は逆に六〇年代以降減少してきたのである。ただ、八〇年代の特色は、年少少年の検挙人員率の増加があまりに著しいという点なのである。この動きの原因は、年少少年の犯した軽微な

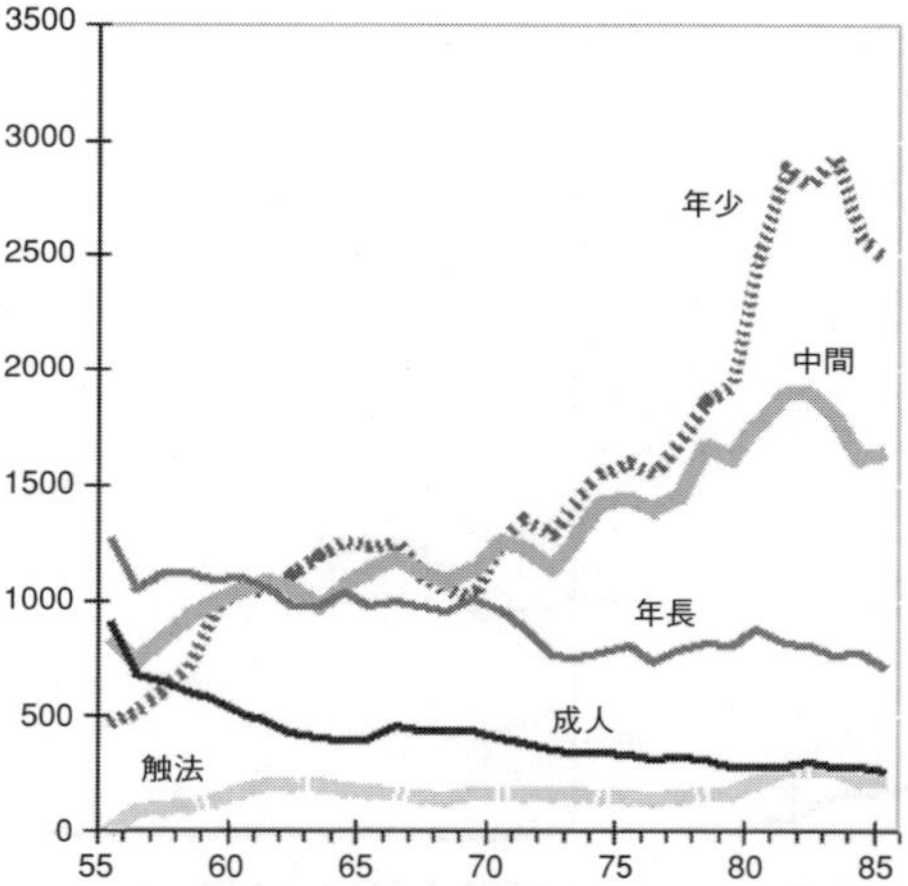

図1　年齢別検挙人員率（刑法犯）

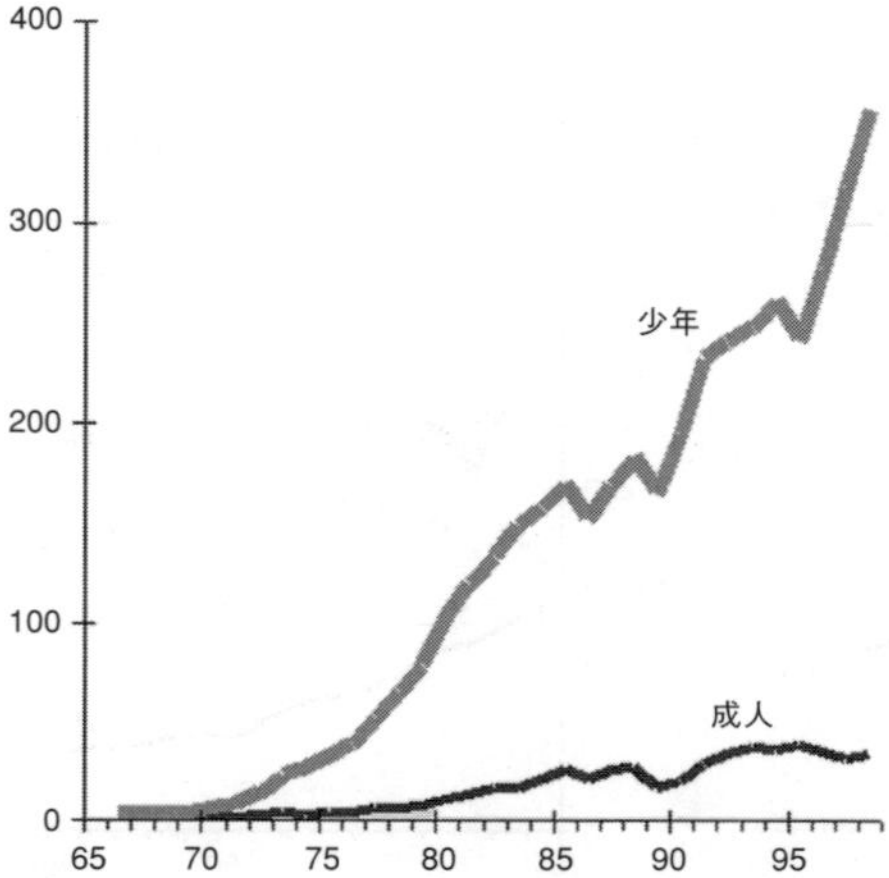

図2　占有離脱物横領検挙人員率

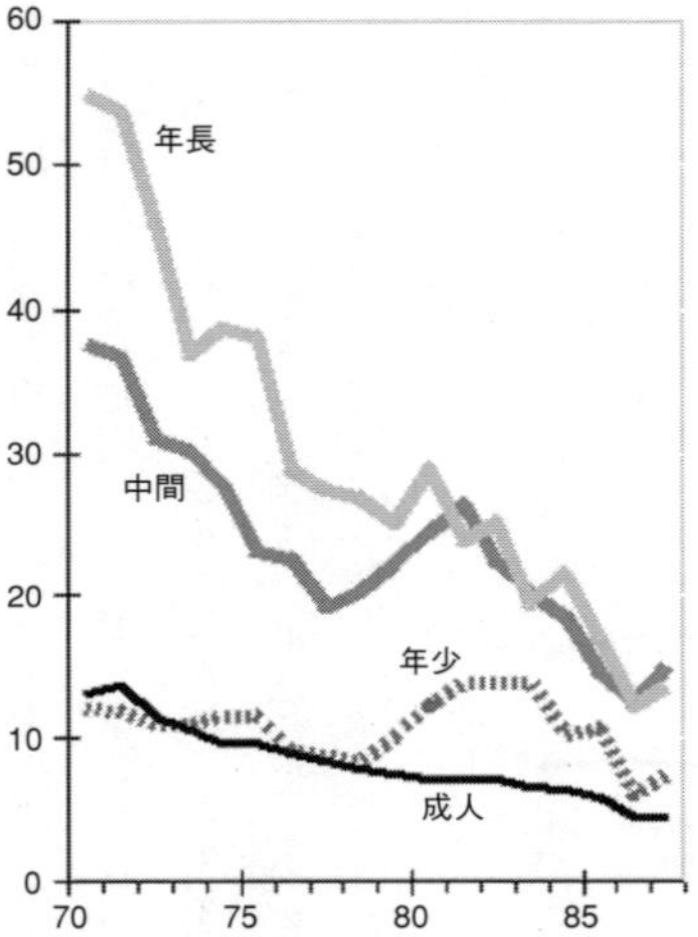

図 5　凶悪犯罪の年齢別検挙人員率

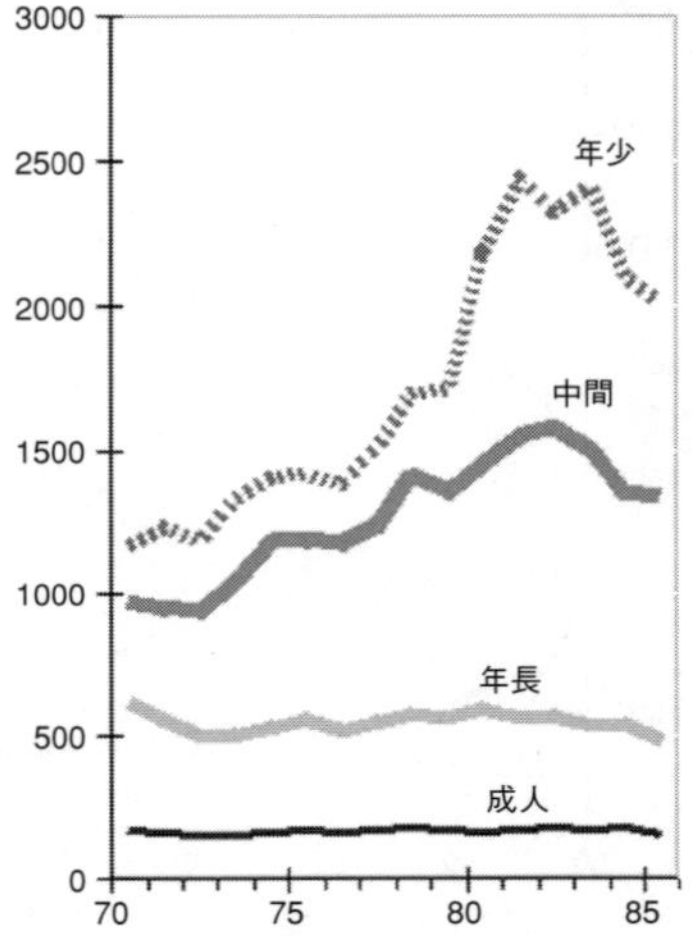

図 3　窃盗年齢別検挙人員率

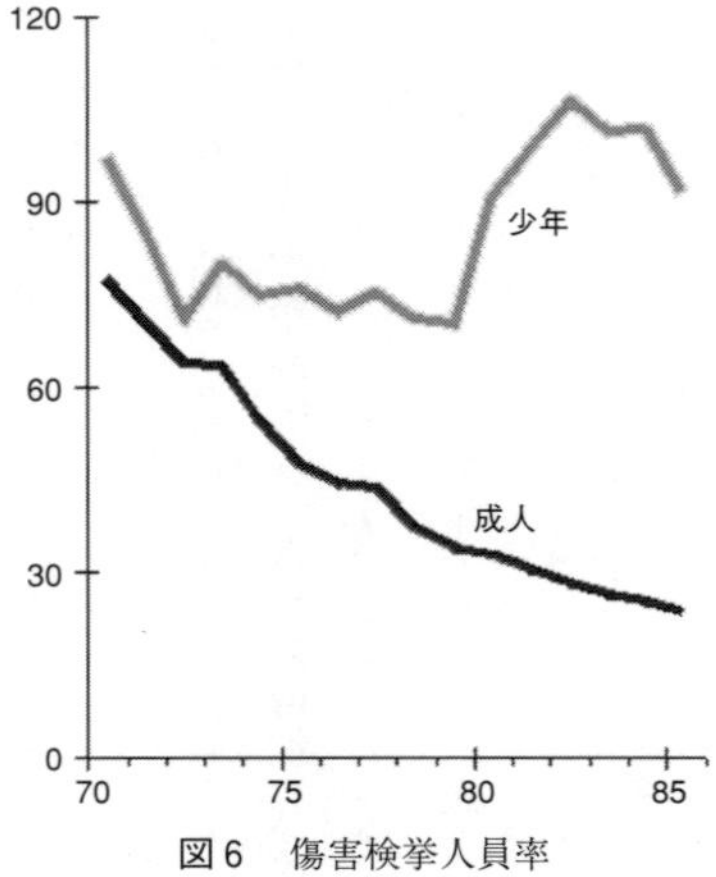

図 6　傷害検挙人員率

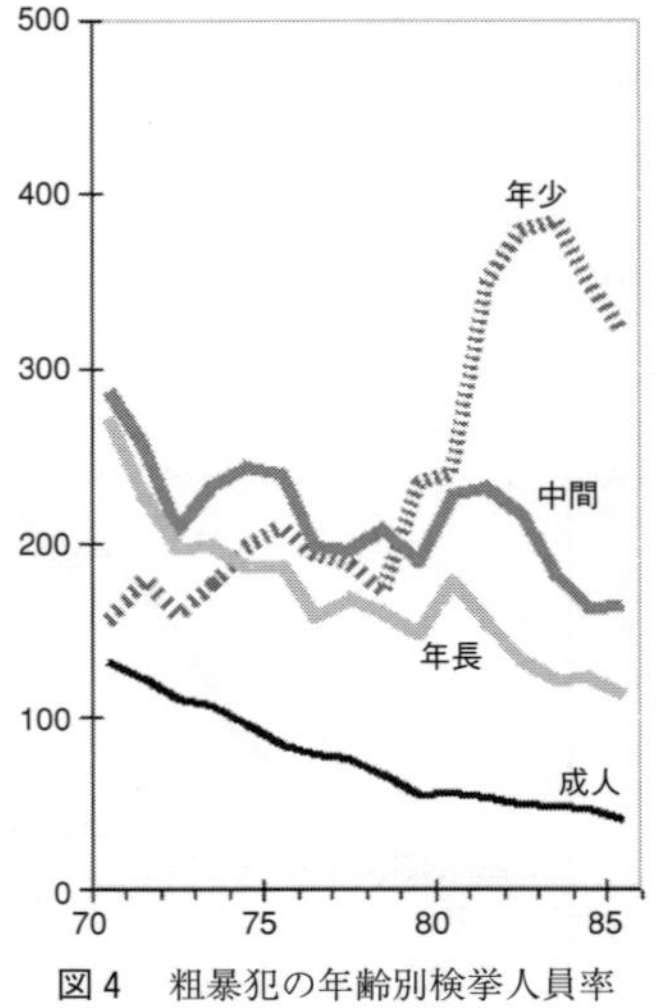

図 4　粗暴犯の年齢別検挙人員率

窃盗と占有離脱物横領の増加にある（図2・3参照）。

そして八〇年代には粗暴犯においても、年少少年が爆発的に増加する（図4参照）。中間少年はむしろ、年長少年と同様に減少気味であったのである。この点、凶悪犯に関しては、この時期の年少少年には顕著な増加傾向は認められない（図5参照）。ただ、年長少年との差は少なくなっている。

この時期でも、成人犯罪はなお減少の一途であった。そして、成人の中で最も犯罪傾向の強い二〇代前半・後半も、基本的には成人の傾向とほとんど差はない（図7）。そしてその傾向は、年長少年にも見られたのである。これらと比較してみると、八三年前後に一四・一五歳を迎えた少年、つまり、六八・六九年生まれの少年達には、明らかに強い犯罪化傾向（犯罪抑止要因の喪失）が見られる。そして、それは万引きとか占有離脱物横領

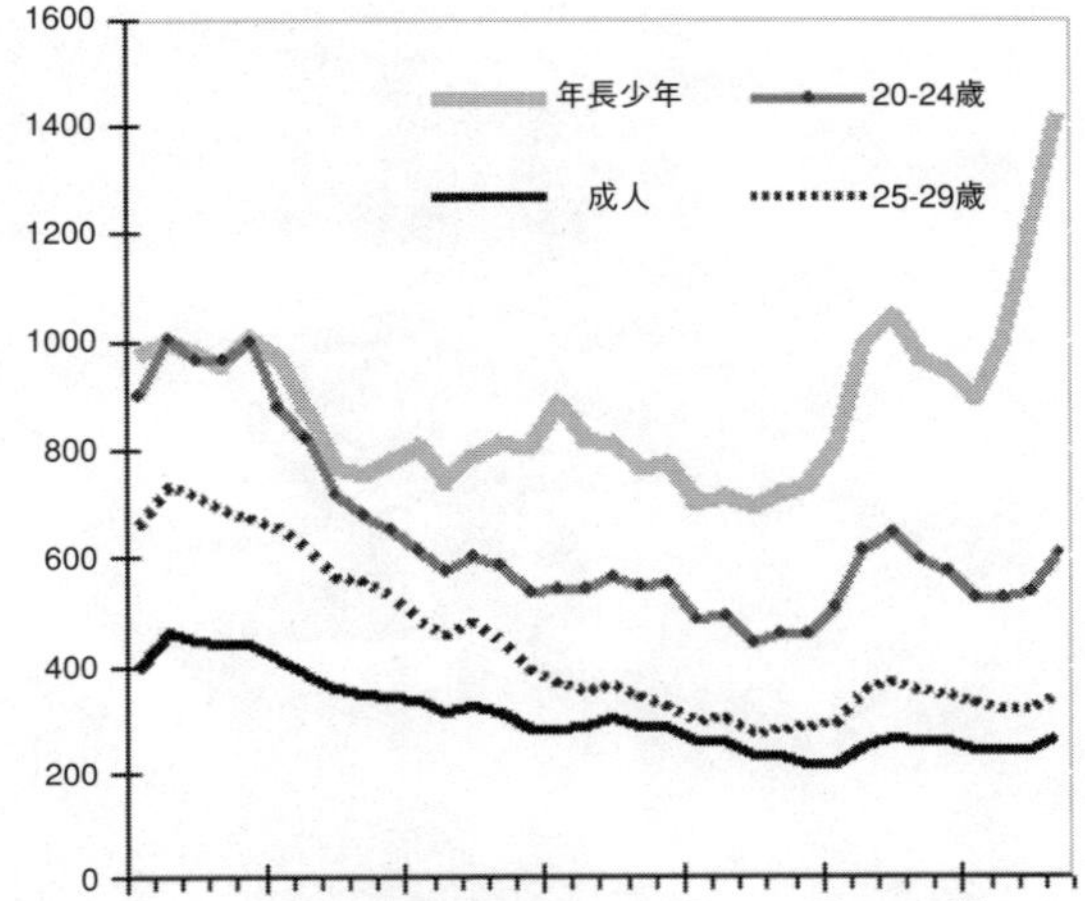

図7　年齢別成人検挙人員率の変化（人/10万人）

に限らず、傷害・恐喝などにも及んだのである。

核家族化と犯罪抑止規範

第③期の犯罪少年に関しては、親との明確に不良な関係が指摘されることが多い。親子の断絶という言葉もよく使われた。この八〇年代少年犯罪多発期を形成した六〇年代後半に生まれた世代は、団塊世代の二世なのである。学校が荒れ犯罪が多発したこの時期は、バブル経済に入りかけていたともいえるが、重要なのは彼らの規範形成期が高度成長完了後であり、第①期などに比較すれば、圧倒的に貧困経験の乏しい世代なのである。社会的・経済的基盤の矛盾が少年の犯罪性向として現れたというより、高校進学率の増加などの影響もあり、中学校・高等学校の段階での不適応の少年の増加が見られるとともに、というよりそれ以上に、家庭の規範維持力の弱体化が進行した時期な

東京・武蔵野市の武蔵野緑町団地

のである。核家族化が進行し、「ニューファミリー」がもてはやされた時代であった。団地族の増加がそれを象徴している。そして、母親の社会進出も進んだ時代であった（↓一五七頁）。母親から伝達される行動準則に関する情報の減少、さらに母親の監視の縮小は、着実に少年の非行を増加させたと思われる。さらに、テレビの影響が重要であるように思われる（↓一六三頁）。鍵っ子のような場合には特にそうであるが、ある意味で親より権威のある「テレビ」が規範を示すようになっていった。

この時期に、女子非行が特に増加する。社会全体に存在した「女らしさの呪縛」が、六〇年代後半からの女性の社会進出を背景に、次第に解けだしていった（一三七頁）。刑法犯検挙人員に占める女性の割合は、一九七〇年頃から増え始めて全体の二割に達し、さらにごく最近、増加傾向を強めようとしている。社会全体の構造の転換の中で、対男性との比較という視点からは、女性の犯罪関与は着実に増加したといってよい。

女性の少年犯罪は男性より遅れて増加を始めた。ただ、強盗罪、傷害罪、恐喝罪に関しては、男性より女性の方がはるかに少年犯罪の率が高い。そして、そのような少女の犯罪の多発化は、七二年頃に始まった。

	犯罪	社会
一九七〇年	2・4 東京のコインロッカーで嬰児の死体発見。 3・12 「ぷりんす号」シージャック事件。 3・31 「よど」号ハイジャック事件。 6・15 拓殖大学空手愛好会リンチ殺人事件。 11・25 三島由紀夫自殺。	3・14 万国博開幕。 この年、交通事故死者史上最高一万六七六五人。 この頃高度経済成長の終わり。 工業化社会・豊かな社会の確立。 「目標の喪失」。 「モーレツからビューティフルへ」ウーマンリブ。
七一年	2・17 京浜安保共闘の真岡市の銃砲店襲撃事件。 9・16 成田反対運動、機動隊三名死亡。 12・24 クリスマスツリー爆弾事件（新宿）。	6・17 沖縄返還協定調印。 8・16 米ドル防衛措置で株価急落（ドルショック）。 シンナー濫用さらに増加。ノーカー運動。
七二年	2・19 連合赤軍・浅間山荘事件。	6・11 田中角栄通産相、「日本列島改造論」発表。 狂走族、カミナリ族横行。
七三年		第一次石油ショック、それ以前は「消費は美徳」。
七四年	8・28 ピアノ騒音殺人事件。 8・30 連続企業爆破事件。	「ゼロ成長」。 暴走族と呼ばれるようになる。
七五年	4・19 米兵日本人女子中学生暴行事件（沖縄）。 生徒の教師に対する暴行事件が顕著に。	4・30 ベトナム戦争終結。 6・10 経企庁、四九年度実質GNP、前年度比減で戦後初のマイナス成長と発表。
七六年	2・4 ロッキード疑獄事件発覚 5・15 神戸まつりで暴走族暴徒化。	学習塾増加。

七七年	5・21	「月刊ペン」事件。	3・11	三一〇万の小中生が塾に週二・四日通学（文部省発表）。
	7・27	田中角栄逮捕。	8・28	国民の九〇％が中流意識（内閣広報室発表）。
	8・10	芸能人多数大麻事件で逮捕。		
	8・27	クラクション殺人事件（大阪）。		
	9・28	赤軍日航機ハイジャック(ダッカ事件)。		
	10・15	バスジャック事件（一人射殺）。		
	10・30	開成高校生殺人事件。		
七八年	1・10	巡回警官、女子大生を強姦殺人（杉並）。		インベーダーゲーム流行。
	2・12	中学三年生二人が、ザコ寝中の友人三人殺傷。		
	3・26	成田管制塔乱入破壊事件。		
	5・10	拓大応援部、死のしごき事件。		
	6・26	目黒一〇中事件。教師が押しかけてきた他校の暴力中学生を傷害。		
七九年	1・14	大学教授宅で高校一年生(一六歳)が祖母を金槌などで撲殺(世田谷)。		日本人は「ウサギ小屋に住むワーカーホリック」。
	1・22	中学生が同級生を刺殺（一四歳）。		教師に対する暴力社会問題に。
	1・26	三菱銀行籠城四人射殺事件（犯人射殺）。		竹の子族。
	4・28	女子中学生が同級生刺殺（一四歳）。		サラ金社会問題化。
	10・11	小四女子が小二女子をマンションか		

ら突き落とす（東京・上野）。

八〇年

2・3 テレビのチャンネル争いから弟が姉を殺す（徳島）。

8・19 新宿駅西口バス放火事件。

11・29 金属バット殺人事件。大学浪人中の息子（二〇歳）両親撲殺。

校内暴力多発。家庭内暴力急増。

この年、昭和生まれが人口の八割以上を占める。六五歳以上一〇〇〇万人突破。

八一年

5・3 堀越学園高校生殺人事件。

6・14 小六年生少女刺殺事件。

6・17 深川・通り魔殺人事件。

校内暴力さらに増加、二三〇〇の中高で警官警戒の卒業式。

八二年

5・27 母娘五人惨殺事件（藤沢）。

7・4 東大名誉教授祖父惨殺事件（新宿）。

10・6 日大生の騒音殺人、五人刺殺（中野）。

6・4 文部省学校管理強化手引き書配布。

オートバイ、自転車の占有離脱物横領行為が急増。

積み木崩し。

八三年

2・12 横浜浮浪者殺傷事件。無抵抗の浮浪者を殺傷した中学生など一〇人逮捕。

2・15 忠生中学校事件（町田）。教師が暴力生徒をナイフで刺傷。

6・13 戸塚ヨットスクール校長とコーチ二人を傷害致死容疑で逮捕。

12・5 文部省、小中生に対する出席停止措置の運用指針を都道府県教育委に通達。

テレビゲームが家庭に。バーチャル元年。この年、神戸、豊川、バスジャック犯人誕生。

八四年	11・2	高一同級生殺人（いじめの仕返し）。		高校中退者、一〇万人を超える。 サラ金苦の自己破産申告一万四〇〇〇件。 学校内でのいじめ問題が各地で発生。 金妻流行。
八五年	2・16	小五生、担任の注意を苦に飛び降り自殺。	6・29	文部省いじめ対策措置。
			9・23	「八時だよ全員集合」終了。代わって「オレたちひょうきん族」が人気に。
八六年	2・1	東京中野区の富士見中学校の生徒がいじめを苦に自殺。教師もいじめに関与。		テレホンクラブ増加。女子性非行増加。

7 少年犯罪の現在——統計の示す危機的状況

「少年犯罪は悪化していない」という論の虚妄性

少年犯罪の現状に関し、「『凶悪化』は印象論にすぎず、実は犯罪は増えていない」という趣旨の評論がしばしば見られる（例えば、朝日新聞二〇〇〇年七月三〇日朝刊、同八月二四日夕刊）。しかし、第1章で述べたように、国民の大多数が肌で感じている「少年犯罪の増加・凶悪化」は、統計的に裏付けられた事実なのである。捜査機関が集めたデータという限界はあるが、日々報道される少年事件と統計数値が合致しているのに、なおあえて「実は少年犯罪はさほど深刻な事態とはいえない」と主張するには、それなりの具体的根拠が必要である。

その根拠と思われるものはいくつかあるが、まず、国家権力（家裁、検察、警察）の統計には意図的操作が

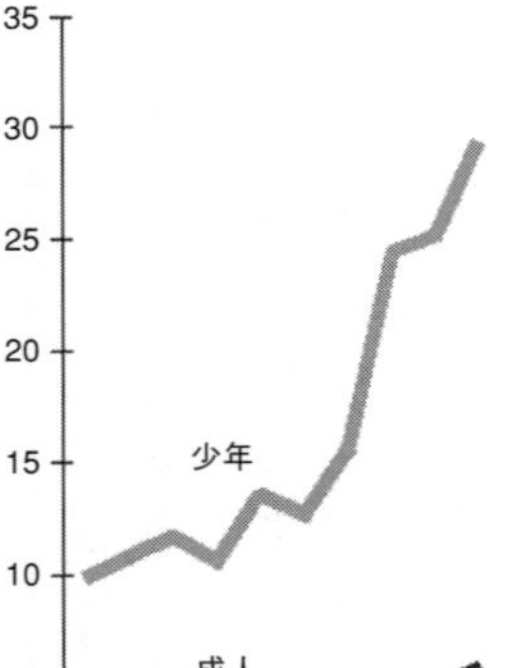

図1　凶悪犯検挙人員率

1か月監禁しリンチ…殺害
コンクリ詰め女高生
〝救助劇〟仕組
帰宅途中路上で 食事
女子高生がコンクリート詰めされ捨てられた江東区の埋め立て地

1989.3/31（読売新聞/朝刊）

あるという類の主張は、無視してよいであろう。統計の作成過程をある程度知る者にとっては、個別の裁判官・検察官・警察官が作為的な報告などを行って数値が動くことの確率は、たとえあったとしても誤差の内であると断言できる（もちろん、犯罪によって、発生した内のごく一部しか認識されない場合があることは別論である）。グラフの形が変形するほどの「操作」は、全国的な通達のようなものがなければ不可能であり（→二九頁参照）、「少年犯罪が凶悪化したように見せるための措置に関する通知」などありようはずもない。

「強盗などは、ちょっとした匙加減で、恐喝を格上げすることにより増やすことができる」というような、一見専門家的な説明も、実は「国家権力は嘘をつくものだ」という程度の論拠でしかない。両罪の限界は微妙ではあるが、運用の事実上のガイドラインがあり、警察がそれを変えれば、それを検事と裁判官に認めさせなければならない。強盗はほとんどすべて送検されるのであり、検事の意向に関係なく「恐喝事案を強盗として送検する」ことなど不可能である。また「強盗」で起訴しても、裁判官に「強盗にはあたらない」とされてしまう。統計的トレンドを変えるほどの加工があったと主張することは、全国的に、しかも判事や検事も含めた刑事司法全体で少年の強盗の要件をゆるめようと談合したと主張しているわけである。「恐喝かさ上げ説」は、専門的に見ればまさに奇妙な主張なのである。

少年の殺人が減っている?

おそらく、「凶悪化でっち上げ論」の中で、唯一の検討に値しそうな論拠は、「少年の殺人罪は、近時減少しており、しかも異常に低い水準にある」という指摘であった。「たしかに、犯罪全体は増加しているし、強盗や強姦等の凶悪犯の急増も認めざるを得ないが（図3・図7参照）、神戸児童殺傷事件や金属バット撲殺事件に象徴される殺人だけは、増加していない」という主張である。たしかに、五、六〇年代に比べれば、殺人罪は少

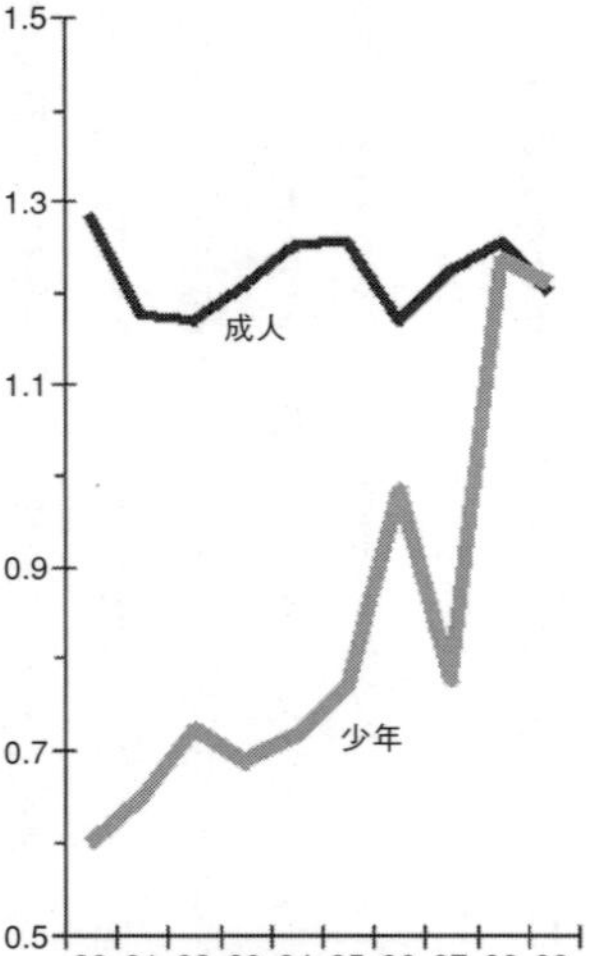

図2　殺人検挙人員率

ない。しかし、図2に示したように、問題となるここ一〇年間を見た場合に、少年の殺人犯は明らかに増加したといわざるを得ない。それ以上に、戦後一貫して、成人の検挙人員率の方が少年のそれより高かった殺人罪において、九九年に初めて、少年の検挙人員率が上回ったのである。殺人罪は、戦後の混乱期においても、また六〇年代・八〇年代の少年犯罪多発期においても、成人の率の方が高いという特殊な犯罪なのである（七一頁図4参照。もっとも、年長少年や中間少年を個別に見ると、成人より率の高かった時期もあった）。それが、初めて少年の率が上回ったわけで、少年犯罪の凶悪化を示す事実といえよう。そして、少年の凶悪犯（強姦や強盗・放火を加えたもの）を犯す率は、ここ一〇年で三倍にもなってしまったのである（図1）。

なお、戦後全体としてみれば、殺人罪をはじめ

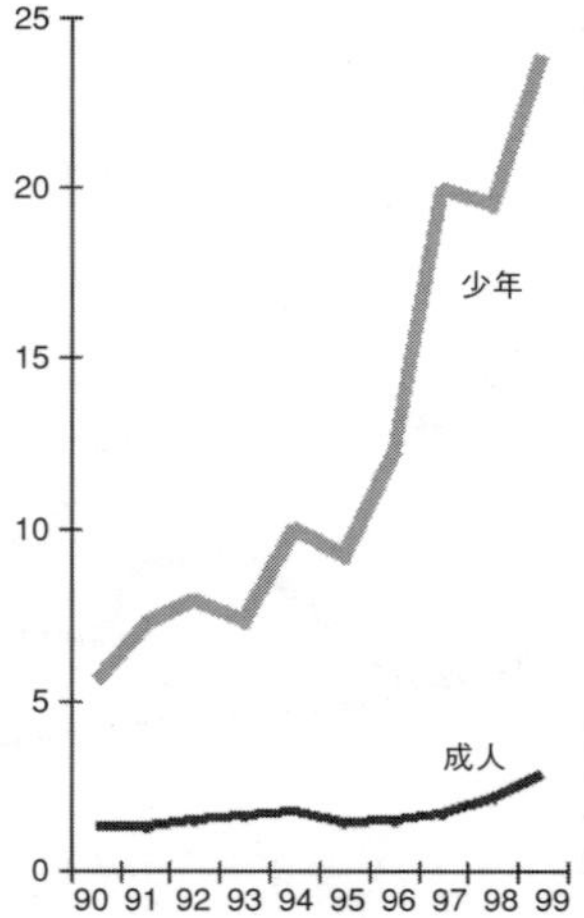

図3　強盗検挙人員率

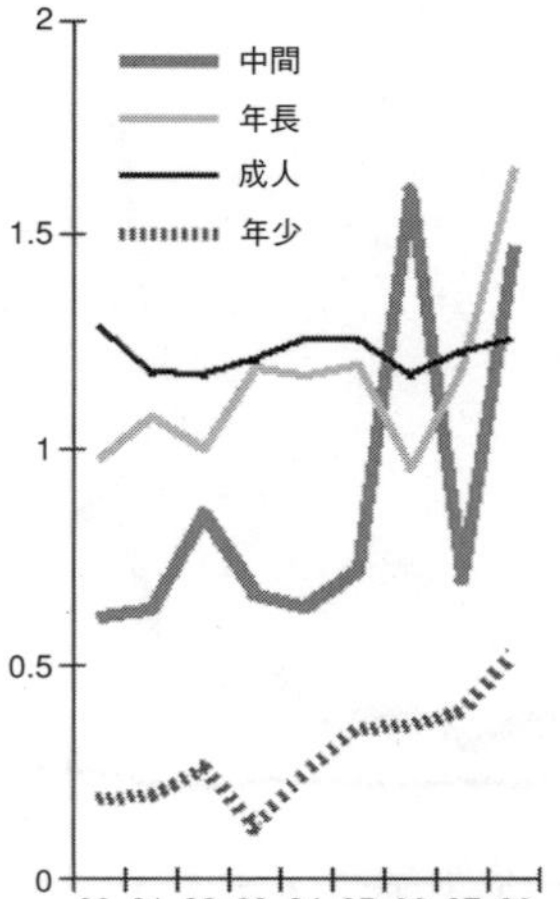

図4　殺人罪検挙人員率の変化

凶悪犯罪は減少し続けてきた（図5）。そして、最近増えたといっても、戦後の混乱期の率に戻ったわけではないことは事実である。しかし、そのことから、「少年犯罪の凶悪化は深刻ではない」とはいえない。かつての高水準は、戦後直後の未曾有の混乱状態において発生したもので、「それを超えなければ大丈夫」とはいえないからである。

さらに、犯罪の一類型に過ぎない殺人だけを採り上げた議論は、科学性を欠く。少年の凶悪犯全体が異常に増え、さらに後に見るように、粗暴犯も危機的なのである。やはり、犯罪現象全体の中で、現在の少年犯罪の状況を把握しておく必要がある。減り続けてきた少年の凶悪犯は、明らかに増加に転じた。そして低年齢化したのである。中心は年長でなく、中間少年であり、年少少年の増加も著しい。

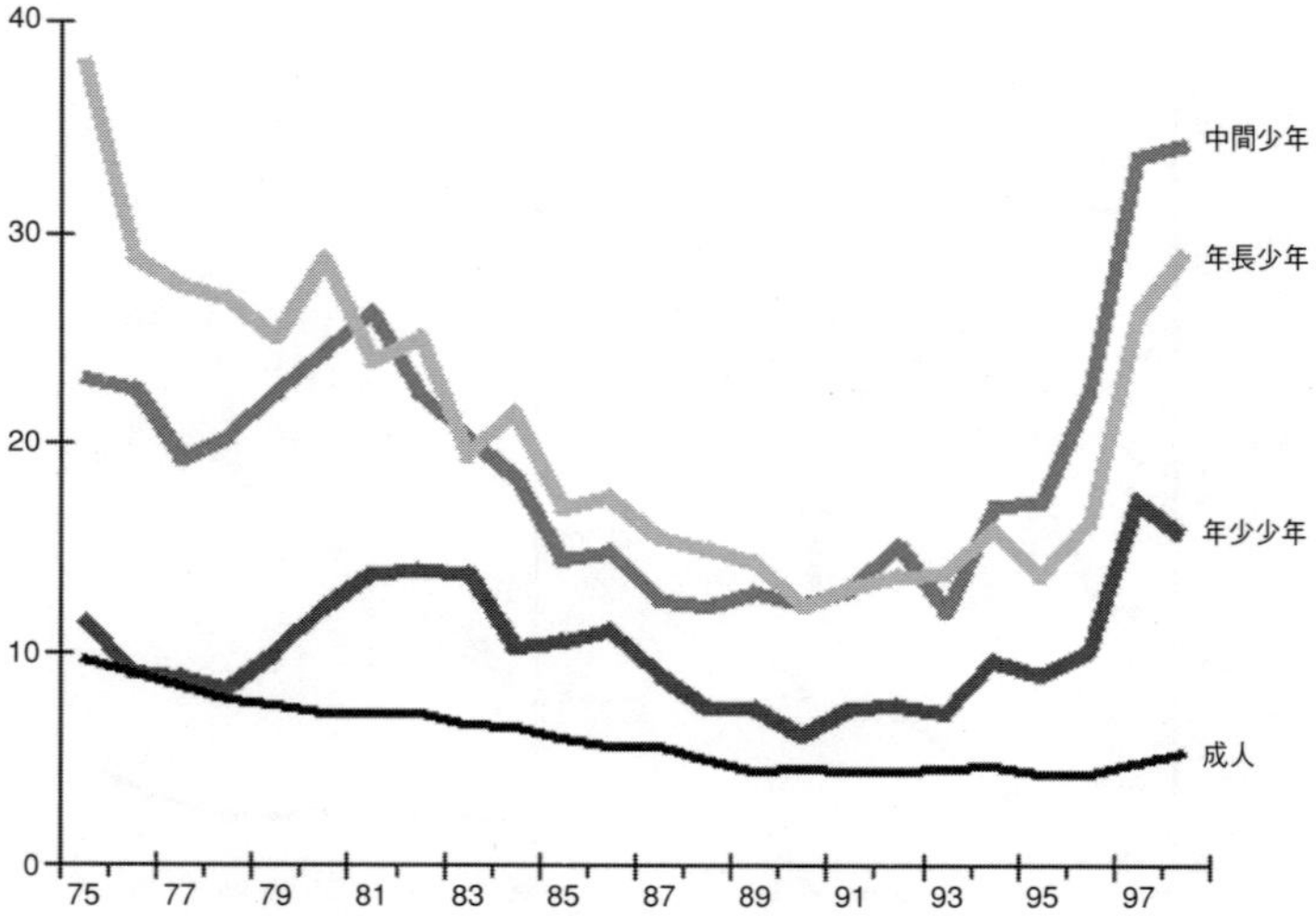

図5　凶悪犯全体の年齢別検挙人員率

強盗罪の危機的状況

凶悪犯の中でも、特に目立つのが強盗罪である（図6）。強盗罪は、八〇年代の少年犯罪増加期には、さほど目立った動きを見せなかった。強盗は平成の増加期の主役なのである。そして、六〇年代の多発期の水準を超えてしまっていることを確認しておく必要がある。さらに、年齢別に分析してみると、年少少年と中間少年の強盗検挙人員率は、戦後最高の域に達したと推定される。終戦直後は、年齢別のデータが存在しないので比較ができないが、五五年以降についてみると、一四歳から一七歳の少年が強盗罪を犯す率が最も高い水準に至ったのである（口絵図8参照）。

さらに注目すべきなのは、強盗を犯す少年の主役が、九〇年以降は年長少年から中間少年に完全に入れ替わったということである。そして年少少

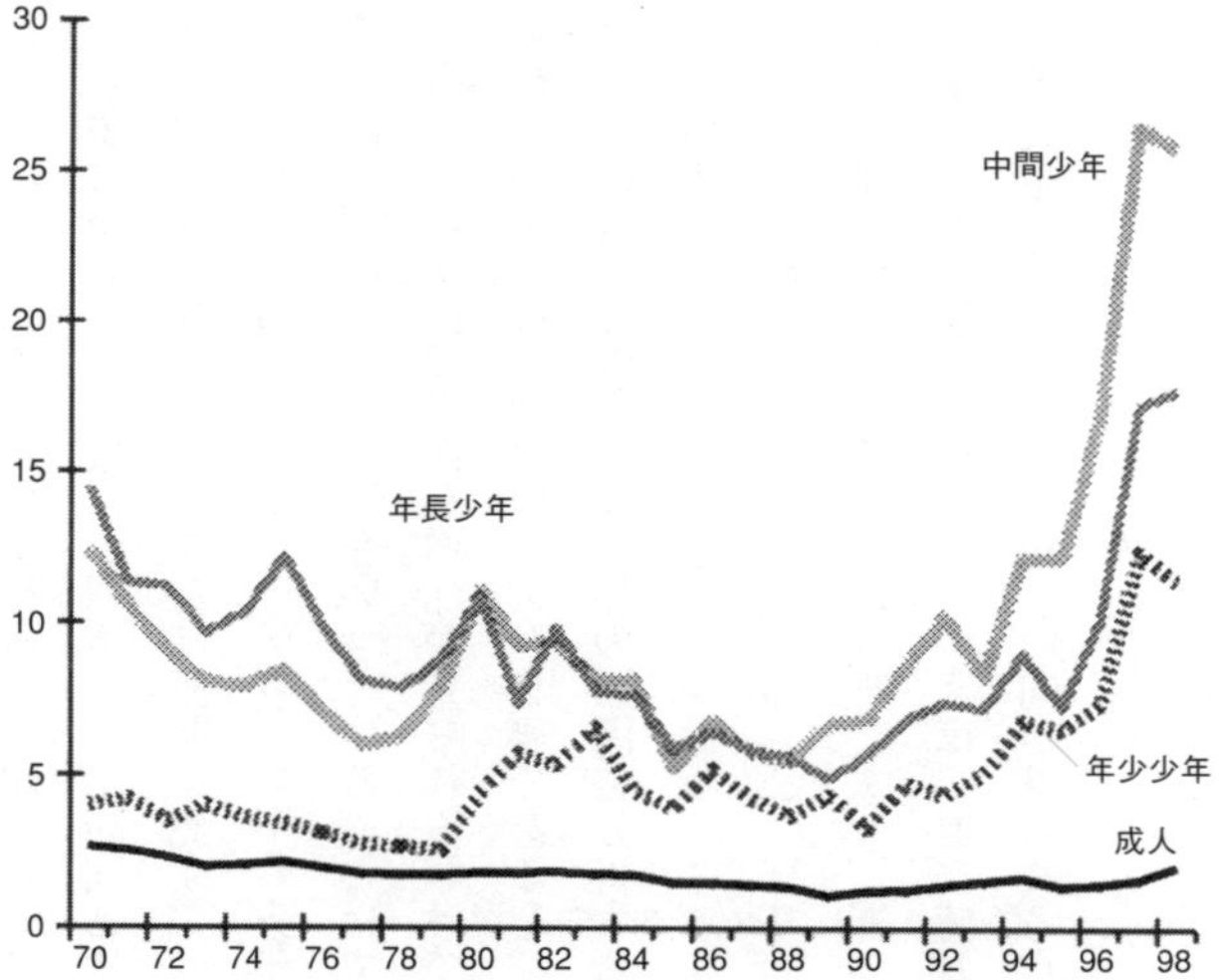

図6　強盗罪年齢別検挙人員率

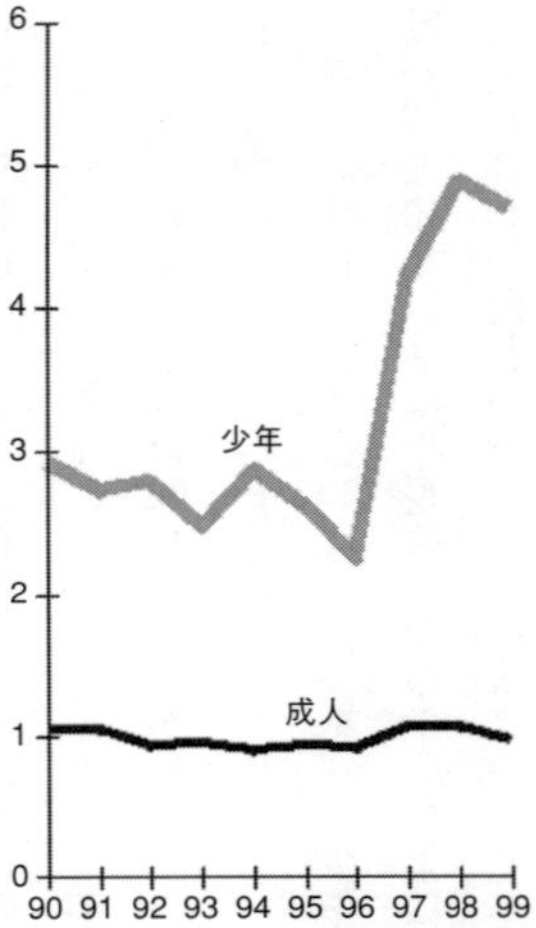

図7　少年の強姦罪犯罪率

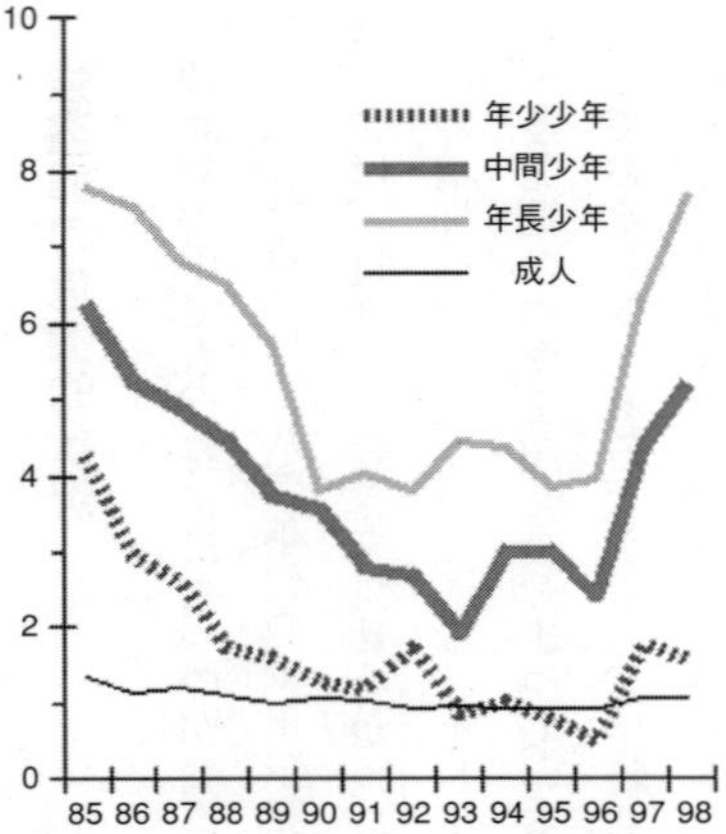

図8　強姦罪年齢別検挙人員率

年と年長少年の差が小さくなってきた。ここにも日本の少年犯罪の若年化を見ることができる。

強盗についても、殺人と同様、欧米諸国と比較して、成人・少年共に、異常に犯罪を犯す率は低い。しかしこのことから、「なお、日本の少年犯罪は問題が深刻とはいえない」とすることはできない。明らかに、異常な増加が見られるわけで、それに対するなんらかの対策が必要であるし、そのためには、このような増加の原因を分析する必要がある。

この点、特に強盗の場合には、「○○狩り」という現象に象徴されるように（年表参照）、罪の意識を感じずに安直に、さらにいえば「遊び感覚」で重大犯罪である強盗を犯す傾向が見られる点が重要である。罪の重さが内面化されていない（二頁参照）。

殺人、強盗と並んで強姦も、最近著しく増加している（図7）。ただ、八〇年代の少年犯罪増加期も、強姦は減少していた。九〇年代に入って初めて明確な増加に転じたのである。強姦の場合には、成人に比し少年の割合の高い犯罪ではあるが、一貫して年長少年の犯す率が高く、年少少年の犯す率は、成人と大差がないという特色がある。そして、強姦罪の場合は、殺人や強盗と比較して、被害者との関係が微妙で、暗数も多いことに注意しなければならない。また、その成否の判断に女性の性意識の変化も影響しているものと思われる。

恐喝罪・傷害罪も危機的である

凶悪犯のみならず、暴行・傷害・恐喝・脅迫などの粗暴犯も、平成に入り少年犯罪が急増した（図9・10参照）。検挙人員率が傷害は一・五倍に、恐喝は二倍以上になってしまったのである。決して、軽微な万引き等だけが増えたわけではないし、

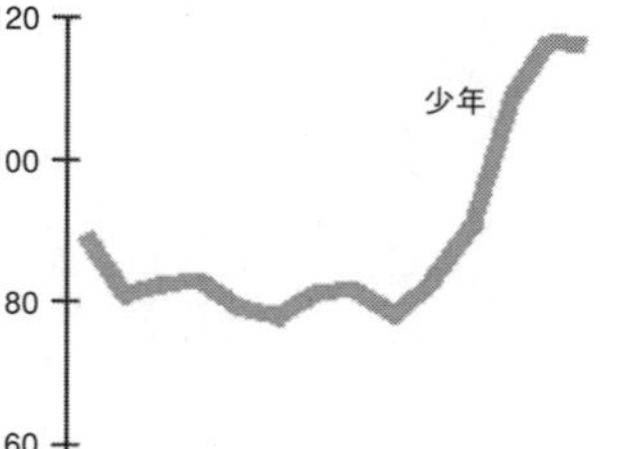

図10　傷害罪検挙人員率①

図9　恐喝罪検挙人員率

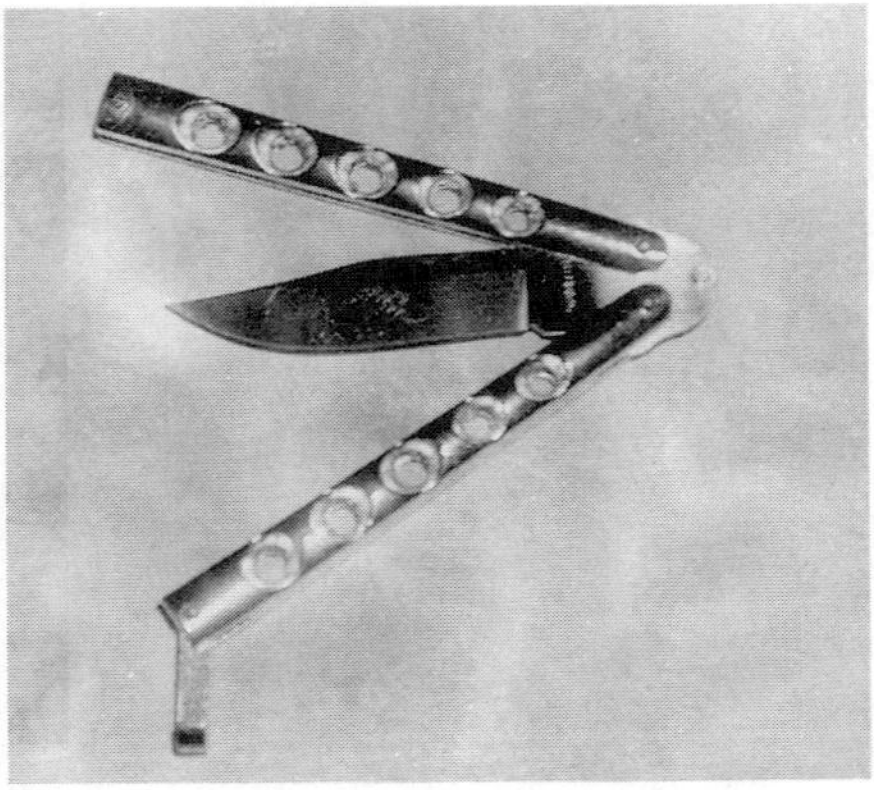

バタフライナイフ（黒磯中学校の教師殺害事件で生徒が持っていたものと同型） 毎日新聞社提供

特殊な強盗だけが突出しているわけではない。むしろ、最近の、そして少し前の八〇年代の少年犯罪多発期を象徴するのが、これら粗暴犯の増加だったとすらいえる。

まず、図11に示したように、傷害罪において、成人の犯罪発生状況と乖離し、少年独自の動きを見せ出したのが、七五年である。この時期は、まさに日本の犯罪状況の転機であった（↓一五一頁以下）。そして、そのような少年独自の動きの中心は、年少少年にあった。次の図12に見られるように、年少少年の犯罪減少傾向が七〇年には止まり、年長・中間少年に先駆けて、粗暴犯の増加が始まる。そして、以降現在に至るまで、ほぼ一貫して増加しているのである。また、八〇年代前半の粗暴犯の爆発的増加も、年少少年がもたらしたものであった。それに比し、年長・中間少年の粗暴犯は、凶悪犯と同様に、九〇年頃まで実は減り続けてきたのである。しかし、いずれにせよ、平成に入って、すべての年齢層で粗暴犯は増加し始めた。

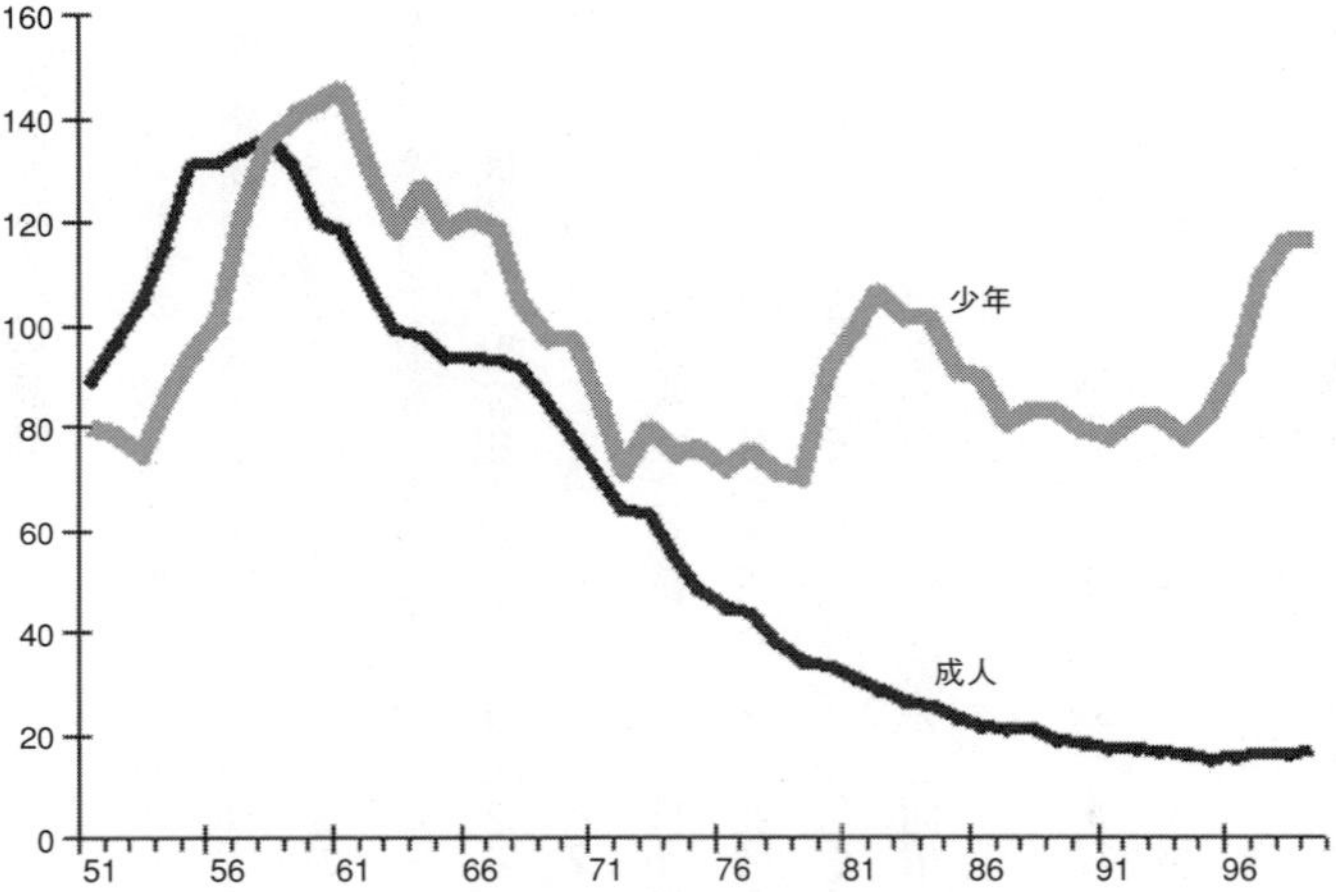

図11　傷害罪検挙人員率②

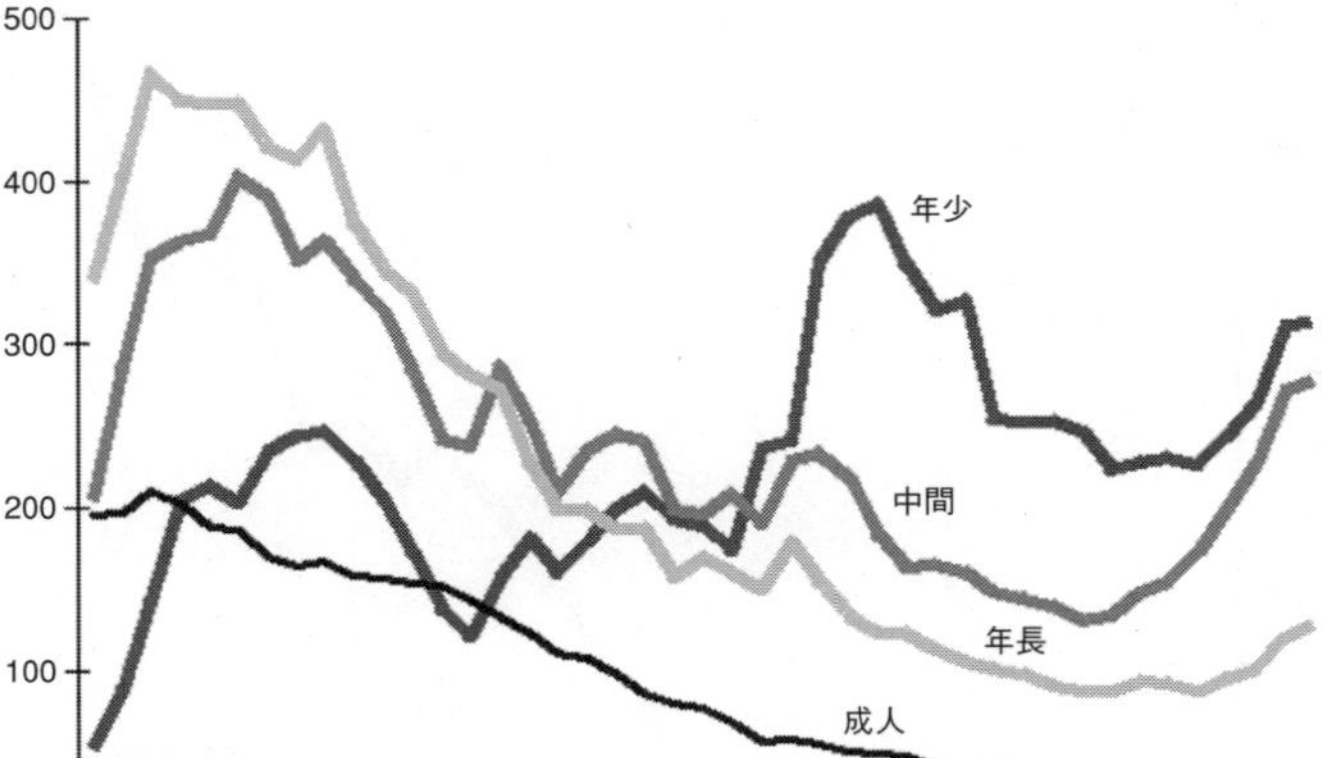

図12　粗暴犯の年齢別検挙人員率

財産犯増加の意味

現在の犯罪数の多さは、やはり窃盗罪と占有離脱物横領罪（図13）を中心としており、これに、前述の強盗や恐喝を加えると、最近の少年犯罪の激増は、財産犯が核となっているともいえる。問題は、財産犯の増加の意味である。報道でも、「ブランド品購入、ゲームセンターの金欲しさからの恐喝」に象徴される動機が目立つ。決して、社会全体の不況によって犯罪が増えたわけではない。その動機は、買春防止法で対処することになった「援助交際」と同根といってよい。

平成の時代は、その直前までのバブル経済の清算期ともいえる。そこには、「バブル型拝金主義」がもたらした規範の弛緩と犯罪の増加がみられるのである。戦後にもなお残存していた

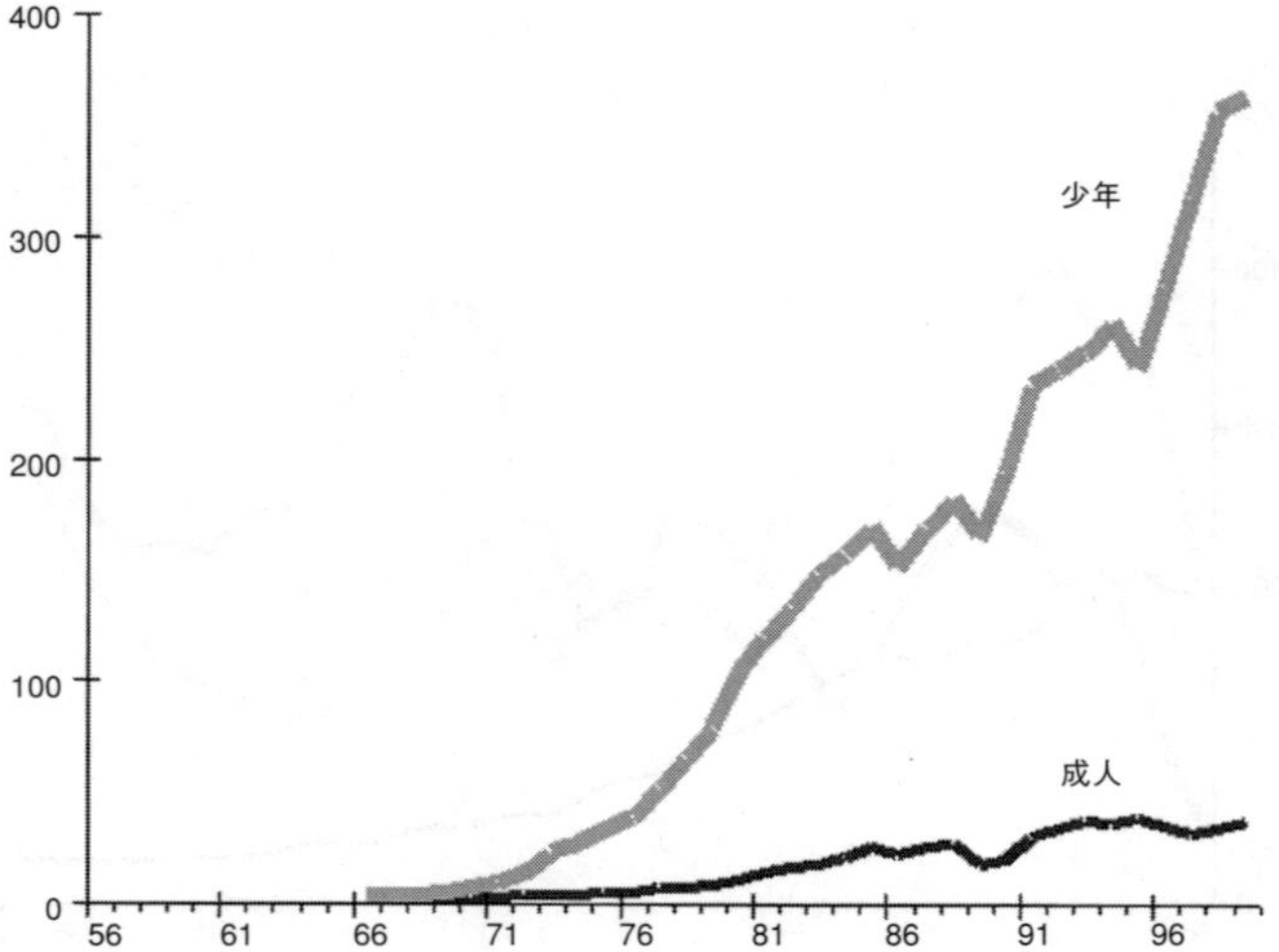

図13　占有離脱物横領検挙人員率

茶髪の若者　毎日新聞社提供

戦前からの社会・家庭の規範が希薄化した後、規制緩和・競争至上主義に翻弄された日本の病巣が最も弱い部分で顕在化したと評価しうるであろう。

現在の増加の特徴の一つである強盗罪にしても、明らかに五、六〇年代のそれとは異なる。「お金が大事」ではあるが、生活のための犯罪ではないといってよい。その意味で、動機は希薄なのである。

そして、最近の少年犯罪の特徴は、「いきなり型」と表現される。それまで非行歴があったわけではなく、さらに少なくとも表面上は、家庭に特段の問題があったわけでもない少年がかなり含まれている。そして、「キレる」子供が問題とされる。かつての、孤児が生きていくために窃盗を犯すとか、浮浪児集団の中で犯罪性を身につけていくというような非行少年像とは全く異なるわけである。さらに、八〇年代の「番長グループ」などとは無関係の犯罪行為も目立つ。それを別の角度から表現すると、「無気力・無感動で罪の意識が薄い」ということになる。学校や親の権威喪失といってもよい。現在問題とされている学校崩壊現象も同一病理の発現といえよう。様々な要因に基づくものであったにせよ、戦後一貫して進行した少年の規範喪失のより徹底したものとみることができよう（↓五頁参照）。

激しい社会変化？

神戸児童殺傷事件、豊川主婦殺害事件、バスジャック事件の犯人が誕生した八三年は、前回の少年犯罪多発のピークであった。そして、テレビゲームが家庭に入り、バーチャル元年とも呼ばれた年であった。八四年には、ほとんどが進学するようになった高校で中退者が一〇万人を超えるようになった（文部省調査）。バブルが進行すると共に、その病理の一貫である「サラ金問題」が世間を騒がせ出したのもこの時期であった。と同時に学校内でのいじめ問題が各地で発生してくる。

八五年には、俗悪だとPTAから非難され続けてきた「八時だよ全員集合」が終了し、代わって「オレたちひょうきん族」が人気になっていった（一六三頁）。登場人物をいじめるのを見て喜ぶなど、「反社会性・反規範性」という意味では、新しい番組の方が深刻化したにもかかわらず、むしろ批判は弱くなっていく。視聴率優先の番組作りの中で、タブーを徐々に破壊していく。社会の建前を「赤信号みんなで渡れば怖くない」と嘲り、「弱い者をいじめてみたい」というような生の欲求を素直に出すことが「カッコのよいこと」とされていく。

このような中で、八八年、名古屋で少年達がアベックをまさにおぞましい形で嬲り殺しにした。同年、目黒で中学二年生が両親と祖母を殺害する。テレビゲームの仮想暴行などが大変な人気になり、少年達は「むかつく」を連発する。そして、八九年、少年達が少女を監禁し、多数で長期に嬲りものにして殺害し、コンクリート詰めにした。この年は、天安門事件が起こり、ベルリンの壁が崩壊した年である。そして、翌年、バブルが崩壊する。

さらにテレクラは激増を続け、若者は三K職場を正面切って嫌うようになる。と同時に不登校が増え、文部省は不登校対策の方向を転換し、民間施設に通っても登校と認めるようになった。不登校の理由を問うというより、いかに少年達を「治療」するのかという視点である。

このような中で、いじめが深刻化し、山形マット死事件が発生し、九四年には、愛知県西尾市のいじめ苦の自殺が社会問題となった。一方で、援助交際という名の少女売春が一部マスコミでは「問題のない社会現象」のように扱われ、少年達はオヤジ狩り等を繰り返すようになる。学校でバタフライナイフにより教師が殺害されても、「生徒の持ち物チェック」が違憲だなどという論調が出てくる。そして、五〇〇〇万円も恐喝しながら、親、学校、地域が放置した事件が発覚する。

たしかに社会は激しく揺れ動いている。し

撤去されるレーニン像　PANA 通信提供

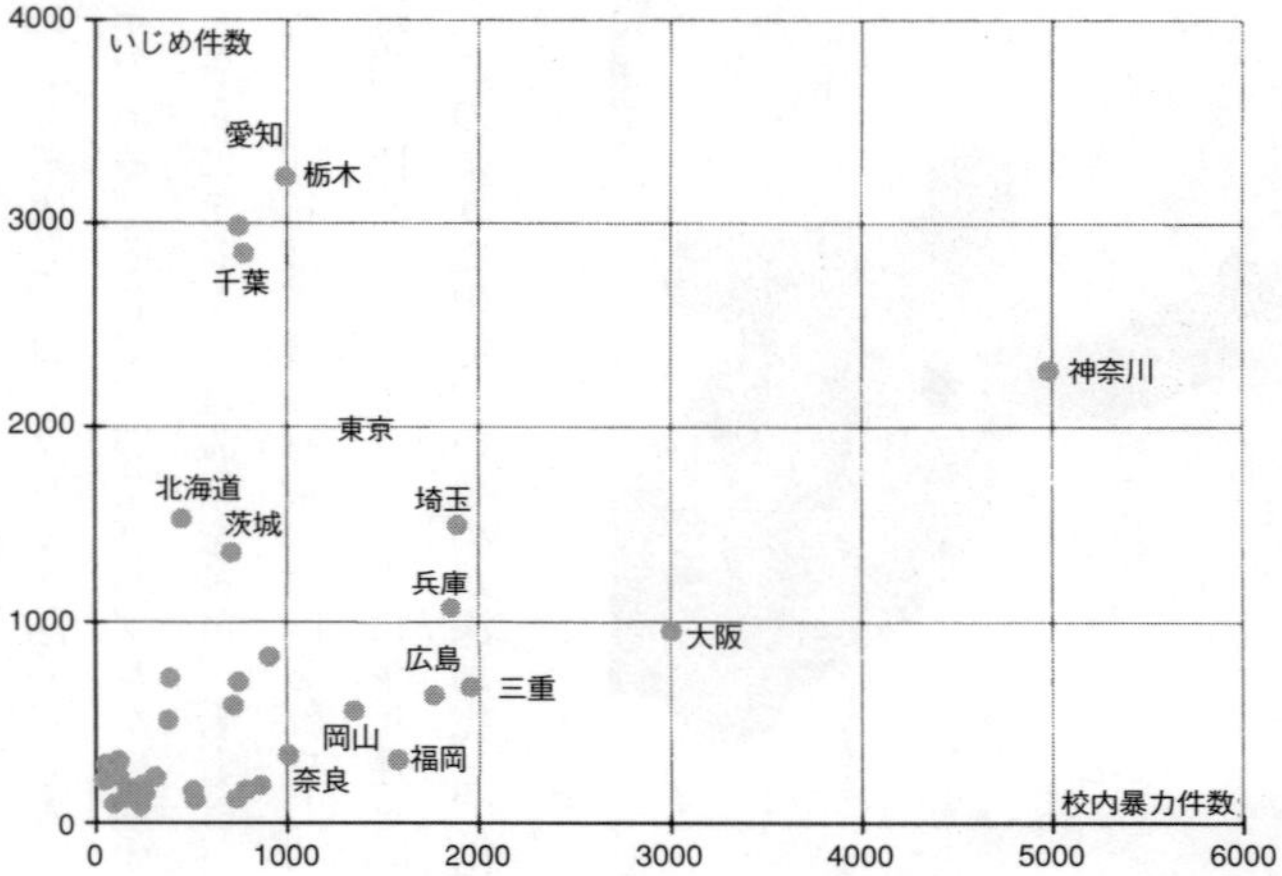

図14　99年の校内暴力といじめ

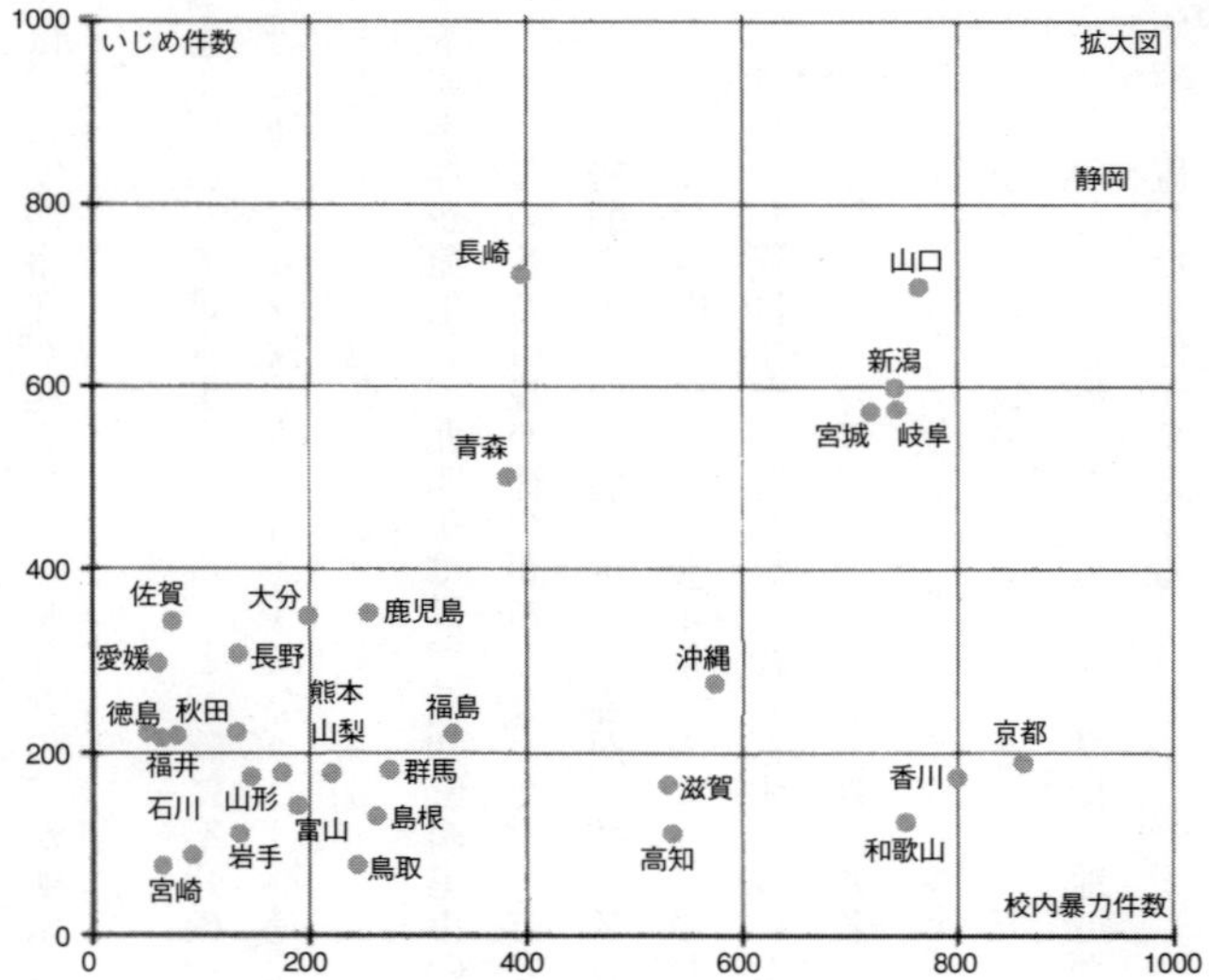

図15　99年の校内暴力といじめ

かし、それが少年犯罪を産んだのであって、仕方のないことだったのであろうか。そうとは思われない。むしろ「変化してこなかったこと」こそが問題なのである。変化しなかったのは、「規範の喪失」を放置し続けた点である。そこに一貫して流れているのは、後述のように（二一〇頁）、児童の自律的発展を絶対視し、「行為規準」を教え込むことへの消極的な姿勢であり、さらにいうならば、事なかれ主義の対応なのである。別のいい方をすれば、少年に対し、常に「北風より太陽を」と考えてきた政策の失敗なのである。もっといえば、少年に対する「媚び諂い」すら存在したといえよう。それは、太陽政策を支える基盤が喪失してしまっているにもかかわらず、従来のやり方を踏襲し続けたと表現することもできよう。

	犯罪	社会
一九八七年	5・3 朝日新聞神戸支局襲撃。	日の丸・国歌をめぐり学校現場対立。
八八年	2・24 名古屋で少年五人、成人一人が男女アベックを殺害。 7・8 目黒で中二男子が両親・祖母を包丁で刺殺。	テレビゲーム加熱、ドラクエシリーズ。 「むかつく」多発。
八九年	3・30 東京・江東区の女子高生コンクリート詰め殺人事件で少年四人を逮捕。 宮崎勤事件（逮捕）	6・4 天安門事件。 11・10 ベルリンの壁崩壊。 テレクラ激増。
九〇年		2・7 ソ連共産党一党独裁放棄(ソ連崩壊)。 バブル崩壊開始。 3・22 株など暴落。
九一年		1・17 湾岸戦争勃発。 若者、三K職場を嫌う。渋カジ族。
九二年	3・5 市川市一家四人惨殺（一九歳）。	3・13 文部省不登校対策方向転換。 不登校の理由：中学生の甘え、弱さ。
九三年	1・13 山形・新庄の明倫中学校で生徒がマットに巻かれて死亡。同中学の二年生三人を逮捕、四人を補導（山形マット死事件）。	1・26 文部省、高校の入試に関し中学の偏差値関与を全面的に禁止、内申書重視、生徒への圧力に。チーマー。
九四年	11・24 愛知・西尾の西尾中学校の生徒がいじめを苦にして自殺。	

九五年　3・20　オウムサリン事件。
　　　　1・17　阪神大震災。
援助交際問題化。ルーズソックス。
中・高校生グループ等による、おやじ狩り、オバン狩り、ケラッチョ狩り等多数発生。

九六年
プリクラ。たまごっち。

九七年　6月　神戸・須磨区の小学生連続殺傷事件で、「酒鬼薔薇聖斗」を名乗る中学三年男子を逮捕。

九八年　1・28　中学校内で生徒によるナイフ使用教師刺殺事件（栃木県黒磯）。

九九年　1・21　お台場で、無職少年による刃物使用小学生人質事件。
高校生、自己を自殺に追い込むためと老女殺害（小千谷）。
1・23　暴走族による傷害致死事件（王子）。
2・25　中三女子四名による監禁・傷害事件（亀有）。
中三男子二名、授業中の麻雀を注意した教師に暴行し逮捕（田無）。
4・1　中一長男に強盗教唆の母親逮捕。
4・20　暴走族「怒羅権（ドラゴン）」暴力団員を襲う。

10・8　遅刻を注意された高一少女（一六歳）ナイフで教師を刺し殺人未遂で逮捕。
11・11　少年六人を五ヵ月間監禁した渋谷のチーマーら七人を逮捕。
12・2　栃木リンチ殺人事件（一九歳少年等）。
12・21　京都小学生殺人事件。
名古屋五〇〇〇万円恐喝事件が話題に（犯行は九九年六月以降）。

二〇〇〇年

5・2　豊川主婦殺害事件。
5・3　バスジャック事件（広島）。
5・15　少女耳切事件（茨城）。
6・21　バット殴打事件（岡山）。
7・31　一六歳少年、母親をバットで撲殺（山口）。
8・13　日の丸・君が代法制化。
8・14　高一少年（一五歳）サバイバルナイフで隣家六人殺傷。

8 少年犯罪の発生状況には地域差があるのか

現在どこで多発しているのか

口絵図9と10は、九八年と八二年の県別の少年検挙人員率を図示したものである。九八年についてみると（口絵図9）、少年人口一〇万人あたりの検挙人員（県別検挙率により補正した値）が多いのは、①大阪、②福岡、③京都、④宮城、⑤岡山、⑥東京、⑦埼玉、⑧北海道、⑨兵庫、⑩広島の順であり、少ないのは、①青森、②沖縄、③石川、④山梨、⑤長崎、⑥奈良、⑦山形、⑧和歌山、⑨茨城、⑩宮崎の順である。検挙された県別実人員は次頁のグラフの通りであるが、その状況とかなり異なる面がある。それは、少年人口が県によりかなり差があることにもよるが、検挙率が県によりかなり異なることにもよる（図3参照、最も低い北海道は九九年には一七・五％となった。一方高知県では、六四・九％が維持されている）。

図からも明らかなように、首都圏、関西圏と北九州地区を中心としたいわゆる大都市圏と東海道、山陽道、それに北海道と宮城県で少年の刑法犯が犯される率が高いことがわかる。そして、少年犯罪

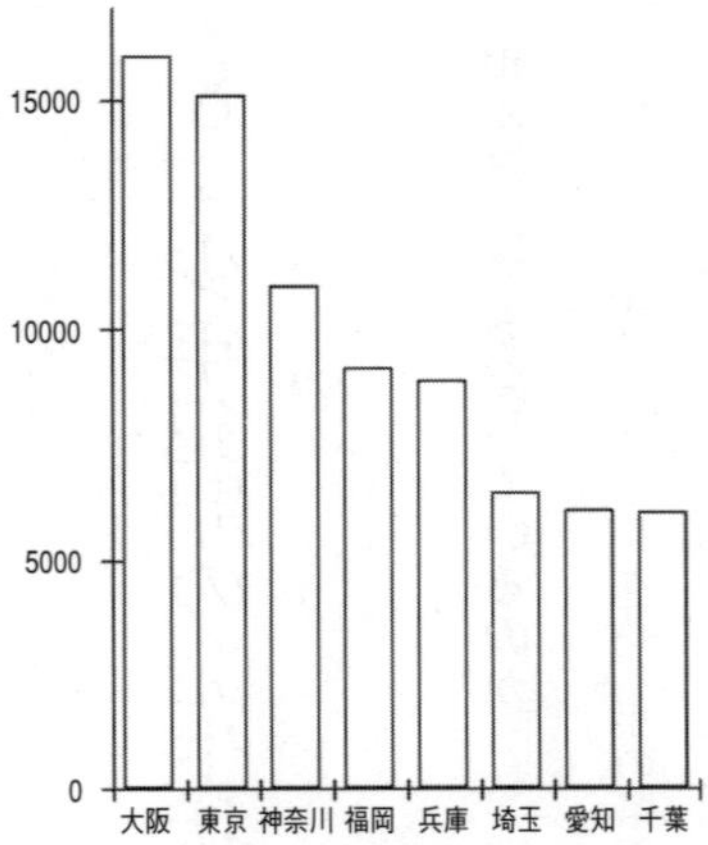

図2　犯罪少年検挙人員の多い県

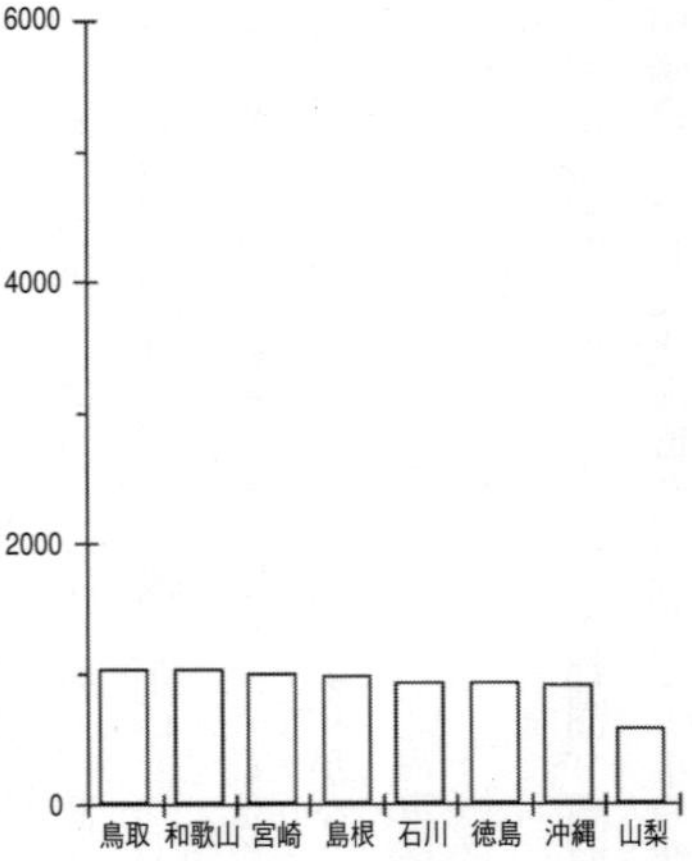

図1　犯罪少年検挙人員の少ない県

図3　検挙率の低い県(1999)

が少ないのは、それらの地区から遠い、従来型の説明によれば「都市化の進んでいない地区」ということになる。

口絵図10は八二年の状況であるが、①東京、②福岡、③兵庫、④埼玉、⑤京都、⑥神奈川、⑦大阪、⑧新潟、⑨岡山、⑩北海道の順で少年犯罪が多かった。多発県名に差はないが、全体に数値が上がり、しかも、地方に分散していったことが、両図の比較から読みとれる。

一方、七三年は、①沖縄、②東京、③福岡、④大阪、⑤京都、⑥高知、⑦神奈川、⑧北海道、⑨和歌山、⑩兵庫の順であった。この頃とは、かなり様相が変わったといってよい（図15）。

成人犯罪との比較

少年の犯罪発生率の高い地域は同時に成人の犯罪発生率の高い地域なのではないかと推測さ

図４　犯罪率の高い県（1999）

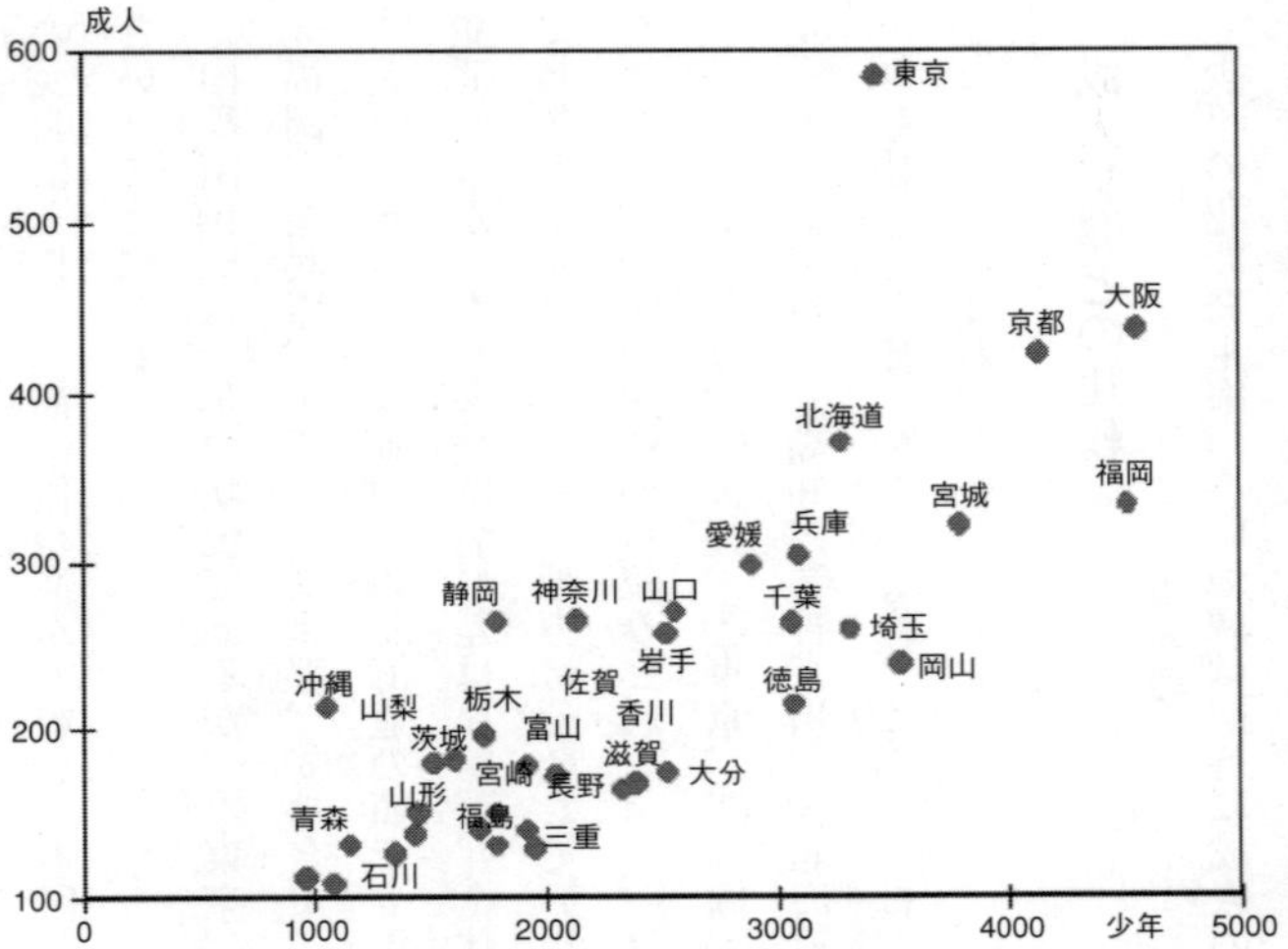

図５　少年と成人の検挙人員率の相関①(1998)

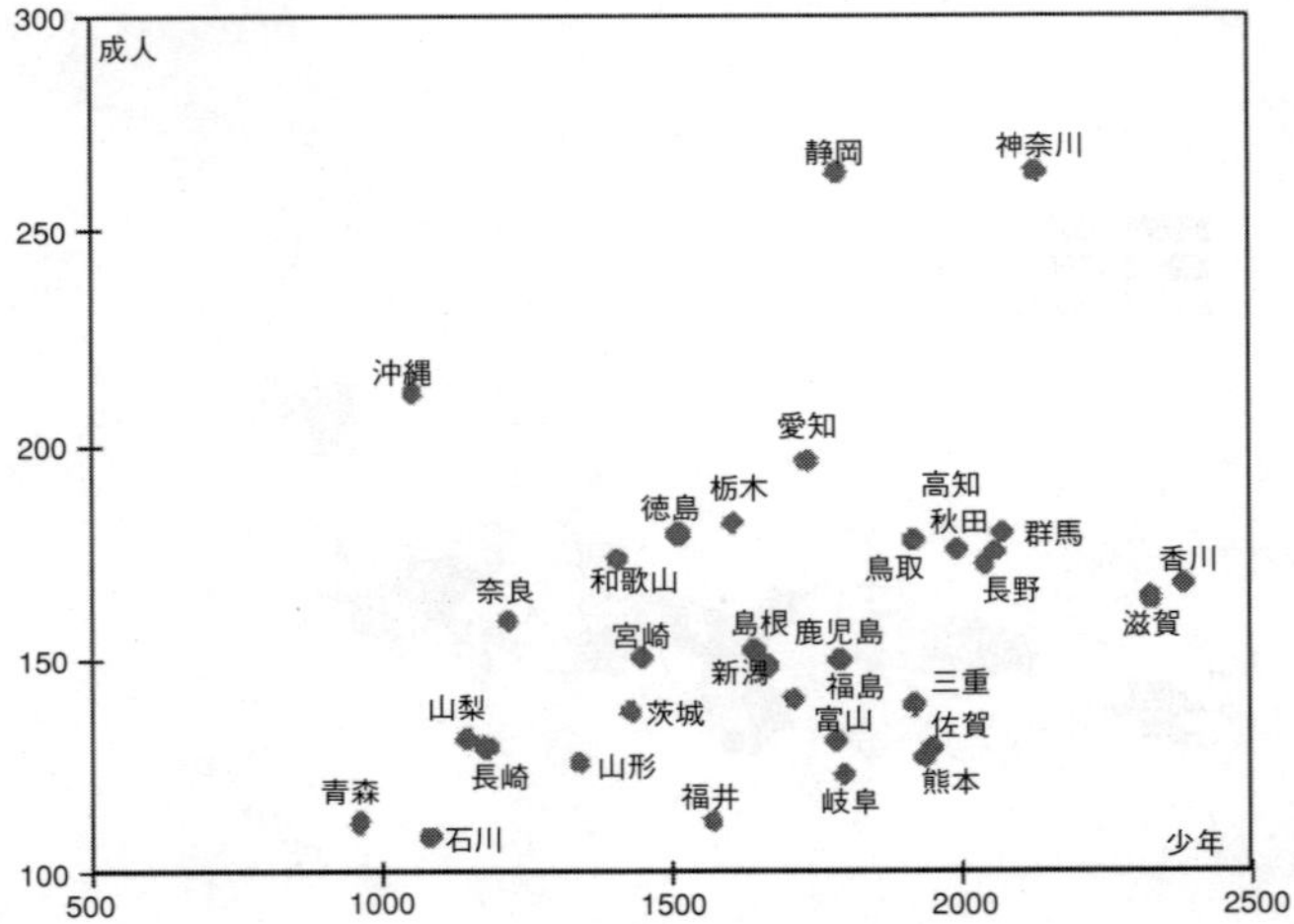

図６　少年と成人の検挙人員率の相関②(1998)

れる。図4に示したように、刑法犯全体の発生状況はやはり、大都市圏中心である。そして成人と少年の検挙人員率には、図5・6に示したように（図6は図5の部分拡大図）、高い相関関係が見られることは否定できない。東京、大阪、福岡、京都、北海道、宮城は、現在の犯罪突出都府県なのである。

ただ、東京は少年犯罪の率が、福岡や大阪よりかなり低いにもかかわらず、成人の検挙人員率はそれらの府県の倍近いという点に特色を有する。その意味で東京は、成人の犯罪が突出して多い地域なのである。また、静岡、神奈川、沖縄も、少年に比し成人が犯罪を犯す率が高いといえよう。逆に、福岡は成人の検挙人員率の割には少年が犯罪を犯す率が高い地域といえる。また、岡山なども、少年犯罪の多さが目立つ。ただ、現在でもなお、青森、石川などは、人口

図7　少年の強盗罪の多い県（検挙人員/10万人）

一〇万人あたりの犯罪を犯す率がかなり低いのである。

凶悪犯や粗暴犯の地域的特徴

刑法犯全体の状況を検討すると、どうしても窃盗罪の影響が色濃くなる。そこで、それ以外の、凶悪犯と粗暴犯の地域的特色を見ておく必要がある。

まず強盗罪であるが、図7に示したように、関東地方と京阪に集中している。第一位の大阪は、一〇万人あたり三六人を超し特に高い数値を示しているが、二位以下は、群馬、東京、埼玉、新潟、京都、神奈川、千葉の順なのである。これに対し、島根、福井では、少年は一人も検挙されておらず、山形、愛媛、石川、香川、大分、秋田、長崎なども、一〇万人比で四人以下に過ぎない。

成人の強盗罪をも加味して分析すると、ここで

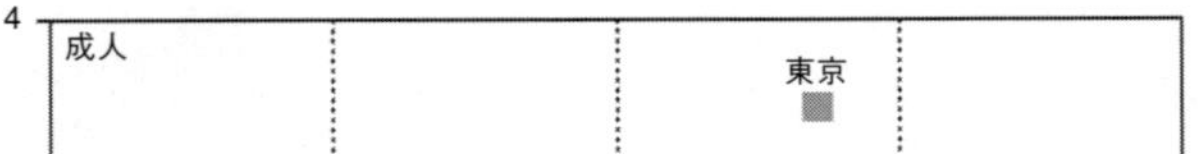

図8　強盗罪の検挙人員率（成人と少年の相関関係）

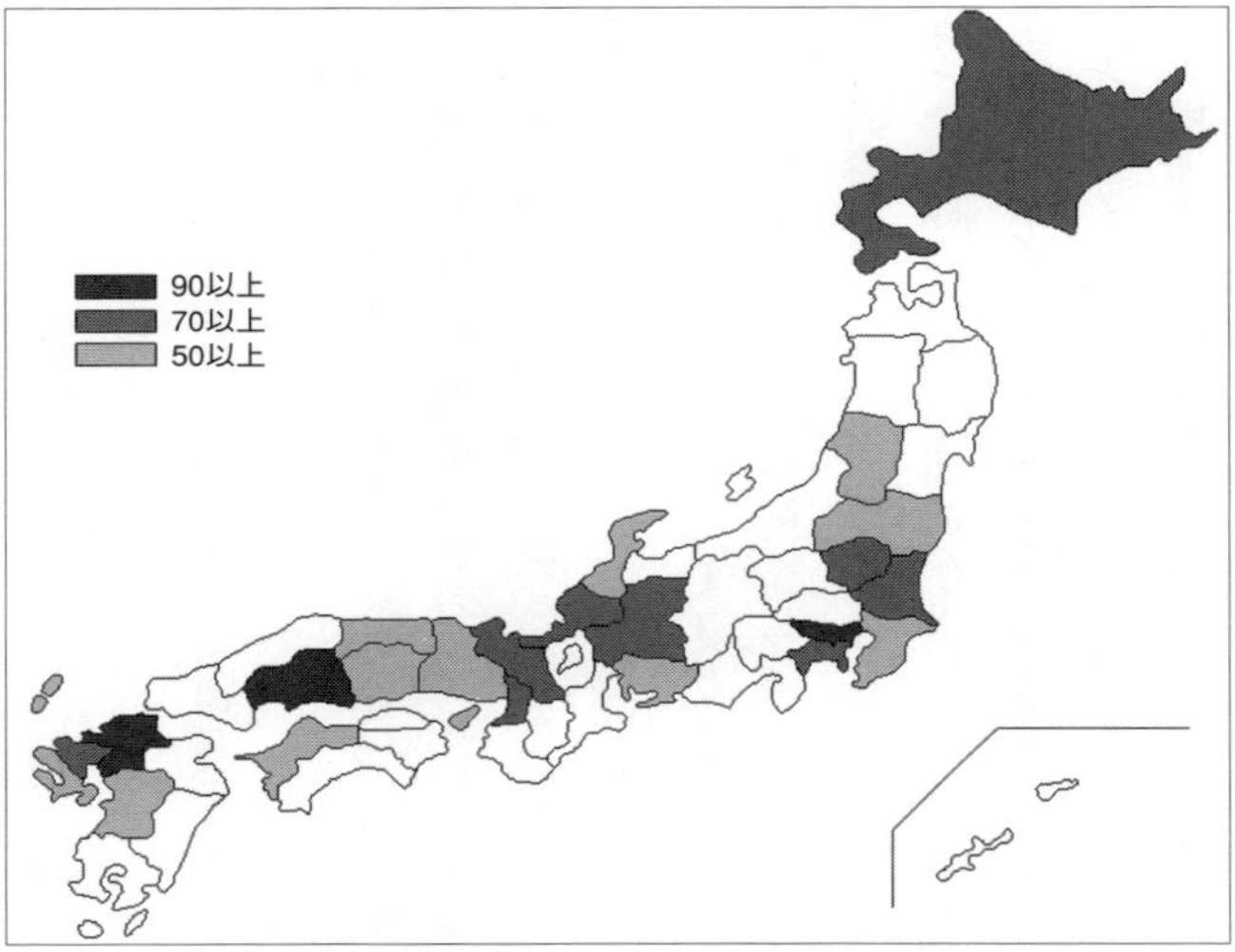

図9　少年の恐喝罪の多い県(検挙人員/10万人)

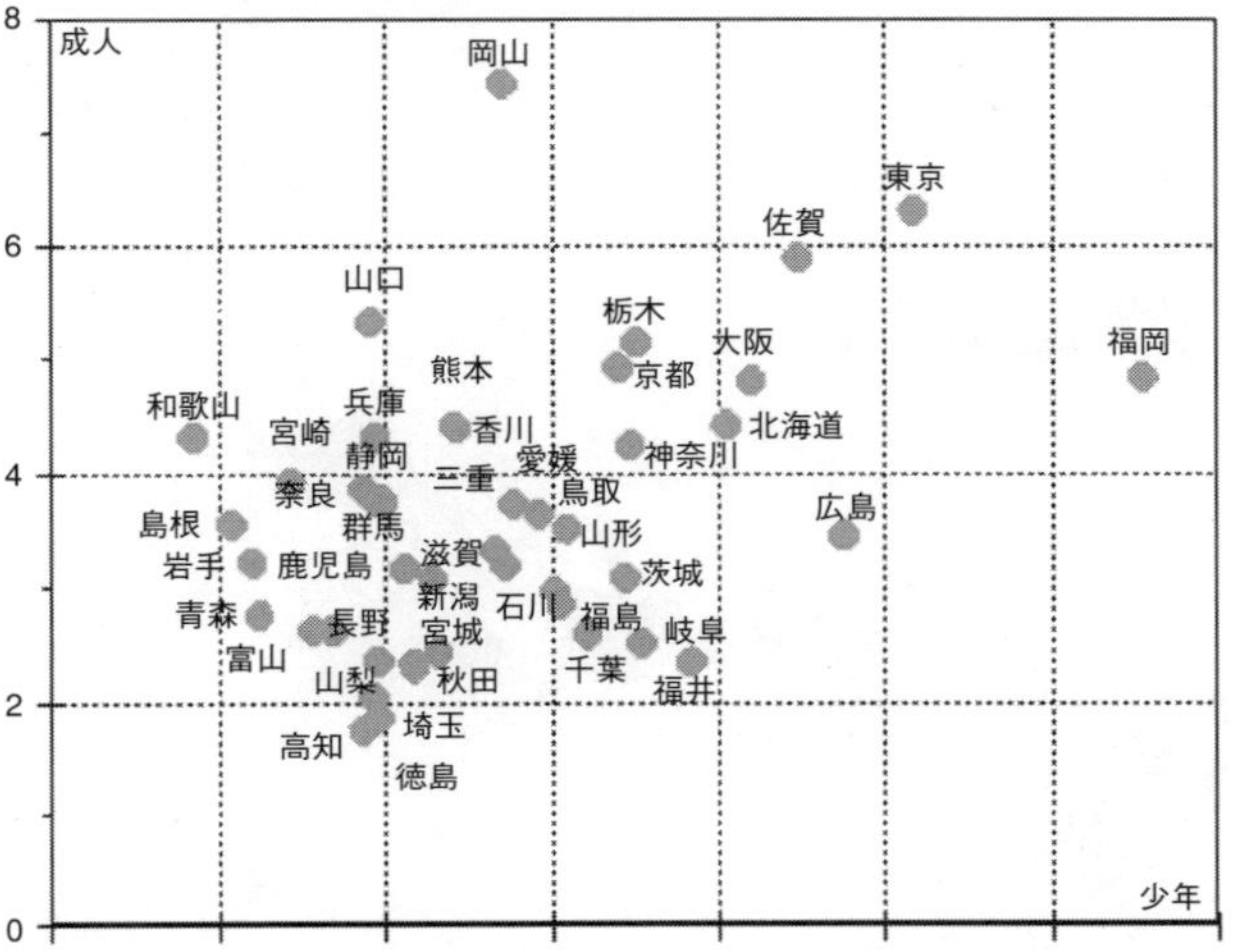

図10　恐喝罪の検挙人員率(成人と少年の相関関係)

も強い相関が見られるが、やはり東京と大阪が目立つ（図8）。前者は成人率が高いのに対し、後者では、少年率が高い。千葉、茨城、群馬も成人型であるのに対し、京都、新潟が少年型なのである。

一方、粗暴犯の代表である恐喝罪は、福岡が少年検挙率の点で飛び抜けており、それに次いで、東京、広島、佐賀、大阪、北海道の順になる（図9）。最近の増加という点では、九州と中部（山梨・岐阜・福井）、そして東北（宮城・山形）が目立つ。少ないのは、和歌山、島根、岩手、青森、奈良である。この分布状態は、強盗罪と窃盗罪のそれの中間的なものとなっている。罪質が両者の中間的なものと説明されていることと、全く無関係ではないようにも思われる。

恐喝罪の場合、強盗罪に比し、成人犯罪と少年犯罪の地域的相関が若干弱い（図10）。岡山、

図11　少年の恐喝罪の5年間の変化（1994–98）

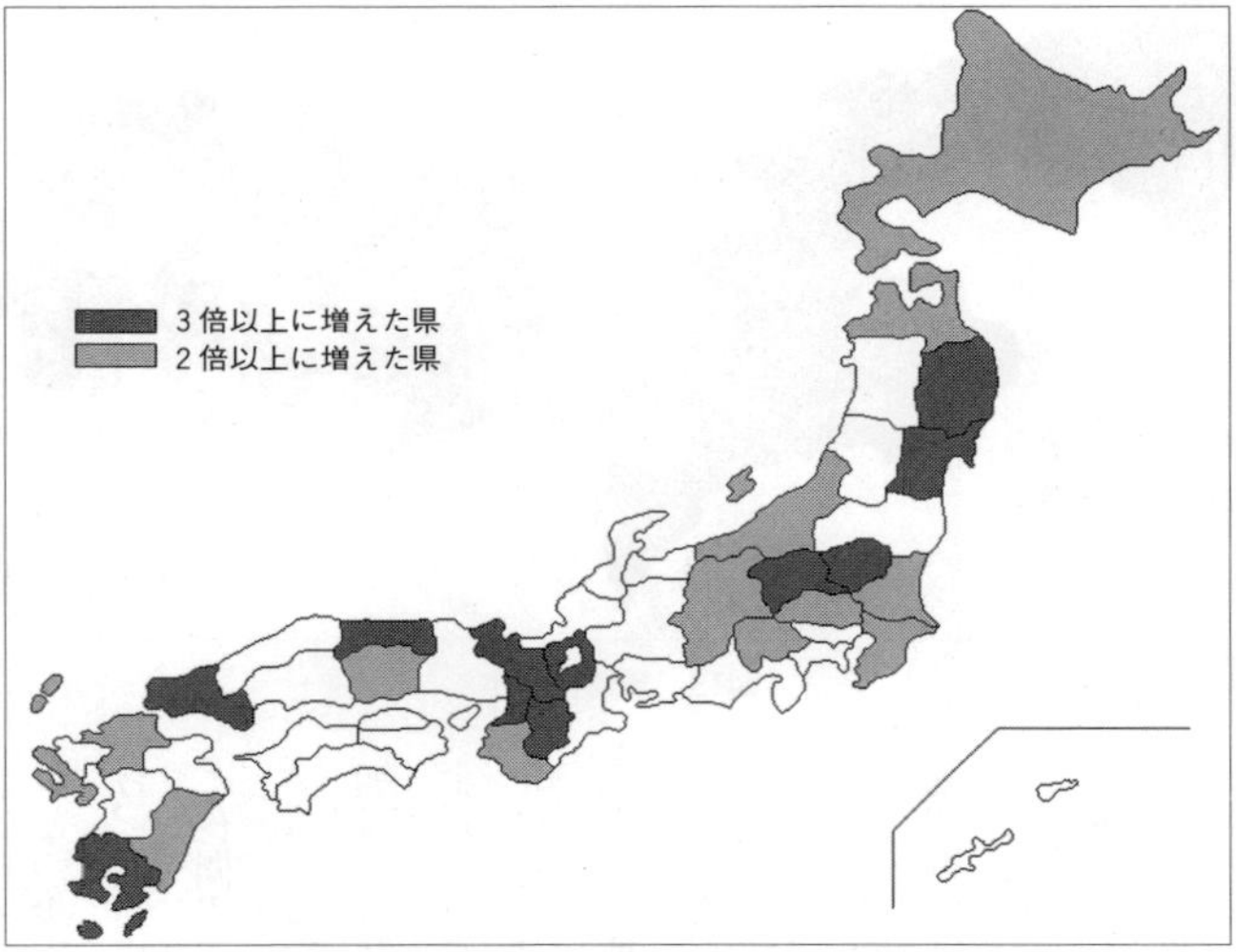

図12　少年の強盗罪の5年間の変化(1994–98)

山口などは、成人犯罪が目立つ。さらに、一二四頁図5の刑法犯全体の場合と比較しても、成人と少年との相関は弱いように思われる。少年独特の動機による犯行が多いとも推測される。また、少年の犯す率の異様に高い犯罪であり、いわば少年犯罪の代表である恐喝罪の分布は、少年犯罪の地域分布を見る上で重要な位置を占めるといえよう。その意味で、福岡、広島、福井、岐阜など、少年の犯す率の高い県は、注目に値する。いずれにせよ、強盗罪・恐喝罪共に、ここ数年、全国的に著しい増加を見せており、増加県は決して大都市圏には限定されないのである(図11・12参照)。

都内の少年犯罪

都市部を代表する東京であるが、その内部を細かく見ると、少年犯罪に関しても、地域的な

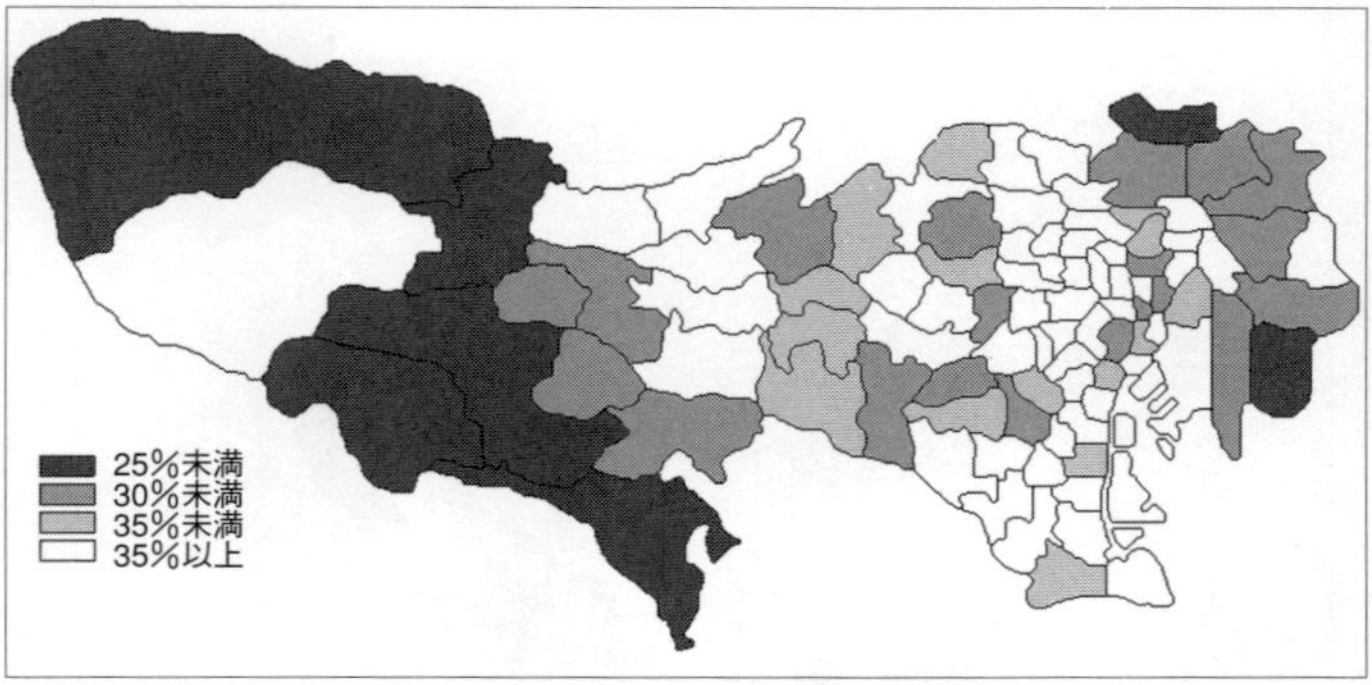

図13　署別検挙率

個性が存在することがわかる。口絵図11は、警視庁管内の各署ごとの少年検挙人員をそのまま表示したものである。東京の場合、人口比でグラフを作ると、都心の人口の少なさ、昼間人口と夜間人口のズレの問題もあり、むしろ各署の比較が適切にできなくなってしまうことに注意しなければならない。人口比を加味すると、最も高いのは丸の内署で、次いで空港、万世橋、上野、原宿、神田、渋谷の順になる。少ないのは、島部、五日市、尾久、愛宕、駒込、麹町の各署である。面積比では、池袋、久松、万世橋、渋谷、原宿が多く、島部、五日市、青梅、高尾等が少ない。

口絵図11に示したように、少年検挙実人員は都心部に少なく、目立つのは、多摩東部地区と下町、特に江戸川区、足立区、北区、板橋区、練馬区などである。署でいえば、調布、立川、町田、八王子、田無、葛西、西新井、小平、武蔵野、王子、府中、小金井、赤羽、綾瀬などに多発している。少ないのは、島部、五日市、尾久、水上、駒込、月島、品川などとなる。なお、図13に示したように、多摩地区と下町地域は検挙率も低いので、

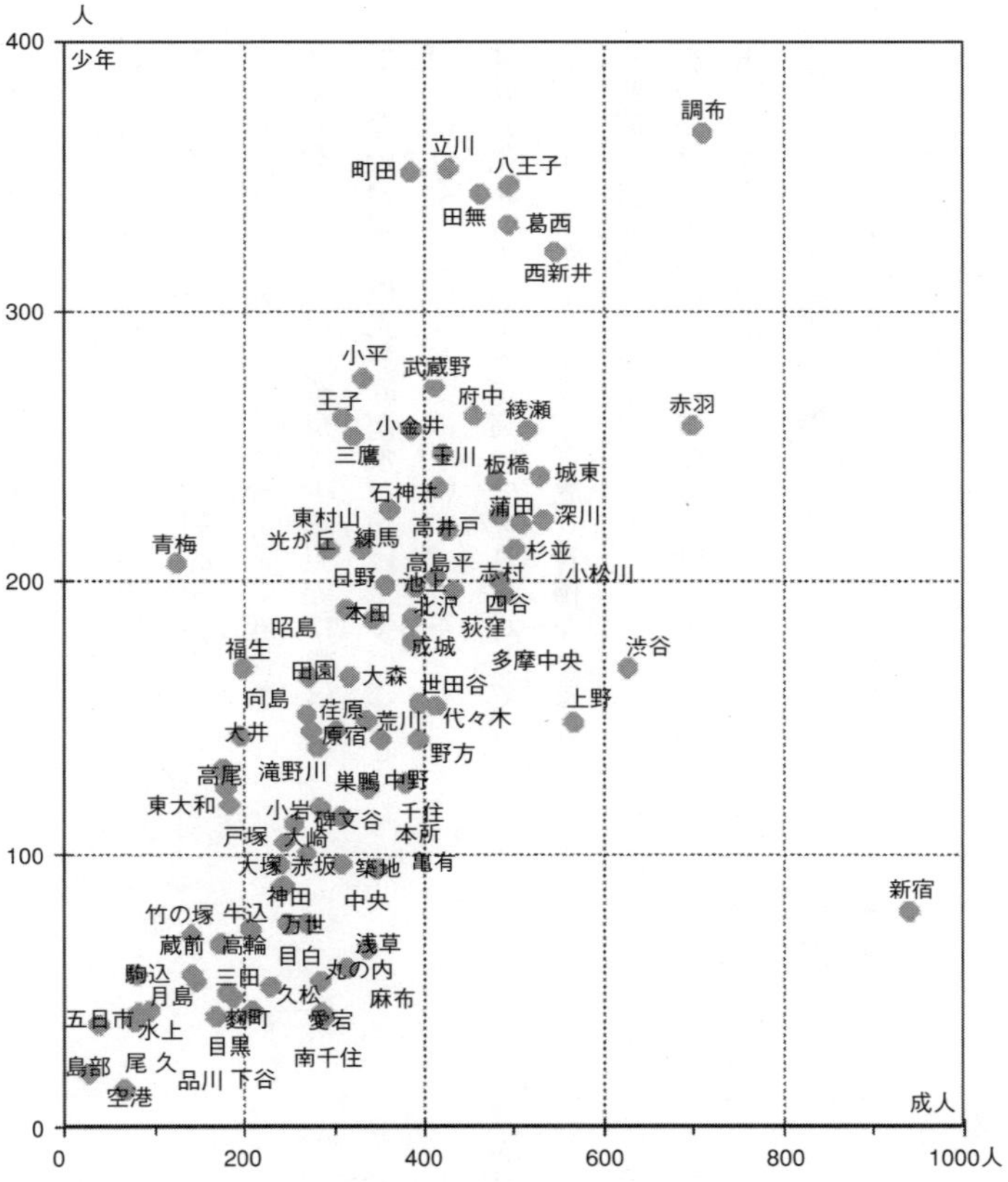

図14　署別検挙人員（成人と少年の相関関係）

実際の少年事件数はさらに多いものと推測される。

さらに、成人の犯罪発生状況をも加味して考察すると、図14に示したように、興味深いことがわかる。まず、両者には、かなり高い相関性が存在すること、ただ、新宿は少年犯罪はさほど多くないのに、成人犯罪が飛び抜けて多いことが目に付く。新宿ほどではないが、渋谷、上野は成人犯罪のウェートが高い。それに対して、町田、立川、八王子、小平、三鷹、青梅などは少年犯罪が目立つのである。

現在では、単純に「新宿の歌舞伎町が少年を犯罪に引き込む」等とは考えないであろうが、「原宿や渋谷が少年犯罪の巣窟」という見方も、皮相的に過ぎない。前にも述べたように、少年犯罪は多元的で複雑なのである。

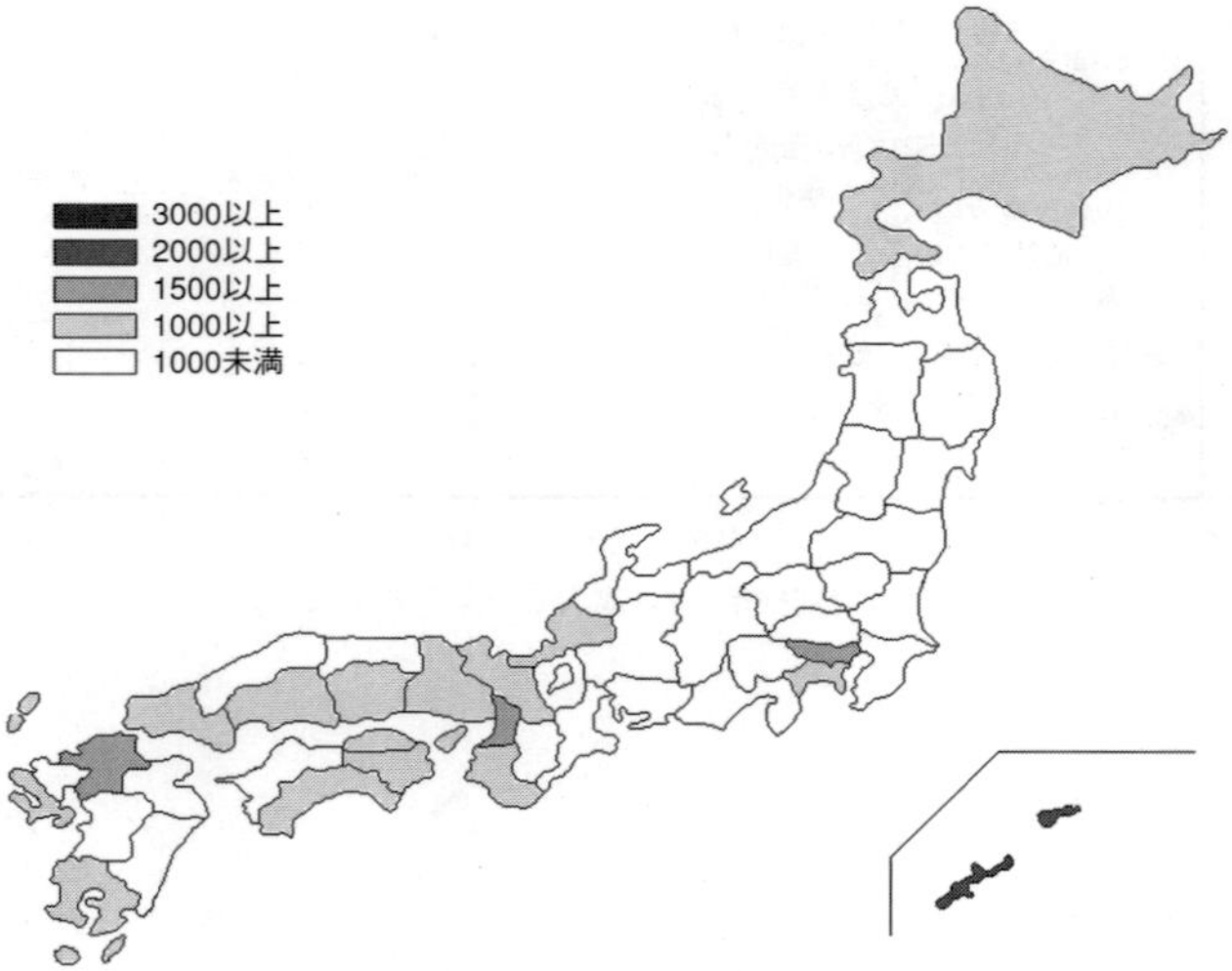

図15　少年の県別検挙人員率(1973)

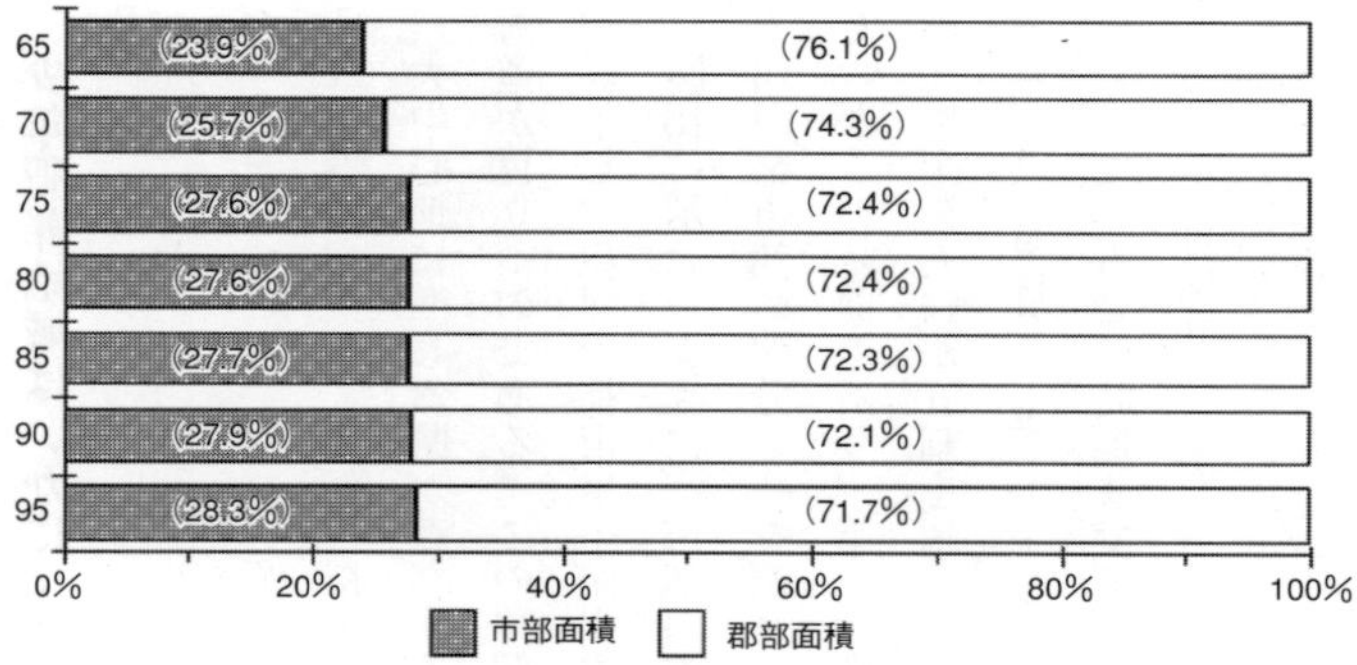

図16　市部と郡部の面積の比較

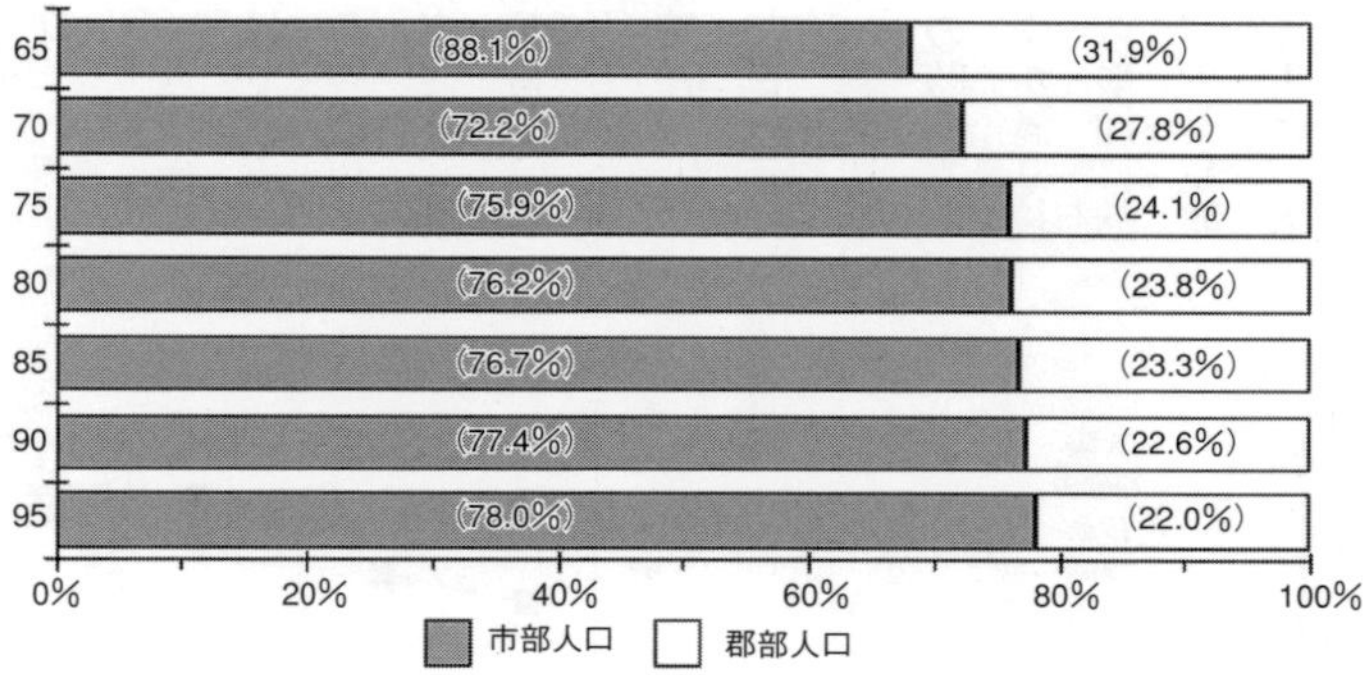

図17　市部と郡部の人口の比較

少年犯罪地域はいかに変化してきたか

図15は、七三年の県別検挙人員率である。返還後まだ年数を経ていない沖縄の異常な高さが注目されるが、それ以外は、東京、大阪、福岡が中心で、その周辺に三大中心地に準じる県が存在する。瀬戸内とさらに北海道が目立つのである。この時期には、高度経済成長が終了し、犯罪の都市集中が完成した時期ともいえる。

図16に示したように、市部の面積の増加が止まり、人口が都市部の四分の一を割り込んだところで安定したのがこの時期であり、第一次産業人口が一割を切り、第三次産業人口が五割を超えていくのもこの時期である（一五二頁図2）。そして、刑法犯の犯罪率が減り続けてきたのもこの時期までであり、ここから増加に転じる（二二頁図9）。ただ、この時期以前も、少年犯罪は基本的に増え続けてきた。ただ、その増え方は、もちろん全国一律ではなかった。

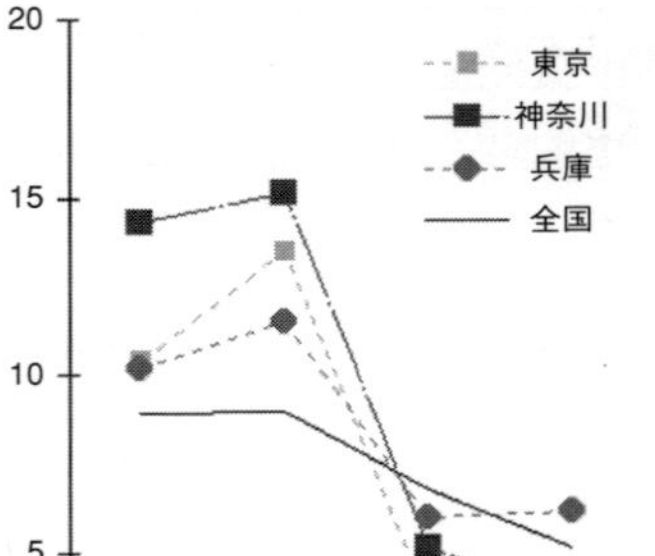

図18　各期の県別少年検挙人員の増加率

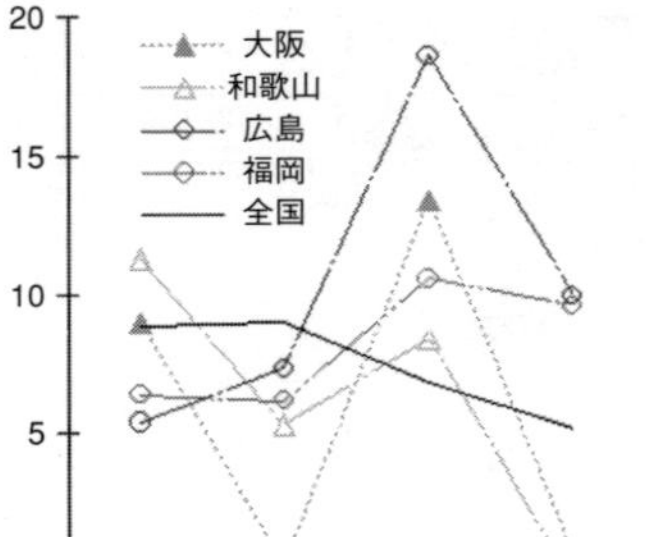

図19　各期の県別少年検挙人員の増加率

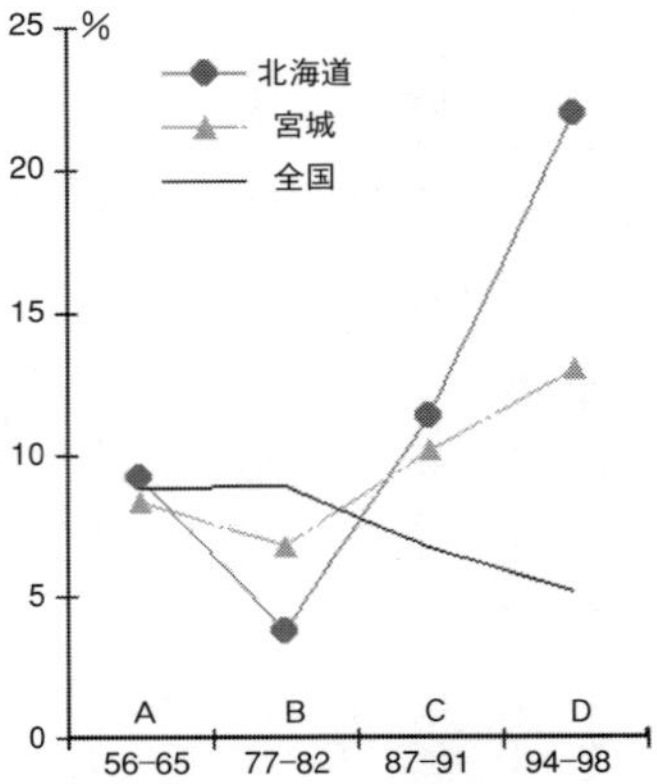

図22　各期の県別少年検挙人員の増加率

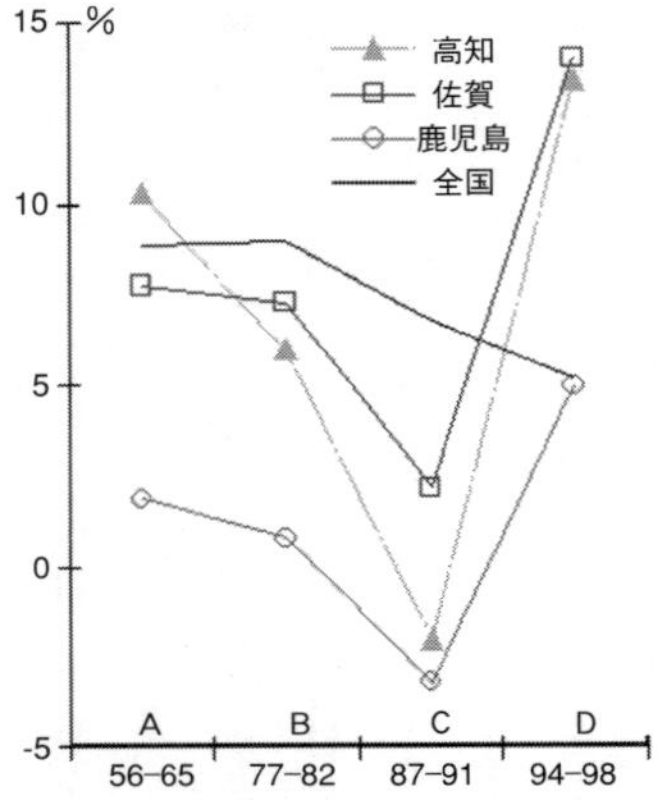

図20　各期の県別少年検挙人員の増加率

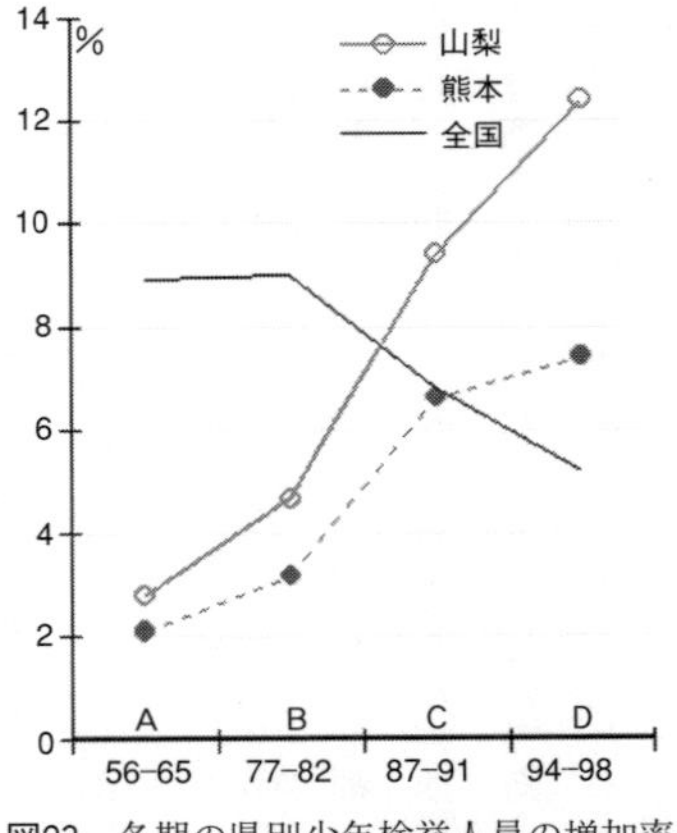

図23　各期の県別少年検挙人員の増加率

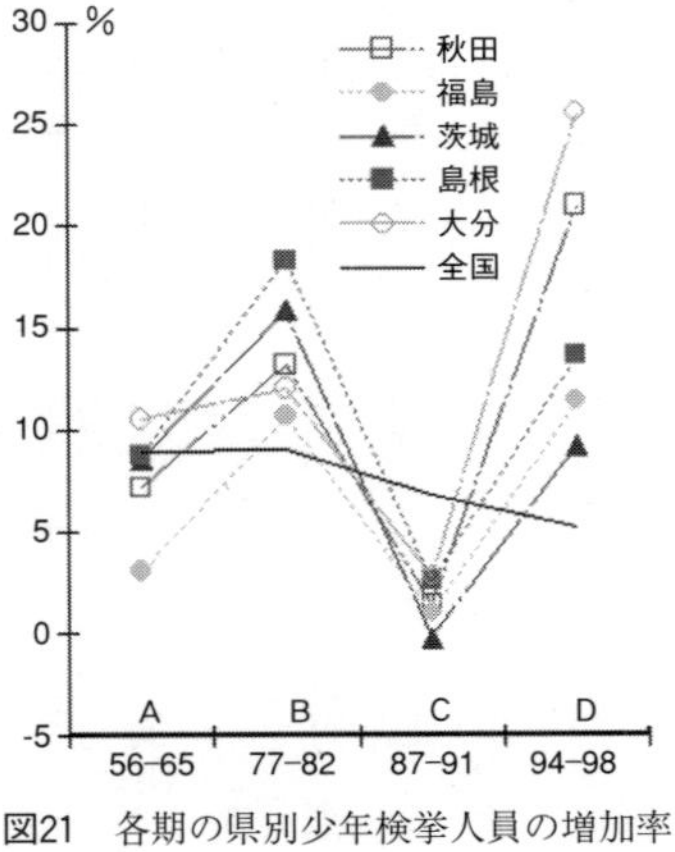

図21　各期の県別少年検挙人員の増加率

少年の犯罪の一年あたりの増加率を、五六年から六五年（A）までと、七七年から八二年（B）、そして八七年から九一年（C）、さらに九四年から九八年（D）について各都道府県別に整理し、特徴的なものを選んだのが図18から図23までの図である。

まず、図18の東京、神奈川、兵庫は、AとB期に増加し、C、D期には、余り増加しなかった都県である。この「型」が、いわゆる都市部の基本型である。これに対し、図19の福岡、大阪なども都市部の府県であるが、B期には余り増加がみられず、C期に増加し、D期は増加傾向が弱まるという特色がある。ただ、都市部に共通するのは、ごく最近のD期に余り増加していないという点なのである。

これに対し、従来「非都市型」とされてきた県の特色は、まさにD期に少年犯罪が急増したという点にある。そして、その直前の九一年までは、少年犯罪の増加はほとんどなく、減少した県すら存在するのである。これらの県は、共通して少年の検挙人員率が低かったのであるが、全国平均に近づくことになった。なお、図20の鹿児島、佐賀、高知のように、B期の増加が少ない県と、図21の秋田、福島、島根、大分のように、B期にもかなり増加した県に大別できる。しかし、いずれにせよ、ごく最近の「地方」における激増に着目しなければならない。図20と21以外にも、新潟、富山、長野、福井等がごく最近に急増しているのである。そして、特に北海道と宮城は、C、D期ともに増加し、全国の中でも高い少年の検挙人員率を示す地域となった（図22）。そして、少年犯罪の少ない山梨や熊本が地方の少年犯罪の増勢の典型を示している。増加の率がどんどん高くなってきているのである（図23）。このようにして少年犯罪の地域格差は減少しているのである。

■9■ 増大する女性の犯罪

犯罪化したのは少年より少女である

一般に「戦後女性犯罪が増加した」とされている。たしかに、女性刑法犯検挙人員は、女性についての統計を取り始めた五六年に比べて倍以上に増加している。しかし、口絵図12に見られるように、成人女性の刑法犯を犯す率は実はあまり変化していない。増えたのは主として少女の犯罪であり、その増加率は男子少年以上なのである。五六年から九八年の間に少年検挙人員率は二・八倍に増えたが、少女はなんと一三・九倍になっていたのである。

ただ注意しなければいけないのは、図1に示した

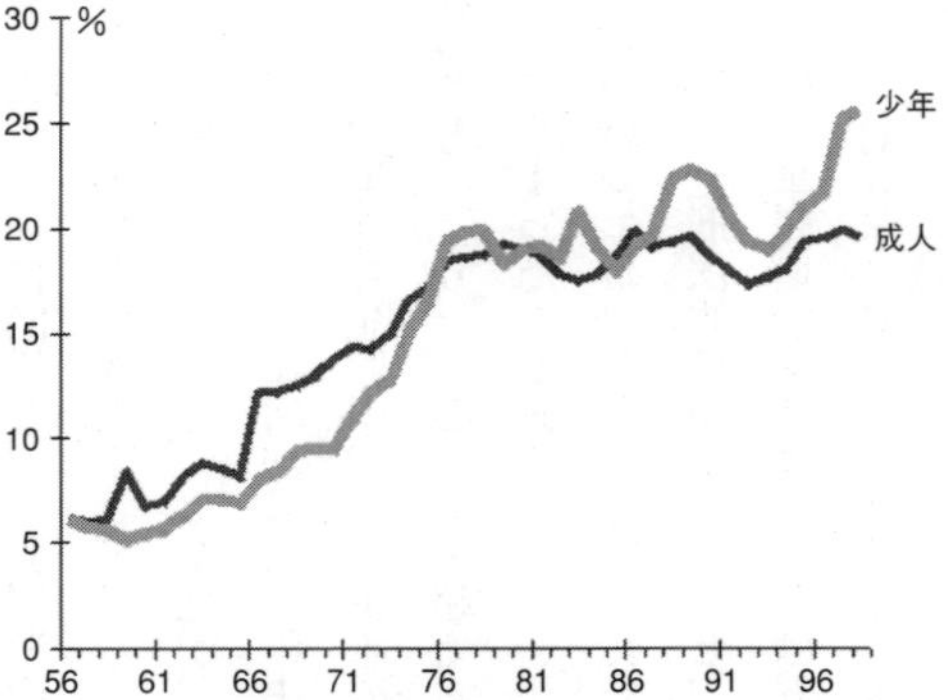

図1　検挙人員に占める女性の割合（全刑法犯）

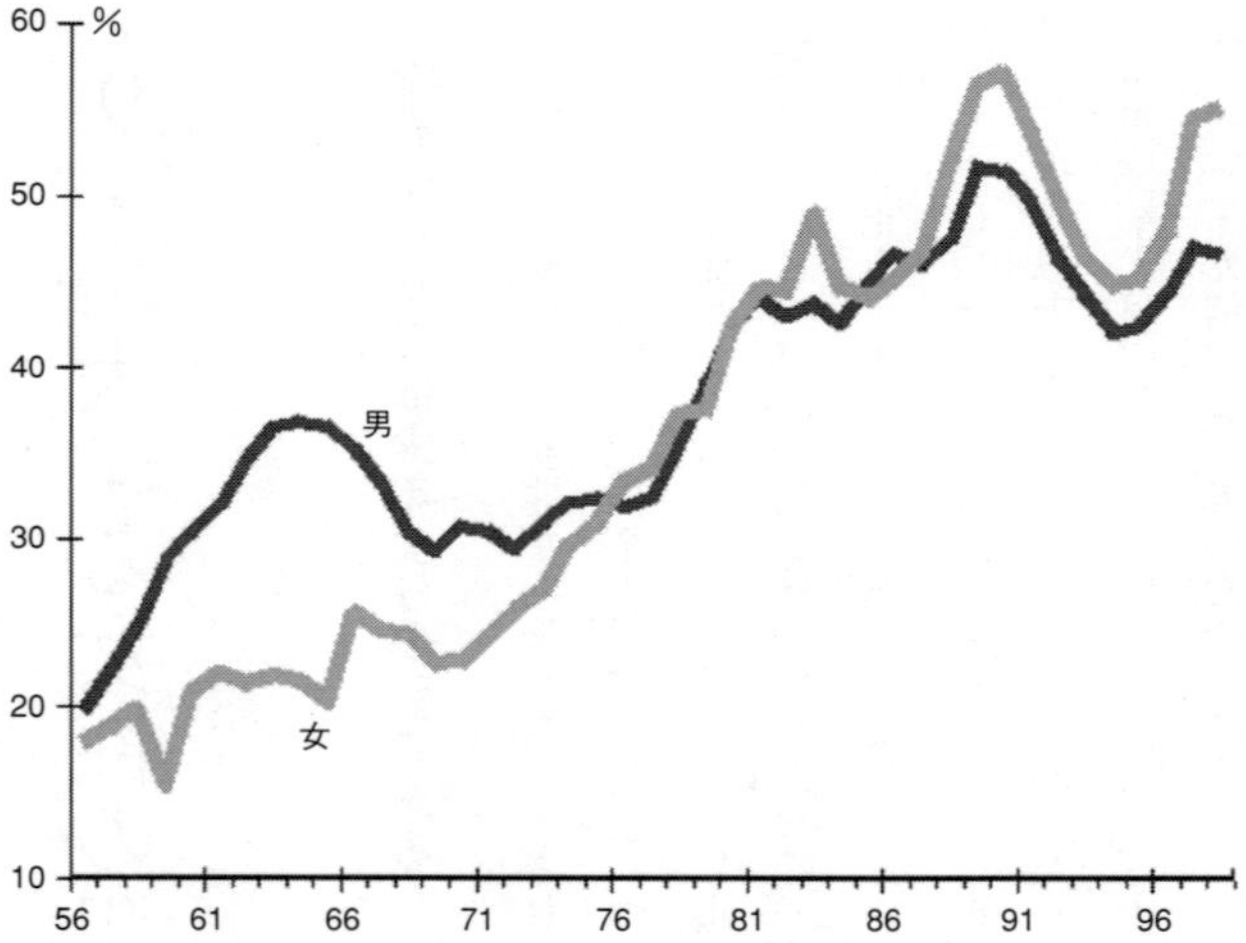

図２　男女別刑法犯中の少年の割合

ように、少年・成人の別に関係なく、犯罪者中の女性の比率は着実に増加してきたことである。男性の検挙者二〇人に対して一人だった女性が、五人に一人になった。そのような増加は七五年までに生じる。そして、男性の犯罪率、特に少年の増加と相乗されることにより、一〇〇倍を超える犯罪検挙率になってしまったのである。

また、犯罪者中の少年の割合も、実は男女で差がない（図2参照）。全刑法犯についてみると、二割だったのが、四〇年間増加を続け、現在は五割を超えた。ただ、七五年までは、男性の方が少年率が高かったのが、それ以降はほぼ等しくなり、最近は女性の方が少年率が高くなる。また、六〇年代の少年犯罪多発期に、男の少年率が高まったのに比し、女性の少年率はさして増えなかったという差異が認められる。いずれにせよ、この図は、少年を上回る率で少女の犯罪が増加したことをはっきり示している。

少女に特徴的な犯罪は何か

少女の犯罪というと、万引きに代表される窃盗が、まず思い浮かぶであろう。たしかに、窃盗が少女の場合にも大きな割合を占めている。そして、最近の少年犯罪の検挙人員率を異常な水準まで引き上げた元凶の第一は窃盗であろう（図3）。一四三頁図10に見られるように、窃盗犯の三割は女性なのである。ただ「少」女に特徴的な犯罪とはいえない。成人も同じ率で犯すだけでなく、六〇年代から成人女性が成人窃盗犯の三割近くを占めるようになっていたのである。女性犯罪の増加は六〇年代後半の窃盗罪に始まるのである。

少女に特徴的な犯罪として、実は殺人罪が存在していた（図4）。少年の殺人の半分以上が女性だったのである（そこには嬰児殺の存在が推測され

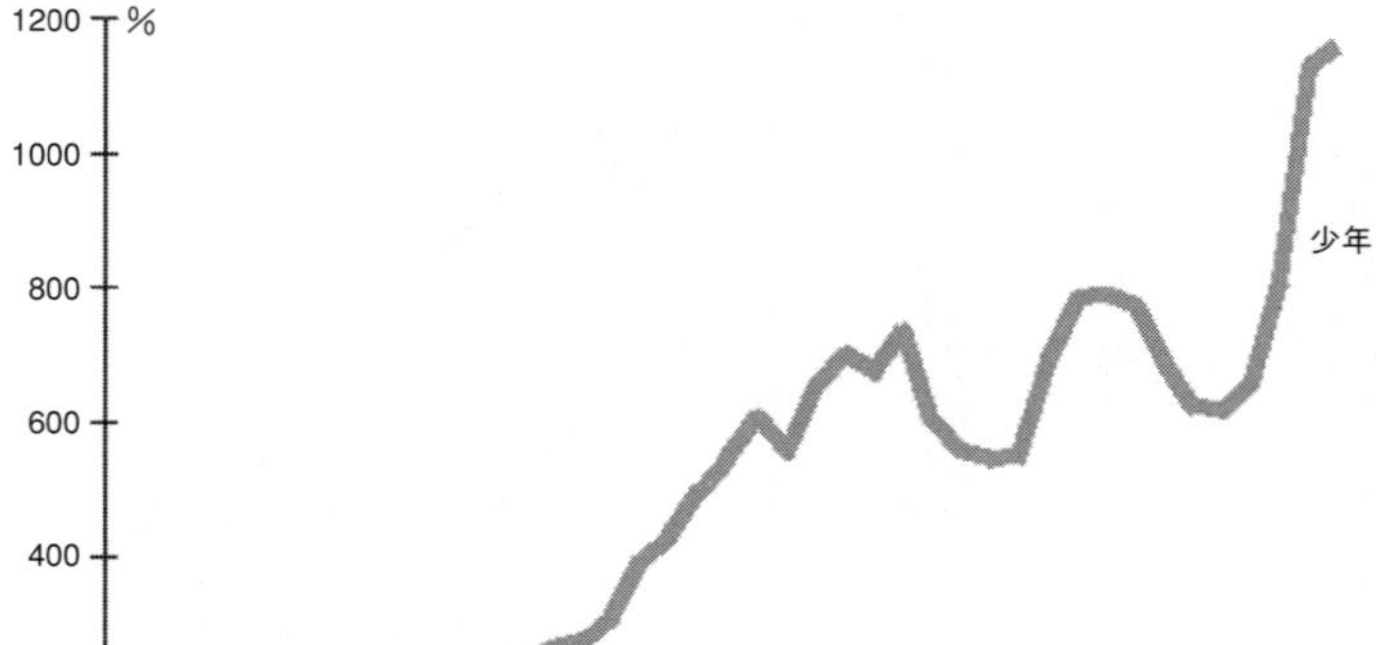

図3　女性の窃盗検挙人員率

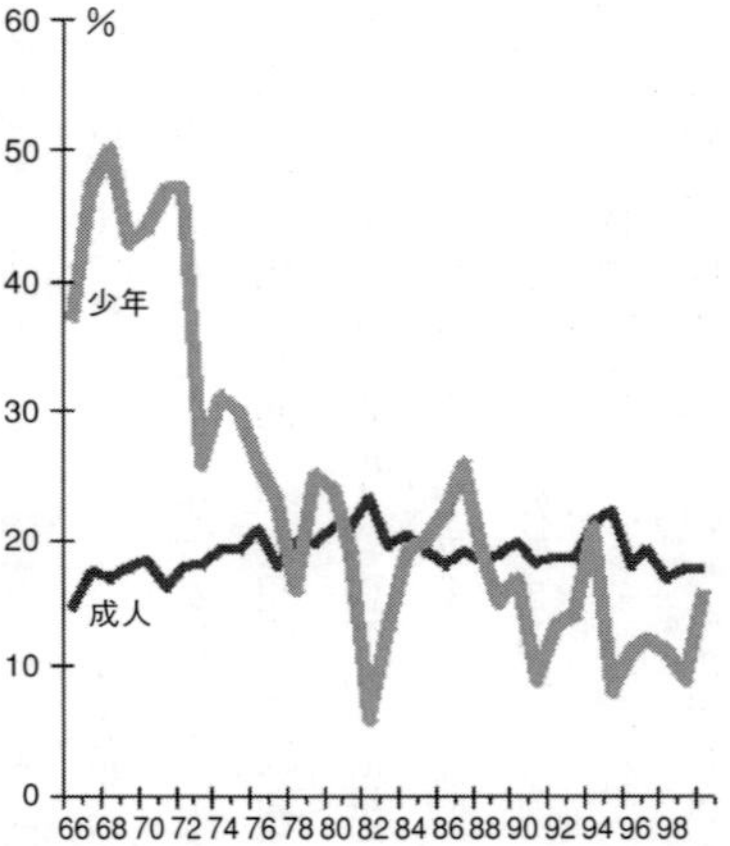

図4　検挙人員に占める女性の割合（殺人罪）

図5　女性の殺人罪検挙人員率

る）。しかし、七五年以降は、むしろ成人女性より、女性率が低くなるのである。そして、検挙人員率で見ると、少女も含め女性の殺人犯は減少し続けてきた（図5）。

検挙人員中に占める女性の比率という意味で目立つのは、強盗罪と恐喝罪と傷害罪なのである。七五年以降、少年の強盗事犯の中で女性の占める割合が異常に高まる（図6）。少女の強盗の増えた七五年から九〇年にかけては、女性強盗犯の中での少年の割合が増加したわけである（図7）。成人の場合は、必ずしも女性率は増加していなかったのである。この時期は、少年の強盗はさほど増加した

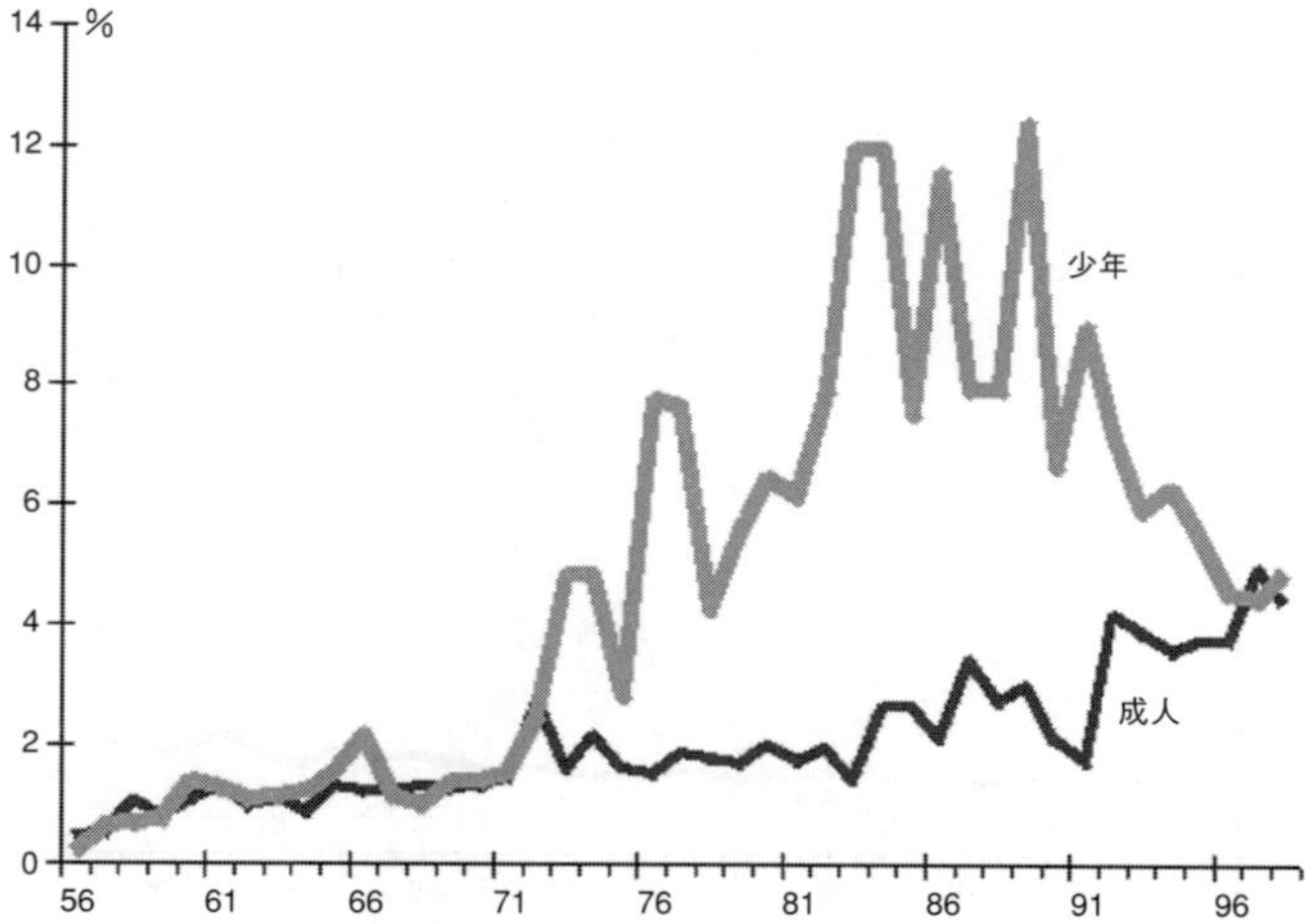

図 6　検挙人員に占める女性の割合（強盗罪）

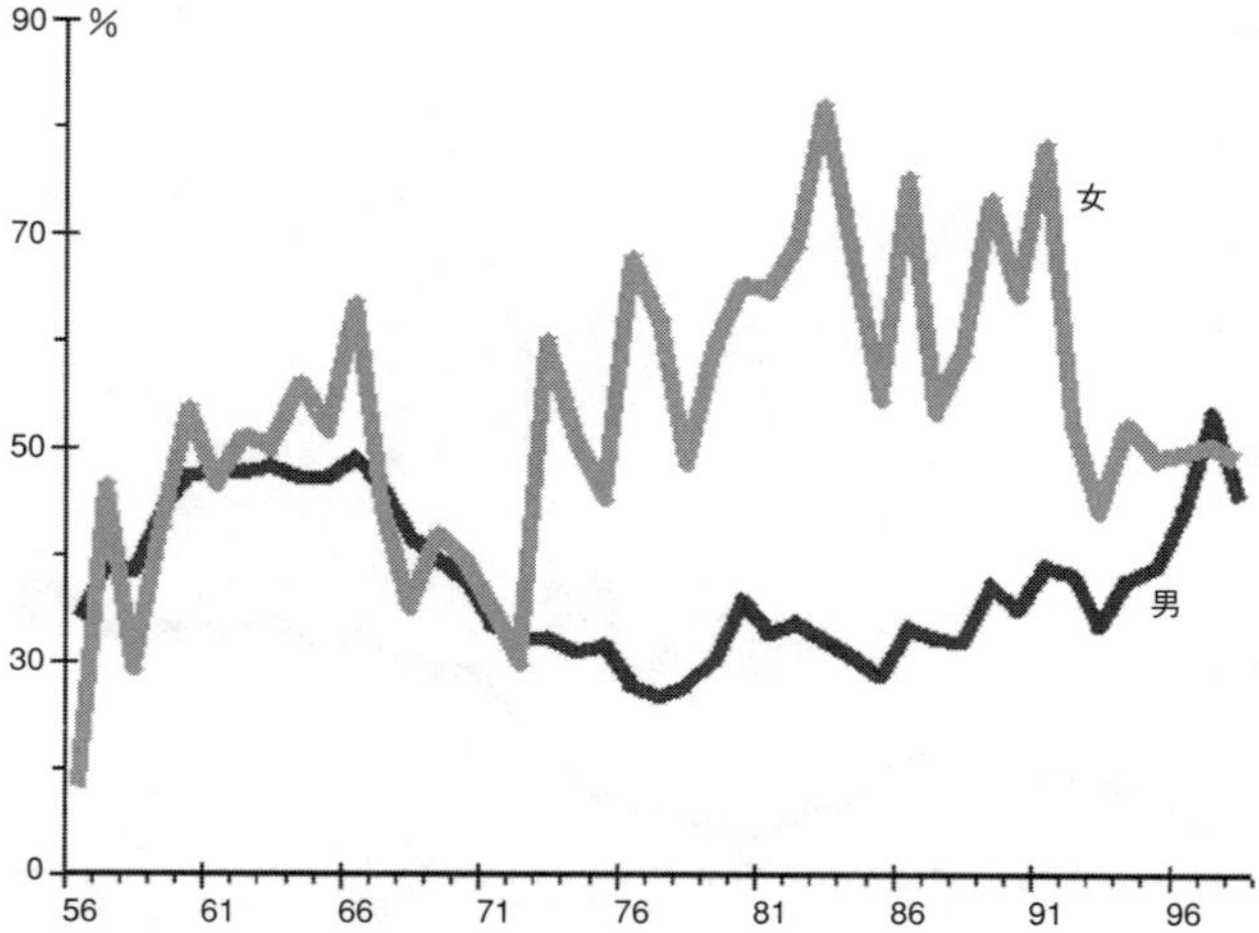

図 7　男女別刑法犯中の少年の割合（強盗罪）

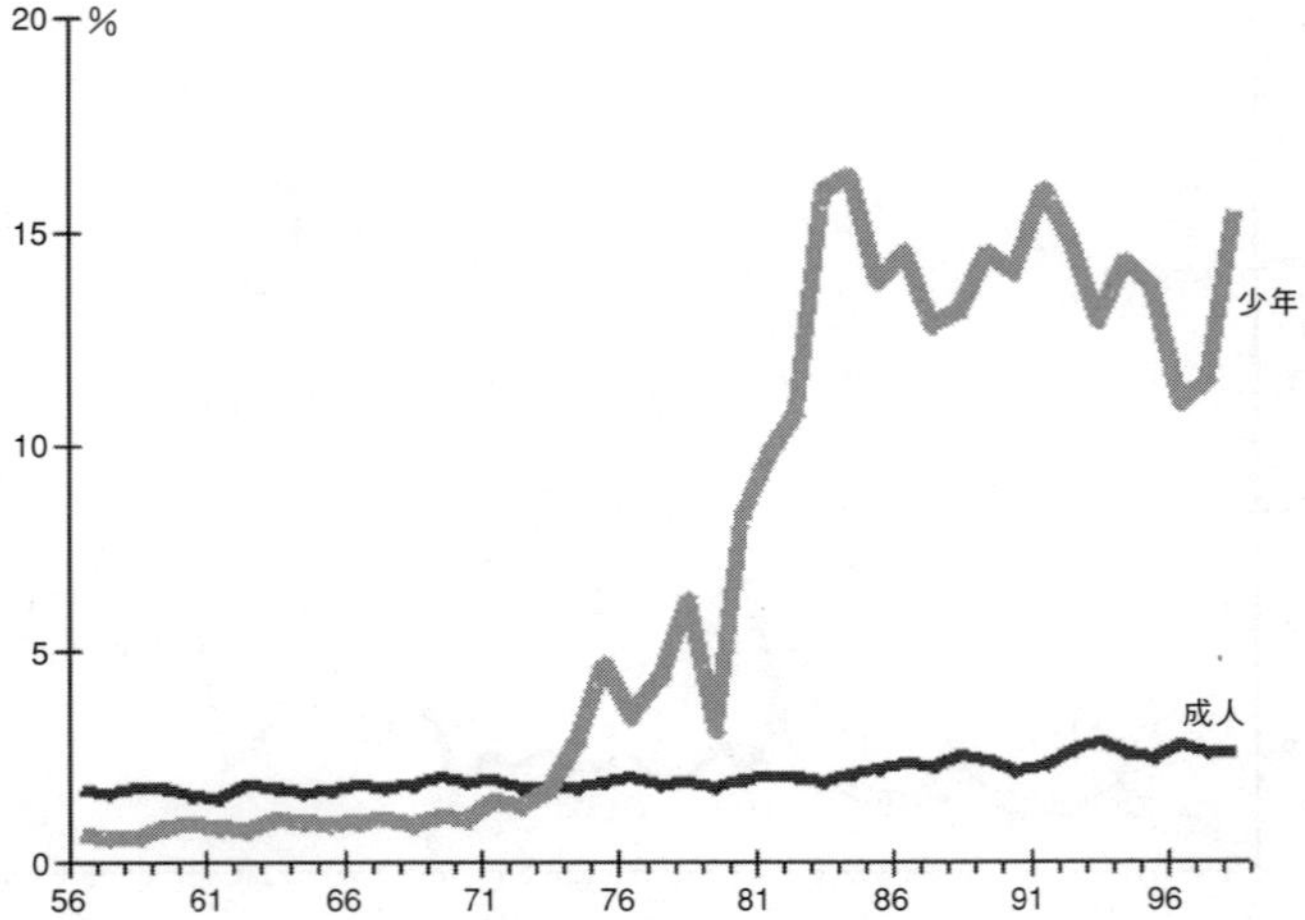

図 8　検挙人員に占める女性の割合(傷害罪)

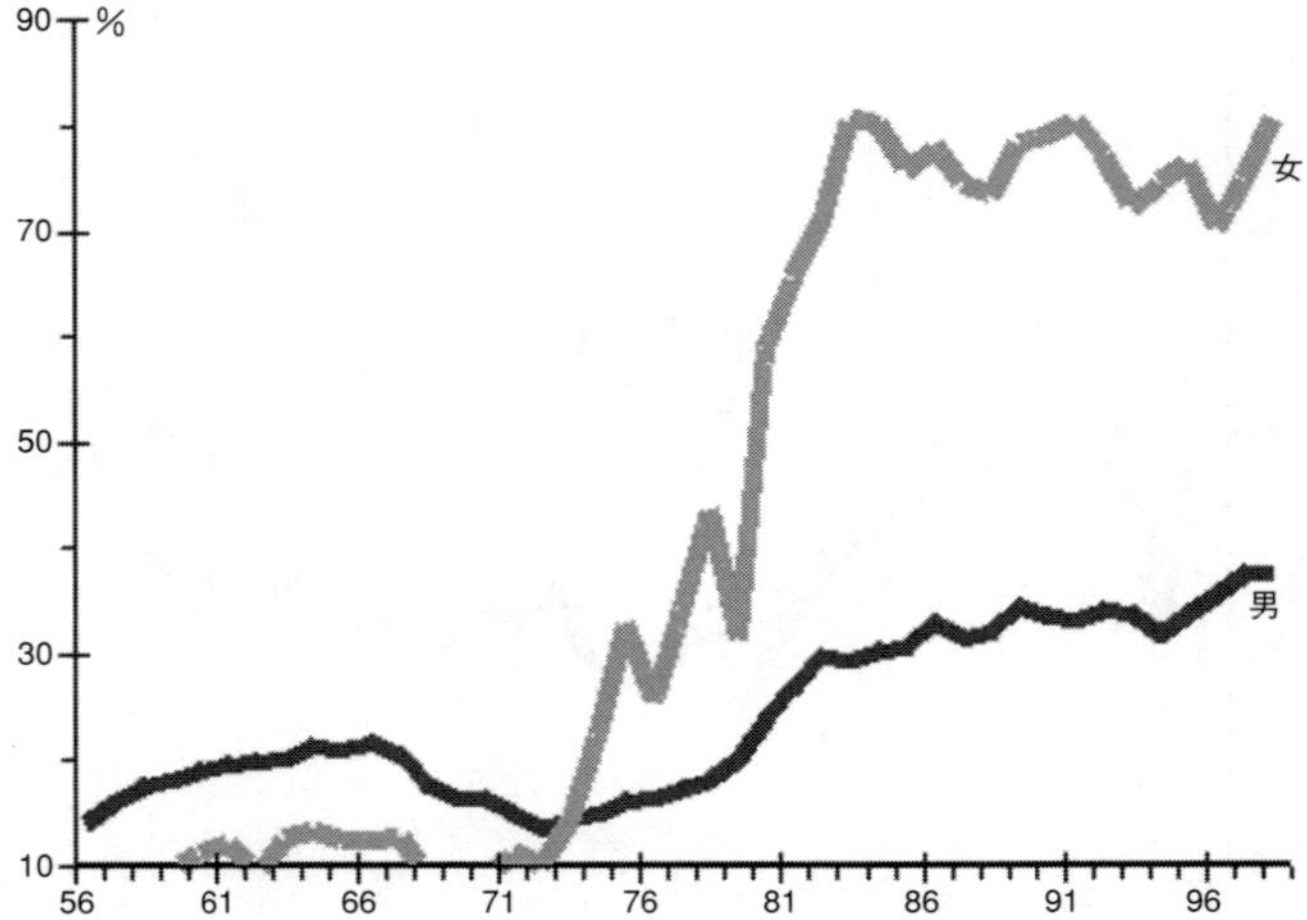

図 9　男女別刑法犯中の少年の割合(傷害罪)

時期ではなく、少女率の減少した九〇年代に少年の強盗犯は急増したのである（一〇七頁参照）。八〇年代に少女が先行して、強盗を犯していたとみることもできる。

傷害罪と恐喝罪は、成人に比し、少年の女性率が著しく高い。正確には、七〇年代以降高くなったのである。そして、図9に示したように、現在は女性の傷害罪の約八割が少女によって犯されているのである。その意味で、まさに少女犯罪の代表と呼ぶことも許されよう。男性の傷害罪の少年率は四割にも満たないのである。

少女の犯罪はいつから増えだしたのか

少女の犯罪は、口絵図12に示したように、八二年と現在にピークをむかえるという点では、少年犯罪の全体傾向と一致しているが、ごく最近の、すなわち九〇年代後半の増加率が異常に高いとこ

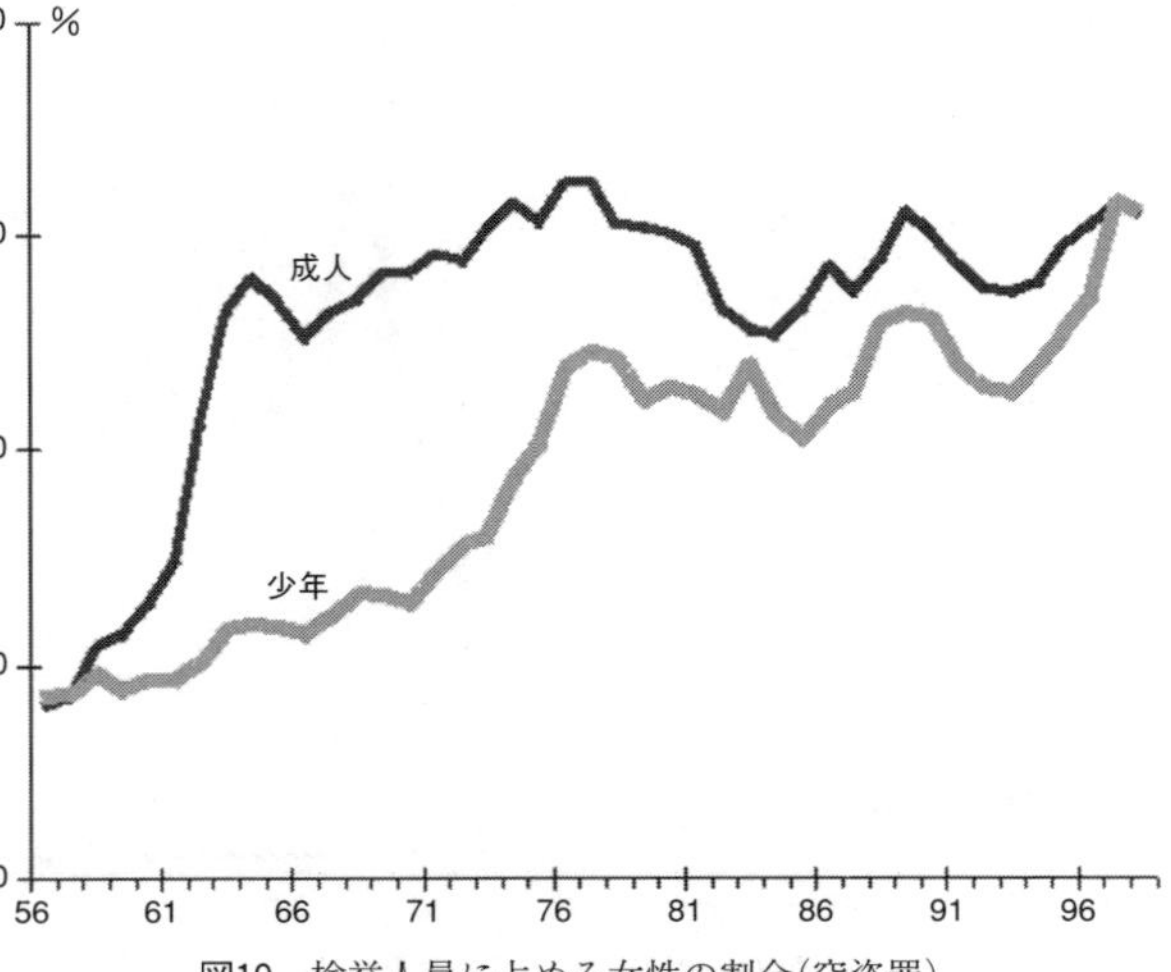

図10　検挙人員に占める女性の割合（窃盗罪）

ろに特色がある。また、六〇年代の増加が認められないことが、男子少年との最も大きな相違点であるといってよいであろう。

まず、この少女の最近の犯罪率の急上昇は、やはり窃盗罪の検挙人員率に起因する面が大きいが、図8等に見られるように、恐喝、傷害事犯の増加も著しい。そして、低年齢化も目立つ（→九二頁）。先程の少女の殺人罪の減少も、他の刑法犯についての増加傾向を無視してよいというほど決定的なファクターではない。やはり、年少少女への対応は必要である。

ただ、少女の犯罪の増加の特色を分析する上でより重要なのは、六〇年代に目立った増加が見られず、七五年以降に急増するという点である。それを典型的に示しているのが、少女犯罪を象徴する傷害罪の検挙人員率の図11のグラフである。

社会全体の構造の転換の中で（→一五七頁）、対

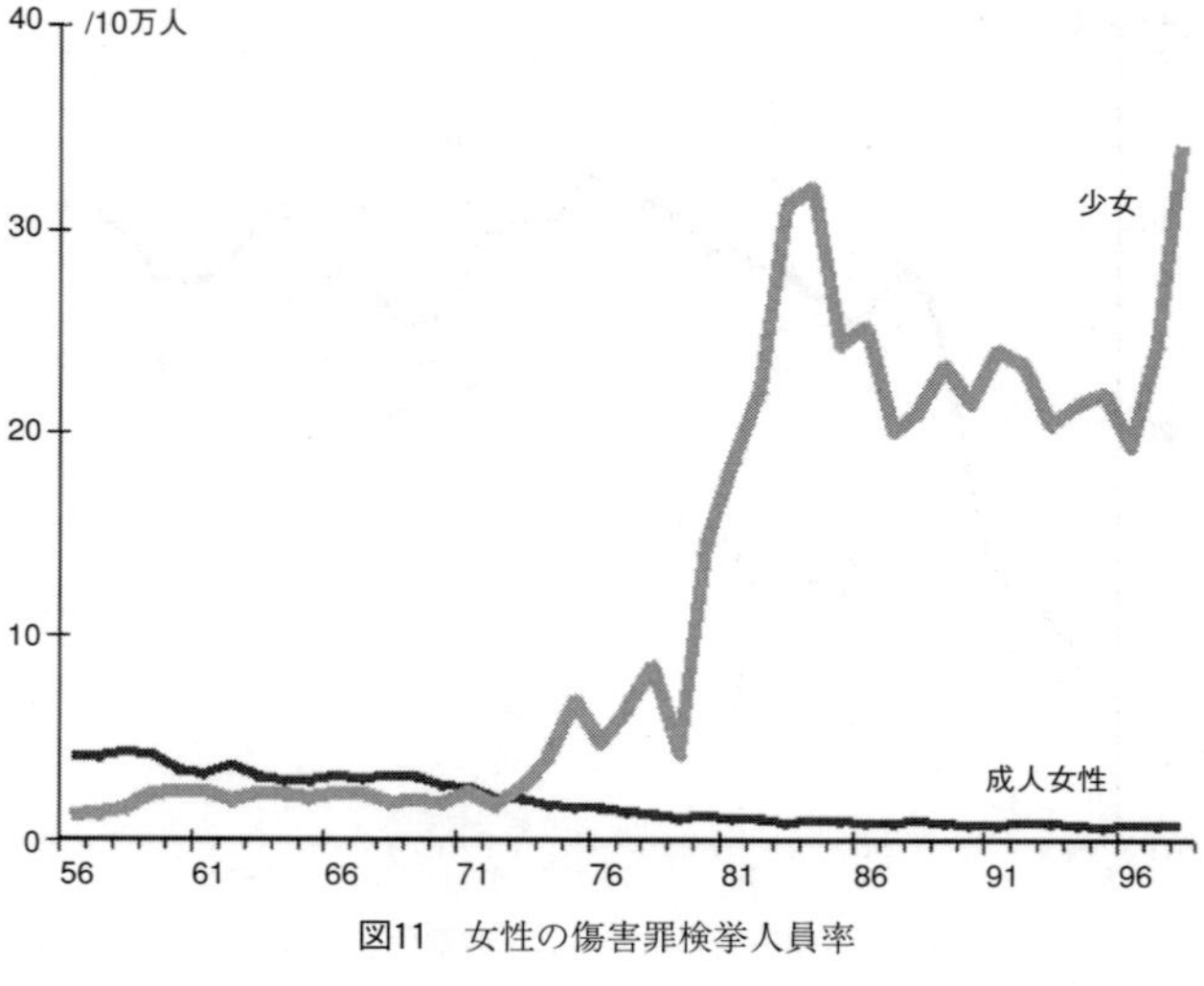

図11　女性の傷害罪検挙人員率

ルーズソックスの女子高生　毎日新聞社提供

男性との比較という視点からは、女性の犯罪関与は着実に増加したといってよい。それがまず、成人女性の窃盗犯の増加に顕在化したが、全体の犯罪状況からは、決して目立つものではなかった。一方、少女の対男性検挙人員率が増加しだすのは、窃盗、強盗、傷害、恐喝とも、七〇年代中期からなのである。そして、戦後第三のピークとされる八二・八三年頃、少女の犯罪もピークに達し、その後グラフは「高原状態」を形成し、少年男子に比し、強盗などはむしろ沈静化している（ただし、少女の窃盗のごく最近の増加は著しいものがあり、刑法犯全体の検挙人員率の急増の原動力となっているのである）。

そして、先程見たように、刑法犯検挙人員に占める女性の割合が増える傾向は、成人と少年で基本的に共通している。ただ、女性率が増えたにもかかわらず、成人女性の刑法犯検挙人員率そのものが増加していないのは、男性成人の刑法犯が減ったことに起因する。

いずれにせよ、女性の少年犯罪は男性より遅れて増加を始めたのである。この点は、社会の女性に対する束縛が解けるのに時間がかかったとみることもできよう。そのような意味での規範の崩壊も七〇年代から急速に進行したのである。

家出と不純異性交遊

少女の非行を考える場合には、犯罪行為以外にも重要な問題がある。それはぐ犯である（↓四二頁）。図12に示したように、七〇年代以降は、ぐ犯の六割近くを女性が占めるようになった。そして、ぐ犯として補導する端緒となることの最も多い家出に占める女性の割合は高い。さらに、不純異性交遊も、女子の割合が高い。そして、ぐ犯と類似の事由であるが、家庭裁判所に送致するほどの程度ではない、いわゆる不良行為についても、女子の占める割合は高い。特に不純異性交遊、怠学、無断外泊、家出の女子率の高さが目立つのである（図13）。

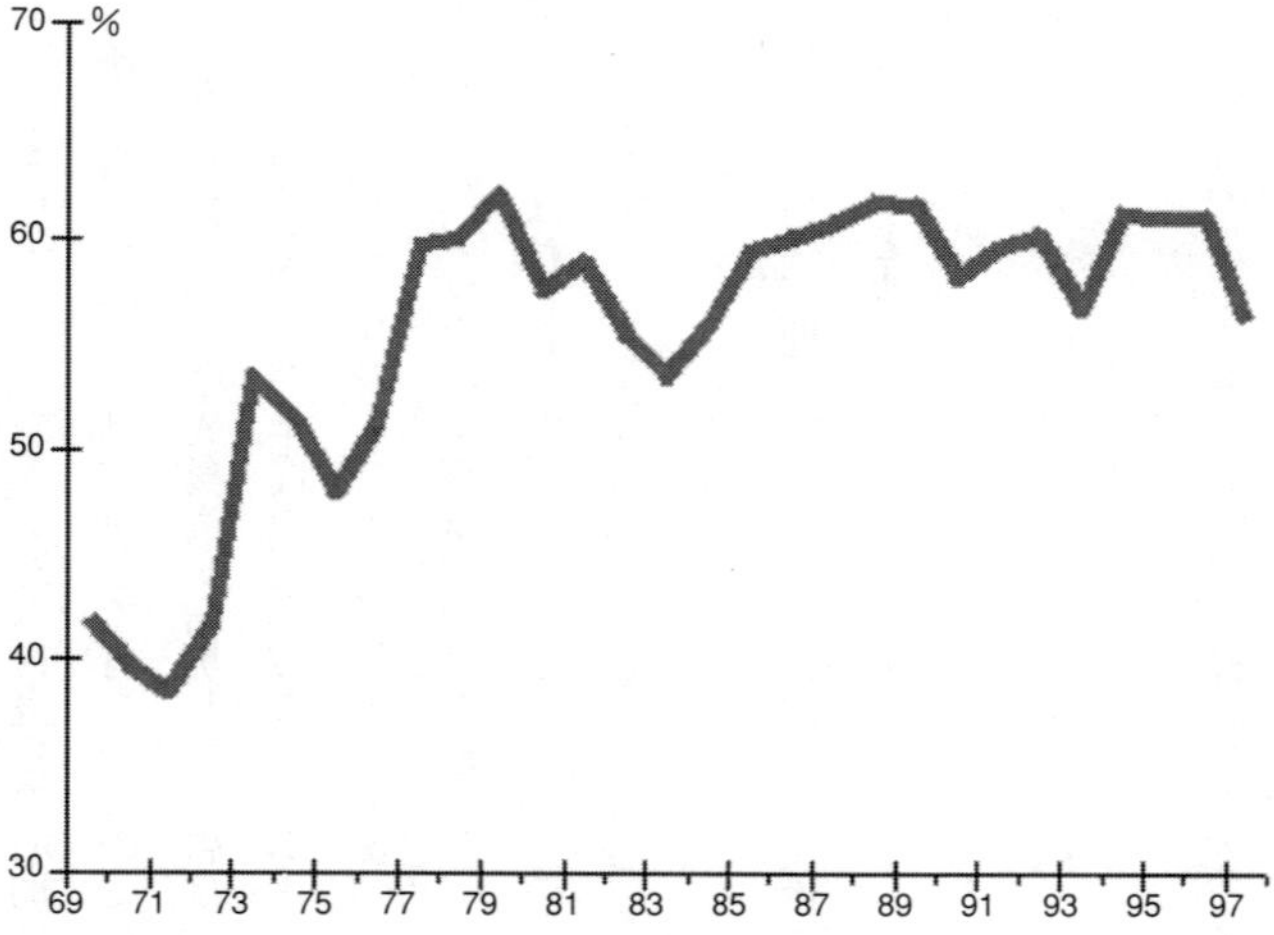

図12　ぐ犯に占める少女の割合

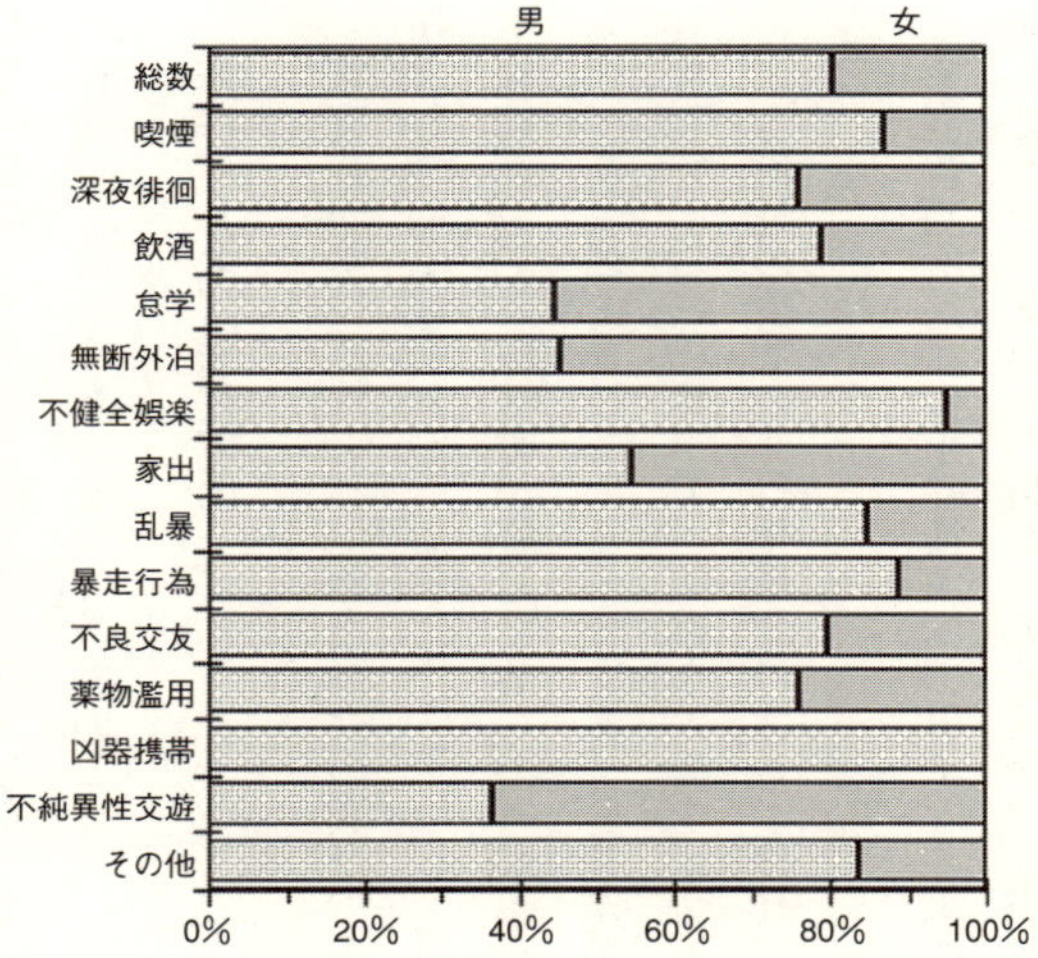

図13　不良行為の男女別割合(1999)（警視庁）

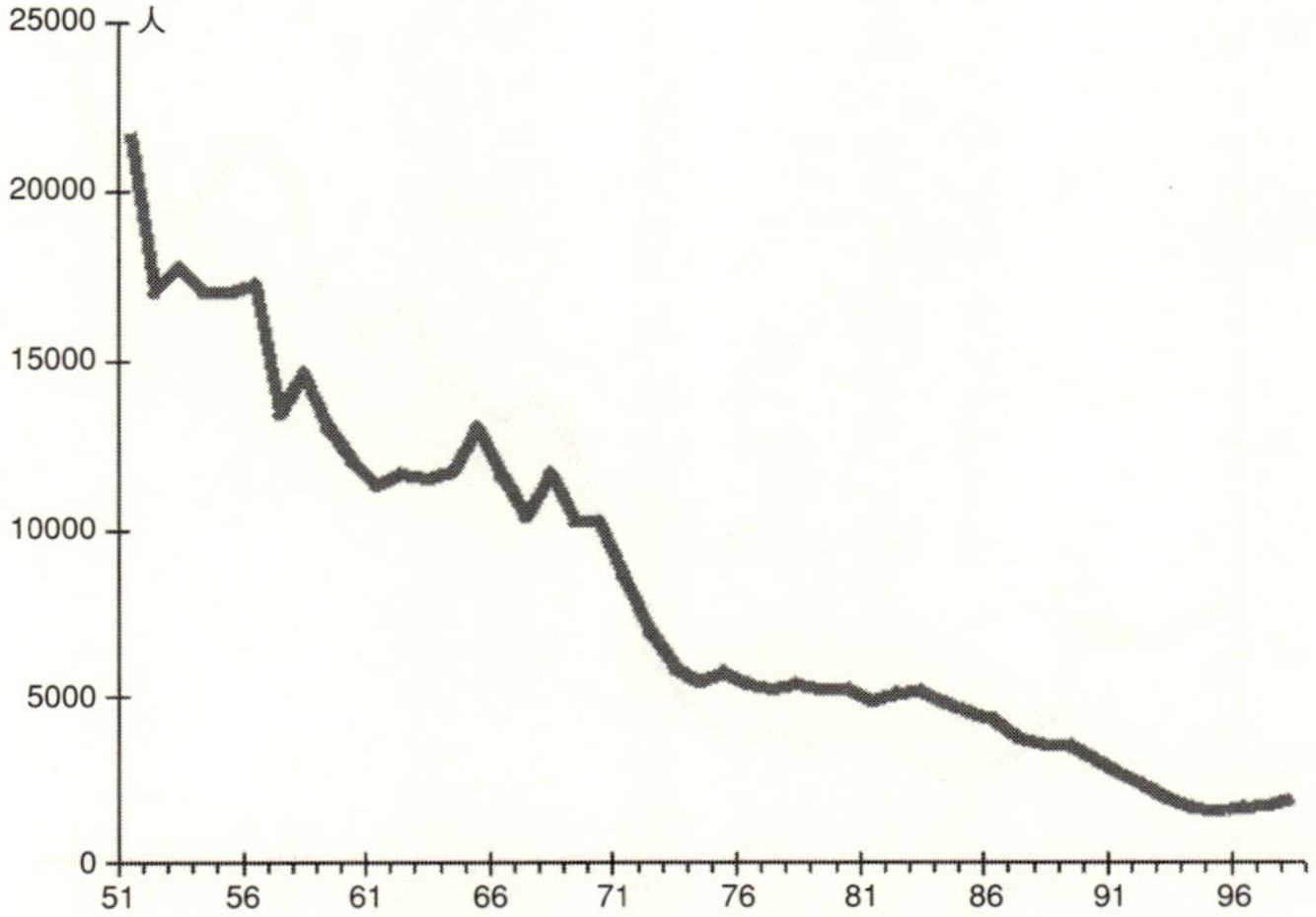

図14　ぐ犯少年の補導(検挙)人員の推移(警察庁)

ただ、ぐ犯の補導件数の減少は著しい（図14）。七〇年代以降は、五〇年代の四分の一に減り、九〇年代には、さらにその半分に減少した。少女への社会からの干渉も弱まってきている。

非行少女の処遇状況

家庭裁判所に送致されてきた少女の数は、やはり、七〇年代後半から、増え続けている（図15）。平成に入って、検挙率が著しく落ちたにもかかわらず、なお増え続けているのである。男子が最近減少しているのに比べて、明確な差異を示す。ここにも最近の少女の非行化傾向の強さが現れている。

家庭裁判所送致の年齢構成は、男子と基本的に同じである。また、ぐ犯も、男子同様、年少者が多い（図16・17、四〇、四二頁参照）。

少年院についてみると、七〇年代に大きな変化

図15　家裁一般保護事件における女子の割合

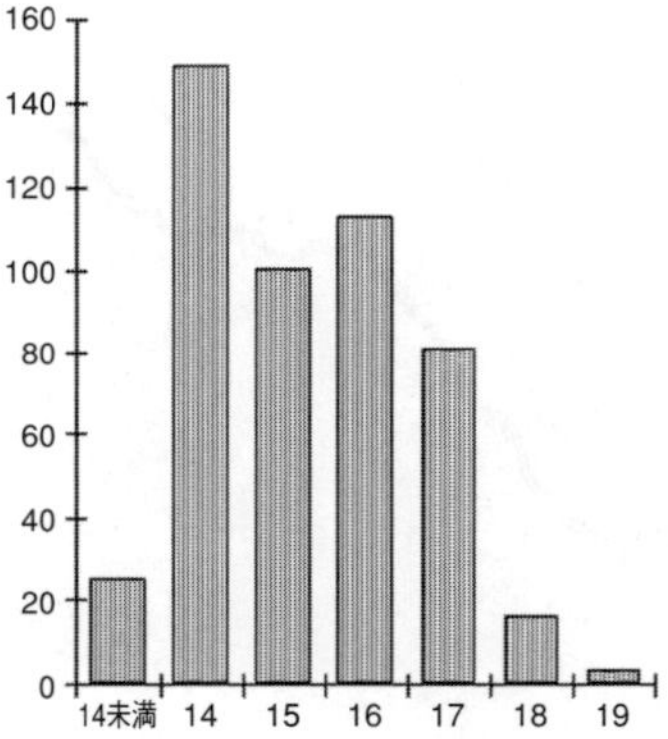

図17　年齢別ぐ犯処理人員（女）

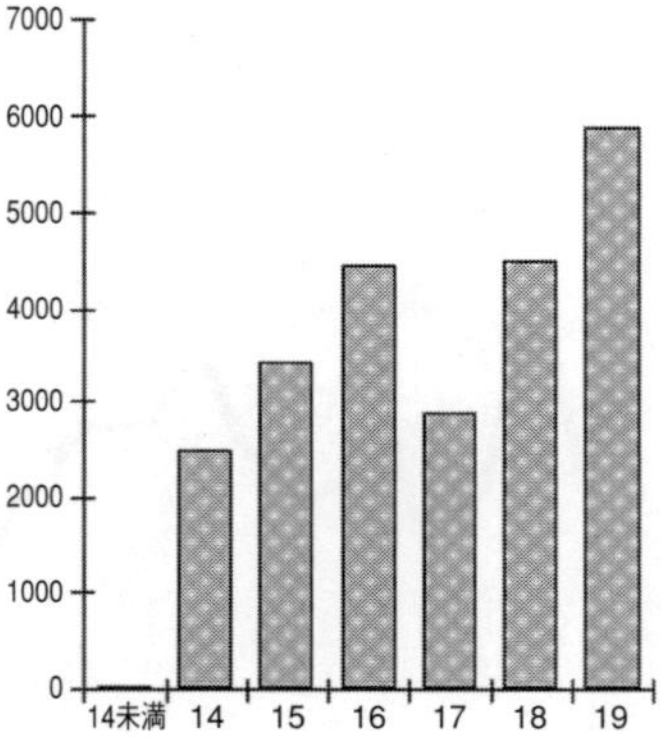

図16　年齢別家裁処理人員（女）

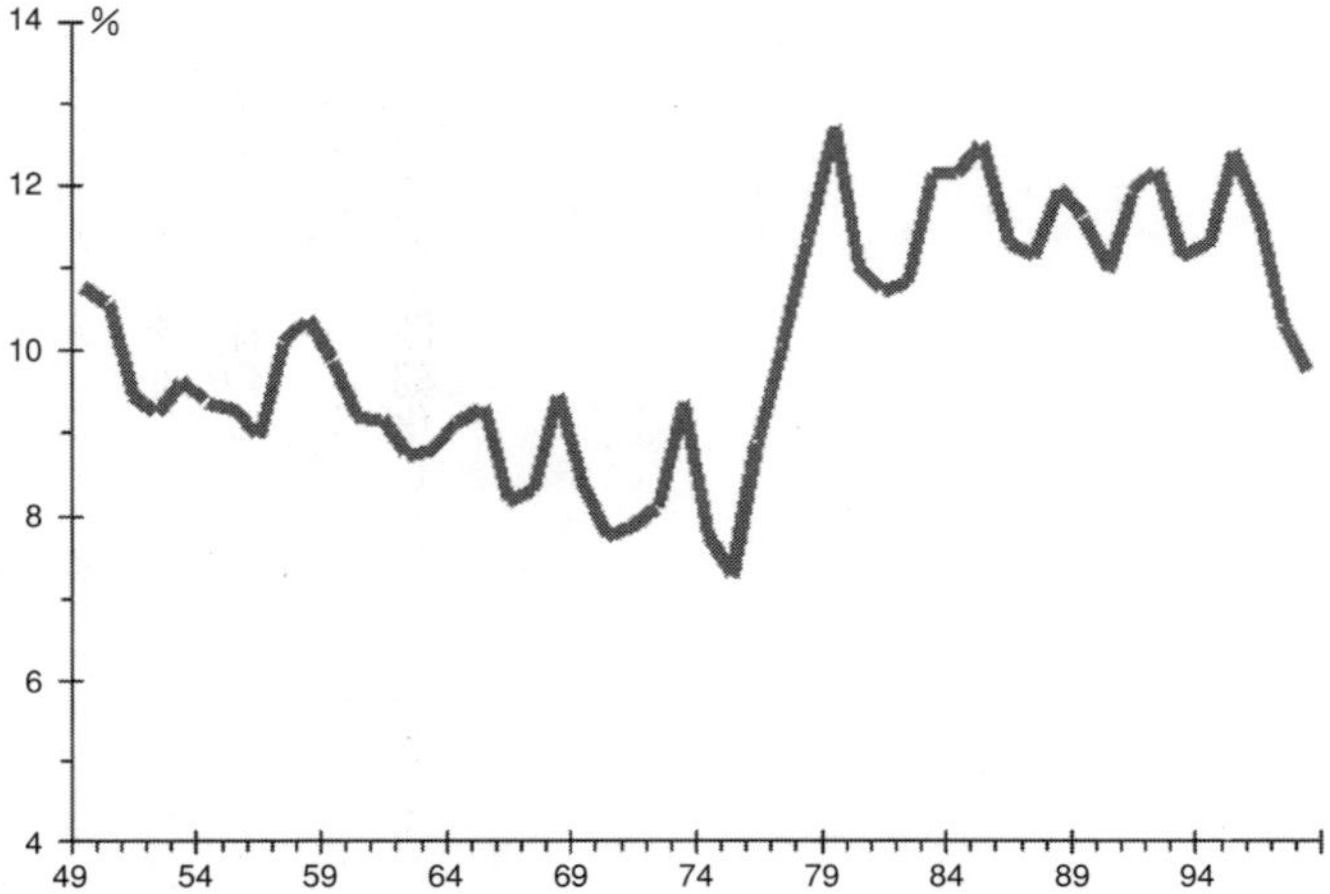

図18　少年院女子の割合

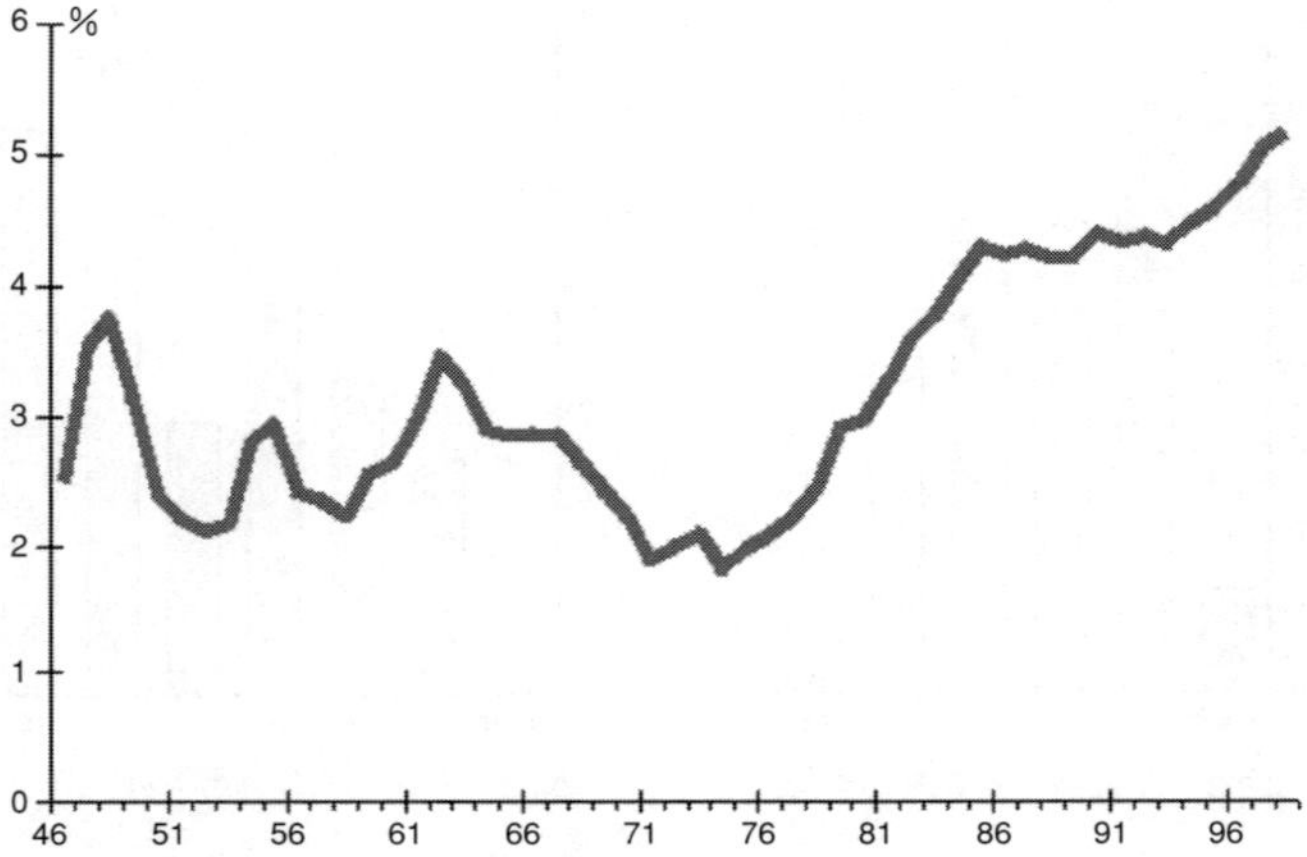

図19　刑務所新収容人員に占める女子の割合

が生じていたことがわかる（図18）。重大な非行についての女子の割合が、その時期に急増したのである。より重大な非行を犯し刑事処分された少女についても、基本的に同様のことがいえるが、ごく最近女子の比率が増加していることが気になる（図19）。やはり、女子非行は深刻化しているのである。

10 社会構造の変化と犯罪

戦後社会の転換点——一九七五年の意味

一般的な形で「日本の少年非行の転換点は何年だったのか」などと問うことは、あまり意味がない。犯罪類型によって異なるし、地域によっても異なる。まとめてしまうと、それぞれの特徴を相殺してしまう。また、変化という意味では、常に変化してきたのである。

ただ、戦後を俯瞰した場合に大きなカーブをあえて挙げれば、それは七〇年代中頃であった。図1や二二頁の犯罪率の図9を見れば明らかなように、それまで、減少してきた刑法犯全体の犯罪率が上昇に転じたのが、この時期なのである。しかし、その点以上に、少年非行という意味では、以下の諸点が重要である。まず、六〇年代の凶悪な少年犯罪への対処のために取り組まれた少年法改正作業が進行したのがこの時期であり、少年法改正は日の目を見ることはなかった（七六年に中間答申案は出された）。

そして、この時期に、非行少年の処遇の中心が、刑事処分と少年院送致から、保護観察に転換する

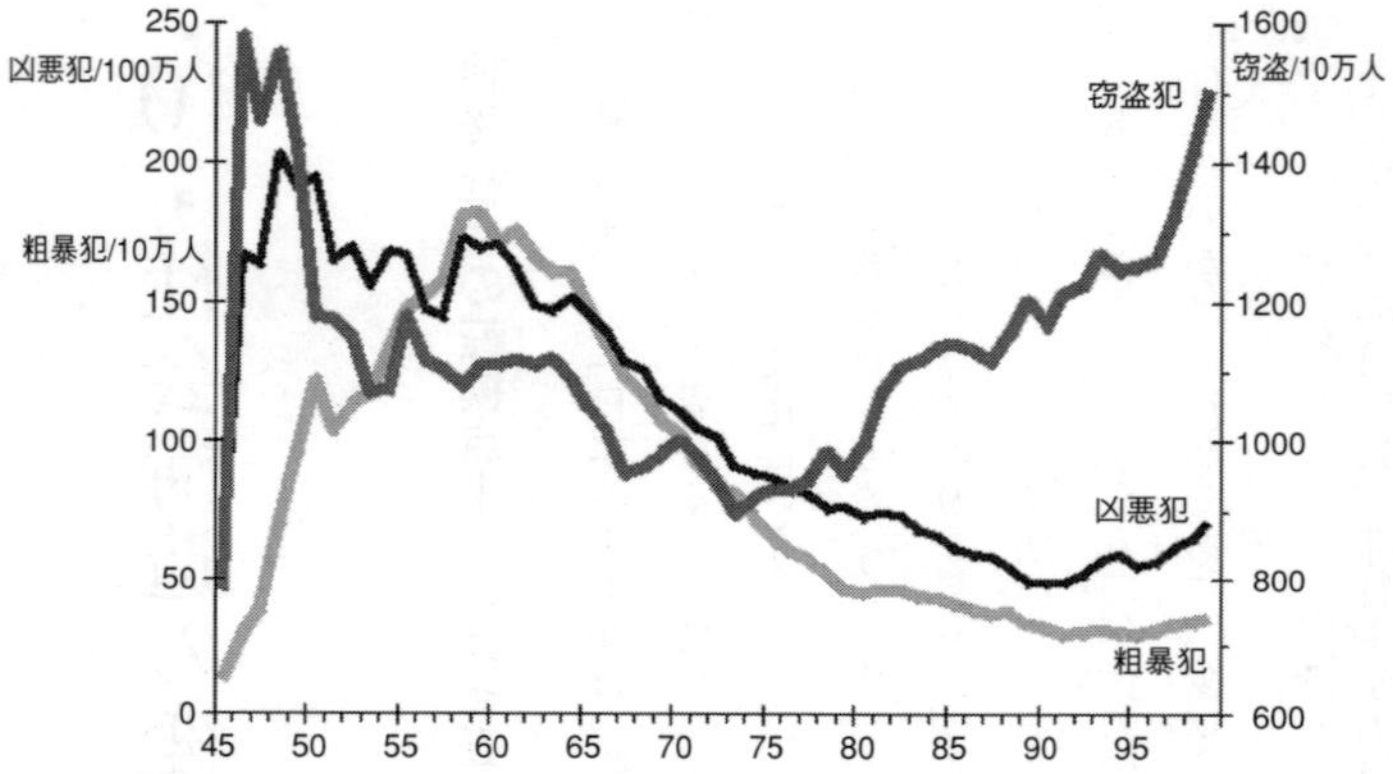

図１　窃盗犯・粗暴犯・凶悪犯犯罪率

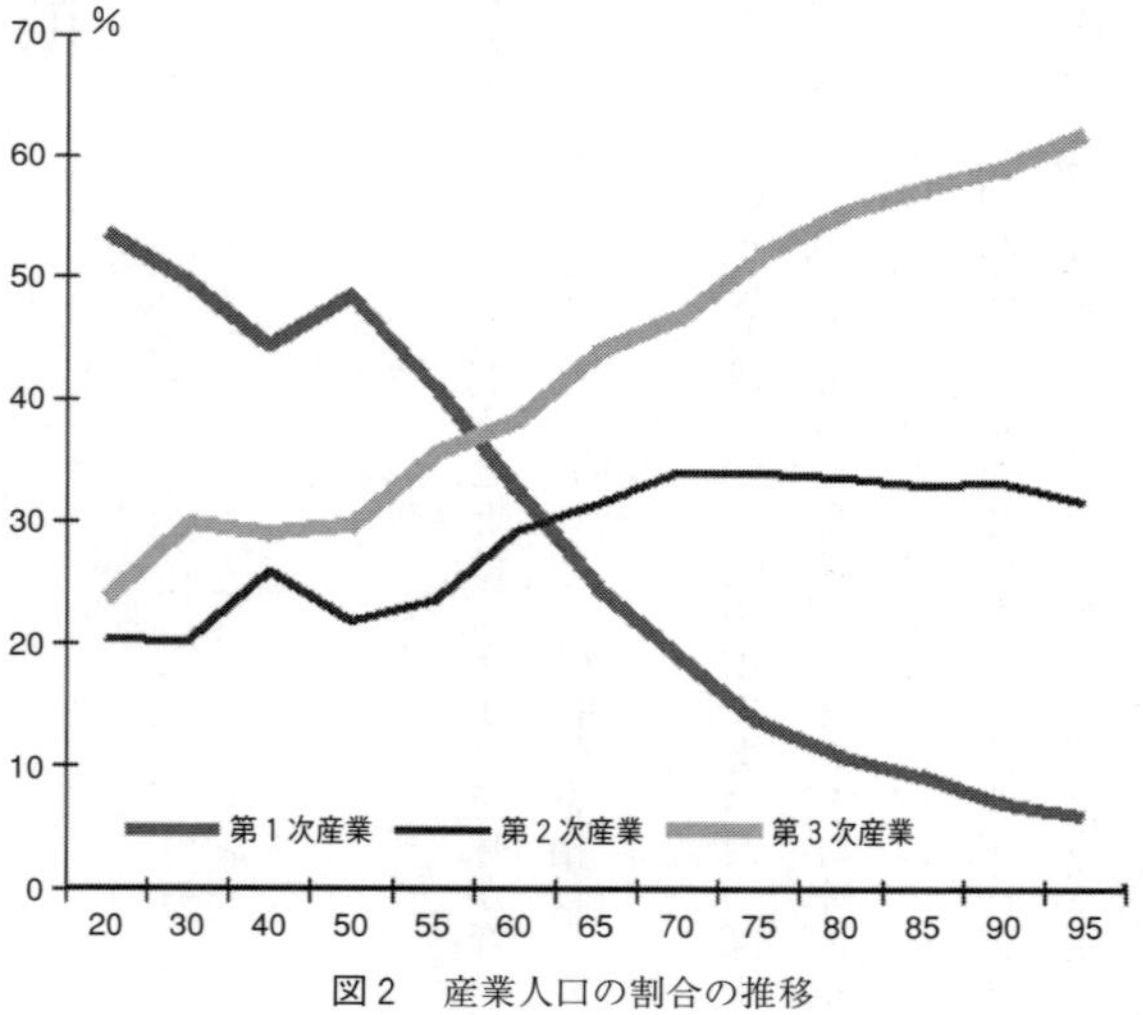

図２　産業人口の割合の推移

（→口絵図16）。つまり、施設収容から、社会内で処遇する方向に重心が移行した。そして、ぐ犯少年の数が急激に減少したのも、この時期なのである（→四三頁）。そして、何よりこの時期から、少年の犯罪の増加がほぼ一貫して進行することになる（口絵図1）。と同時に、少年犯罪の主役が、年長少年から、中間・年少少年に入れ替わる（口絵図7）。少女の犯罪が増加をはじめるのもこの時期からなのである（口絵図12）。そして、少年犯罪の地域差が消えていく（→一三四頁）。

高度経済成長の終わりと親子の断絶

六九年六月、ＧＮＰが自由世界第二位と発表された。そして、七〇年大阪万国博が開幕する。まさにこのころ、高度経済成長の終わりを告げる（七一年度のＧＮＰはマイナス成長となる）。日本の国民は、戦後の復興を目指してがむしゃらに働い

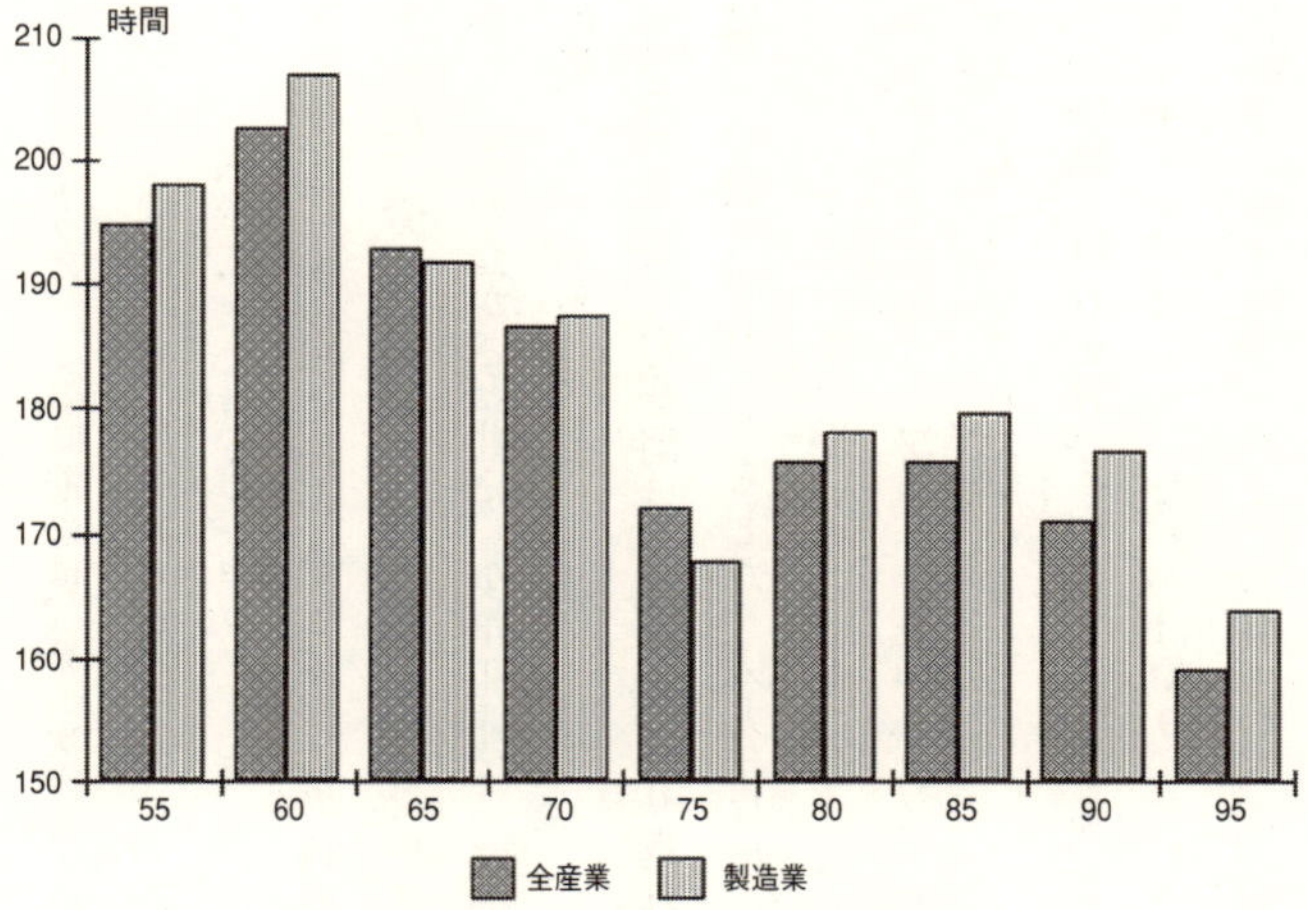

図３　平均月間実働時間

浅間山荘事件（1972）　毎日新聞社提供

てきた。その結果、社会は都市化・工業化し（図2に示したように、この時期には、第一次産業人口が一割になっていく）、一応豊かな社会となったのである（ただ、七一年にはドルショック、七三年には第一次石油ショックが生じる）。そして、この時期をピークに、労働時間が短縮されていく（図3）。しかし、この豊かさと共に、少年犯罪は一層増加し始めるのである。

「飢えの不安」の解消は、今から振り返れば「目標」の喪失をもたらした。六九年には「エコノミックアニマル」が、そして七〇年には「モーレツからビューティフルへ」というコピーがマスコミにもてはやされた。

この時期、既存の秩序を軽視し否定する、ヒッピー、サイケ、フーテンなどがはやり、さらに、学園紛争の嵐が吹き荒れる。裁判所の司法判断が、最も革新的なものとなったのも、この頃なのである（前述八七頁）。

六〇年代後半からは、「少年への規範の押しつけ」を排除すべきだという意識が急速に進行した。六九年には「親子の断絶」が流行語になった。ほとんどが進学するようになった高校においても「学園紛争」の嵐が吹き荒れ、教師の権威が弱まり、さらには親の権威も喪失していく。青少年期の権威への反抗の象徴としての学園紛争は、戦後前半の少年犯罪の特徴とも相応している。既存の規範（既成権力）への反発が学生運動であり、既存の規範の否定が少年犯罪だったのである。そして、学生運動の終着点が一連の連合赤軍事件であり、なかんずく浅間山荘事件であった（七二年）。

進学率とゆとり教育と少年犯罪

七五年は、少年のライフスタイルにとっても重要な意味を持つ年だったのである。図4に示した

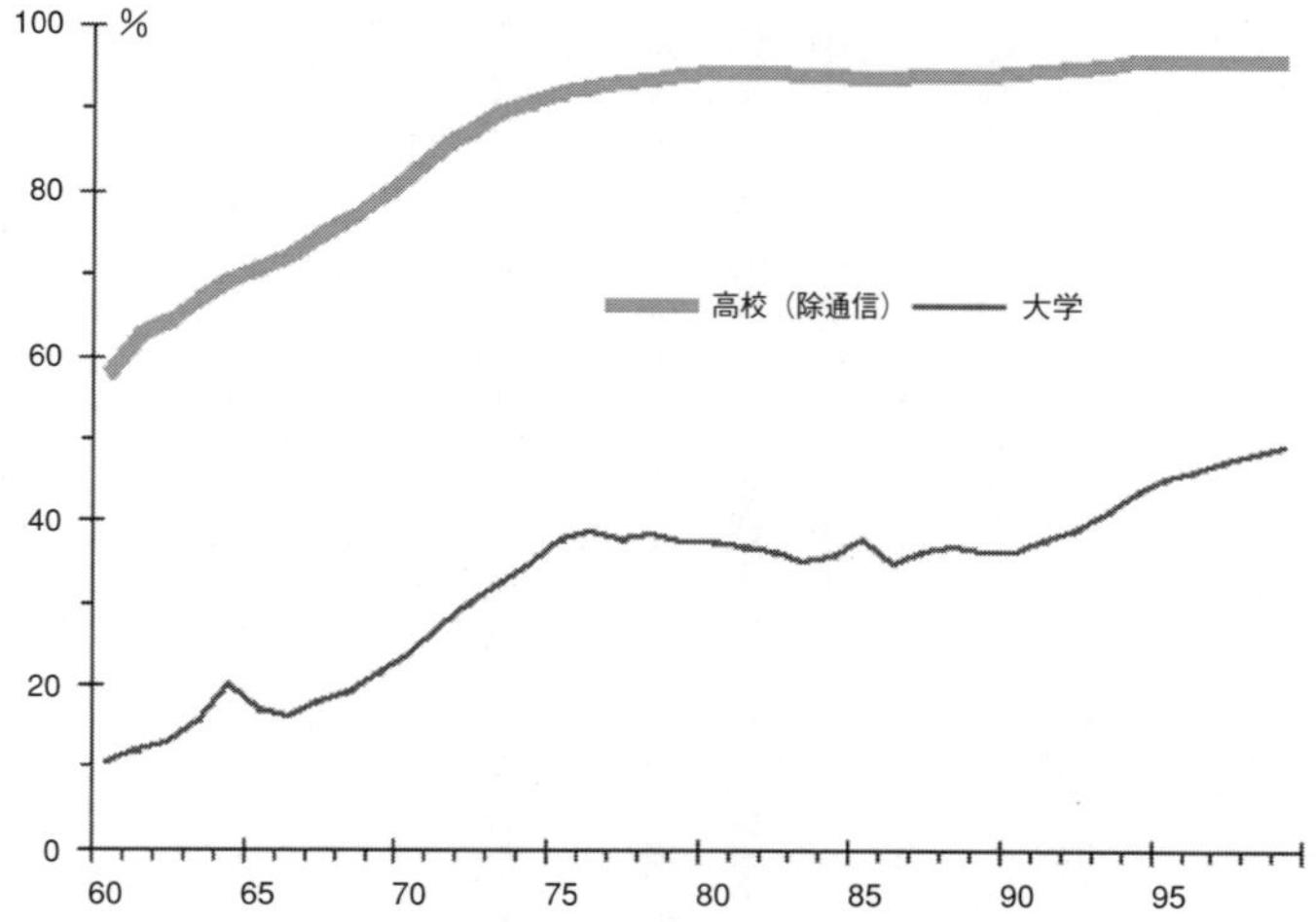

図4　進学率の変化

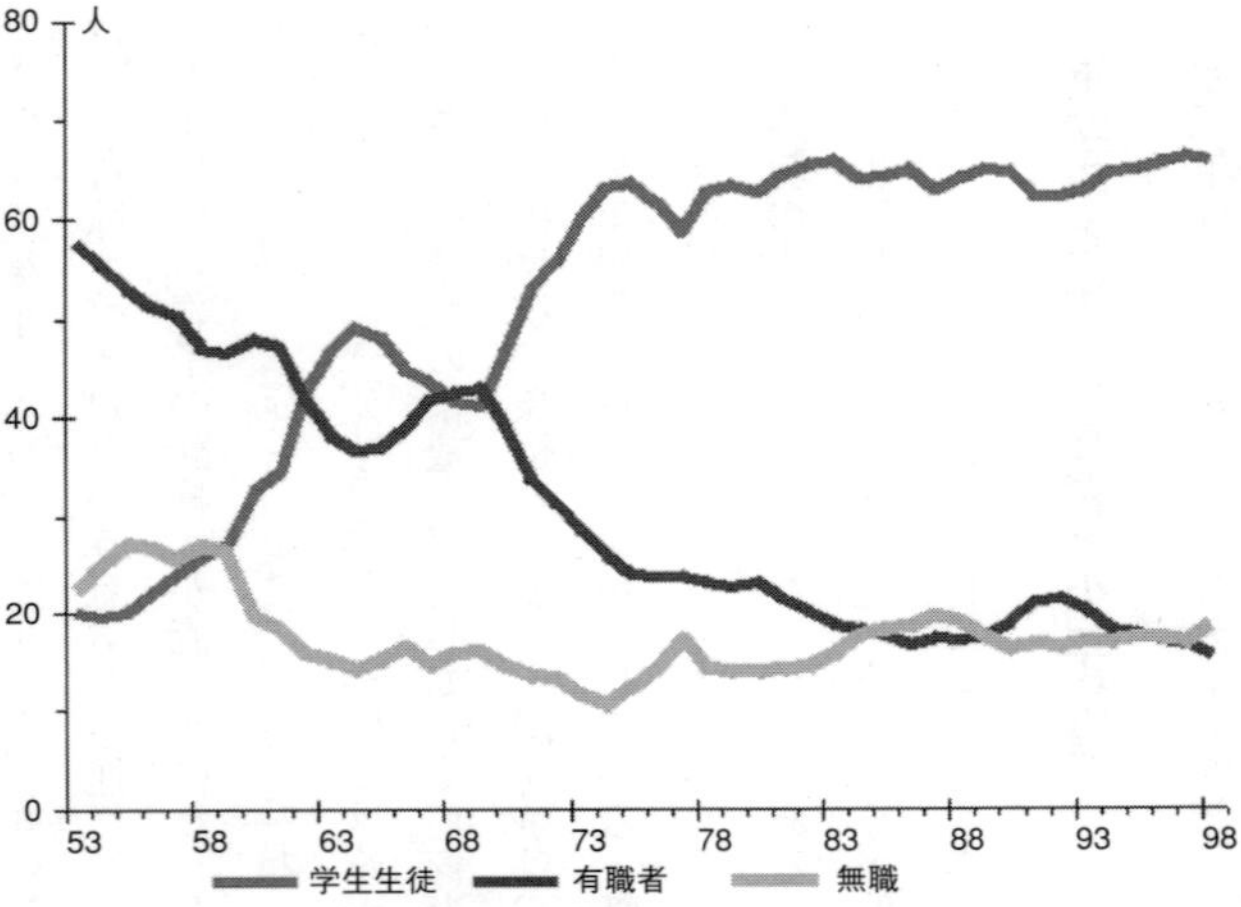

図5　家裁終局人員（一般事件）割合

ように、高校進学率が九五%を超え、大学進学率も、ほぼ四割に達する。この数字は、現在にいたるまで変らないのである（大学進学率は九〇年代に若干増加する）。その当然の結果として、非行少年のうち、有職者の占める割合が、この頃から二割に落ち込むのである（図5）。

この頃には、国民の九〇%が中流意識を持つにいたっている。いろいろな意味で、社会が均質化した。そのような中で、少年の検挙人員は、着実に増え続けたのである。特に、年少少年の七〇年代後半から八〇年代にかけての検挙人員率の増加は異様なものがあった（九三頁）。団塊二世世代の犯行の多発である。それは決して、進学競争の激しさなどで説明しきれるものではない。七七年の新学習指導要領は「ゆとり教育」を打ち出し、その結果塾過熱が生じる。この時期に進行した教師の権威の喪失、そしてそれ以前から存在した親子の断絶、さらには、そもそも親の側における「規範の伝達」の意思と能力の欠如が想定され得るのである。さらに、母親が共稼ぎで子どもとの接触時間が減少していったことも影響していると推定され得る（図6参照。七五年までは農業に従事する女性の減少が進行し、七五年以降女性の第二・三次産業への進出が増加する）。

しかし、それ以上にほぼ全員が高校に進学することにより、高校の変質が生じたことも重要である。高校教育に不適合な学力しか有しない者の落ちこぼれの問題もあるが、「非行を学習する場としての学校」という面も顕在化していく。

失業率と犯罪

社会・経済の動向と犯罪との関連という意味では、口絵図14に示したように、失業率が重要な意味を持っている。その意味でも、一九七〇年代中頃は、キーになる時期であった。六〇年代に高度経済成長が進行して、最も低い完全失業率の時期を経験する。その時期は成人の検挙人員率は

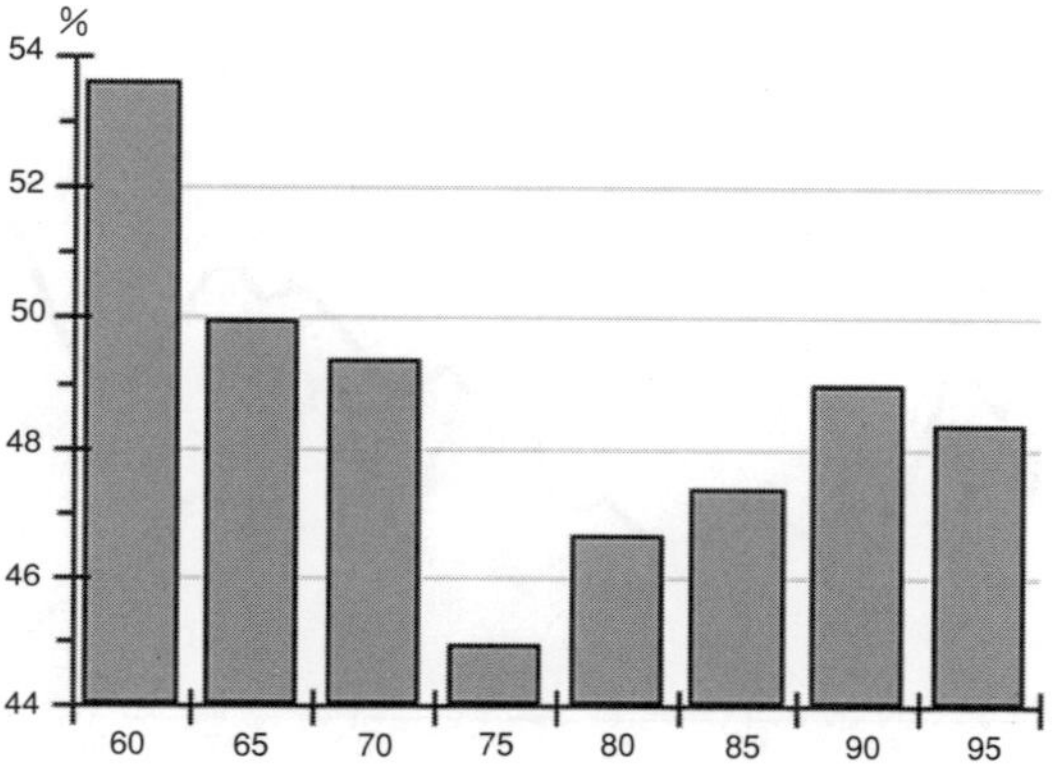

図6　15歳以上女性中の就業者の割合

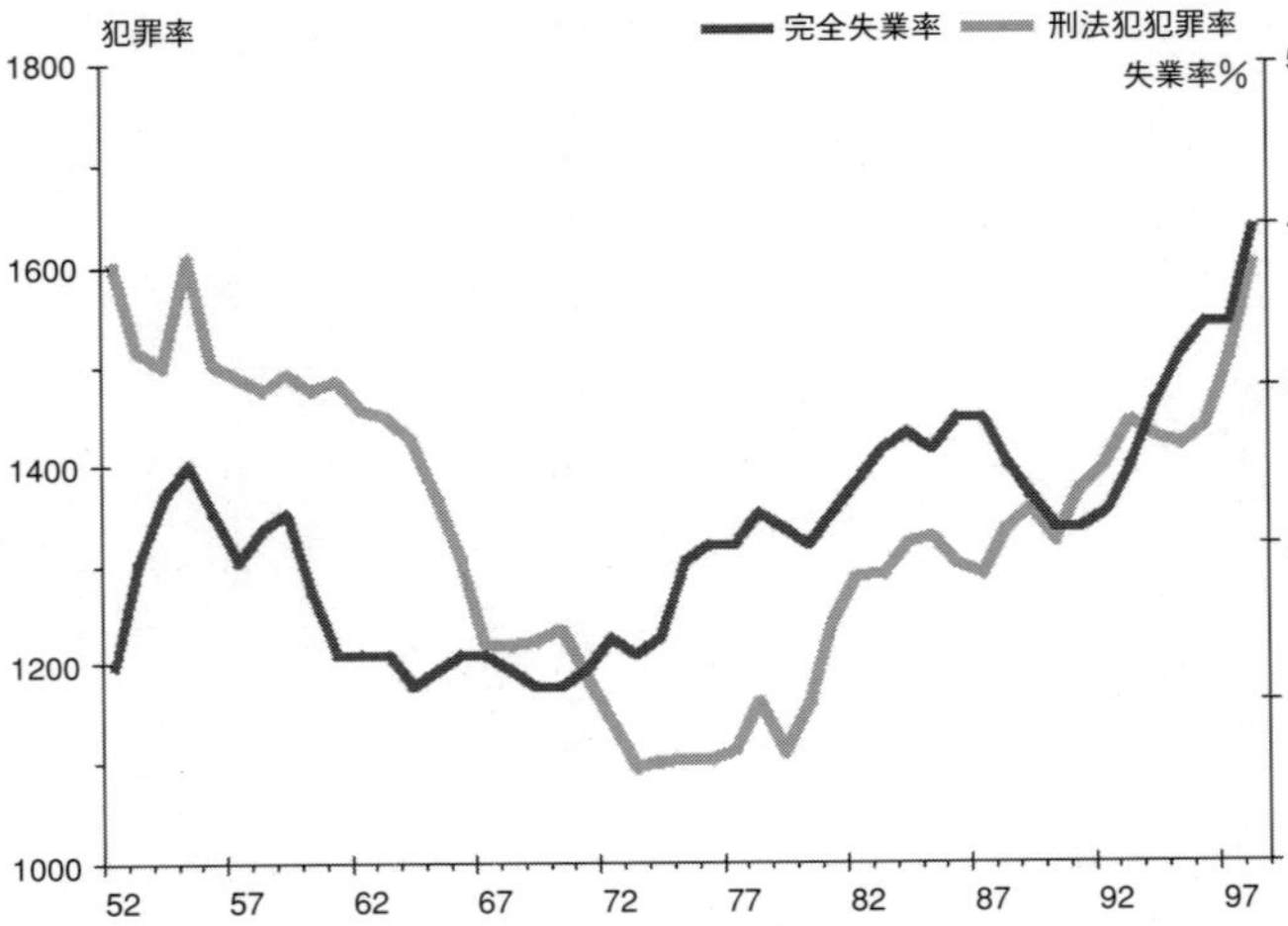

図 7　失業率と犯罪率

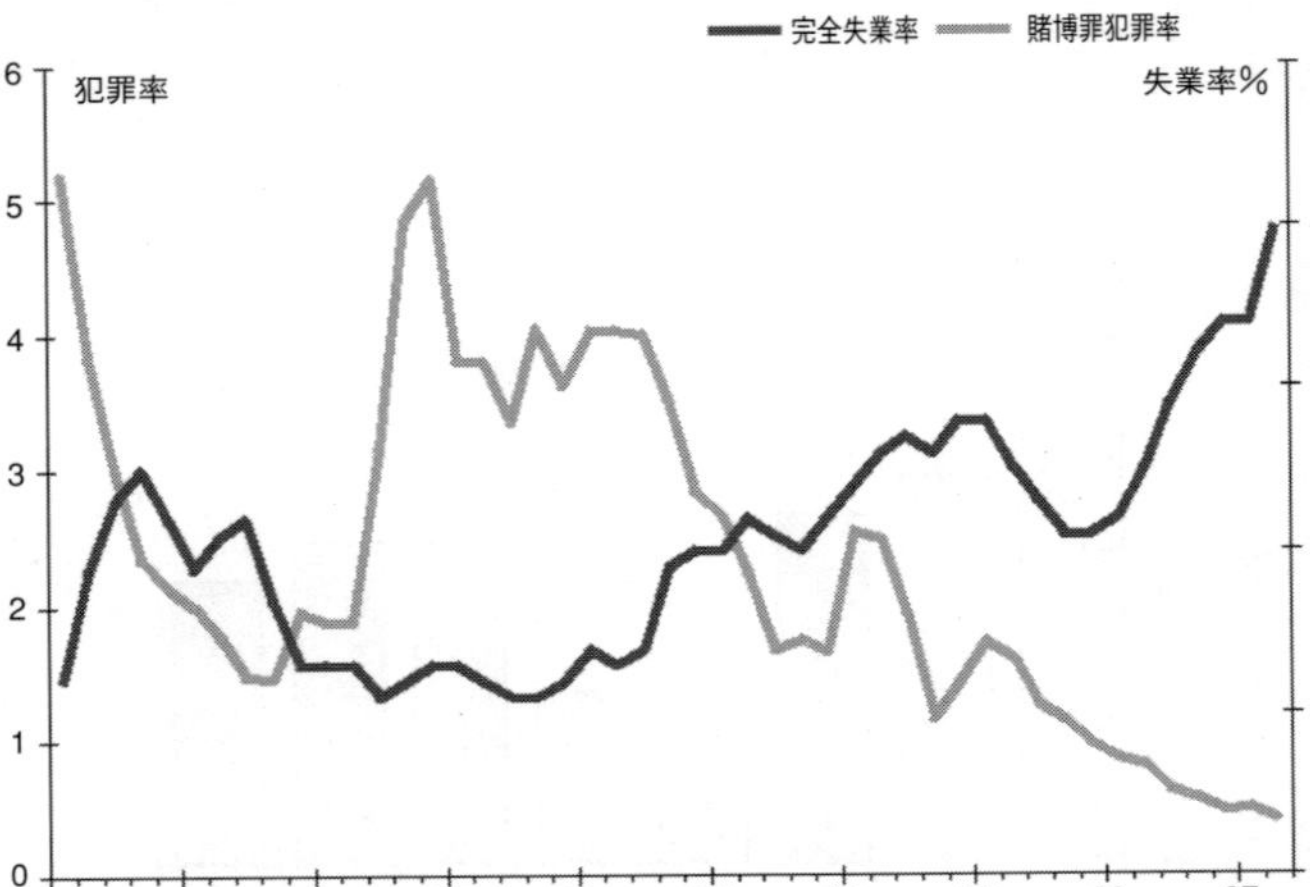

図 8　失業率と犯罪率

低下するし、少年も含めた日本人全体の窃盗罪の犯罪率は減少していたのである（六〇年代の強盗や強姦の増加は、主として少年によってもたらされたものであった→七二頁）。ところが、ドルショック、第一次石油ショック以降、つまり七〇年代中期以降失業率が上昇する。そして、それから数年遅れて、刑法犯の犯罪率が上昇した（図7）。もちろんそれは、口絵図14に見られるように、窃盗罪の変化がもたらしたものであった。ただ、この時期に限らず、失業率が増加すると窃盗罪が上昇するという因果性が認められる。

さらに、偽造罪も、失業率とかなり強い相関関係があるのではないかと推定される。この他、恐喝罪なども、窃盗ほどではないが、犯罪率のグラフの上下が、失業率とある程度連動している。それに対し、賭博罪などは、失業率とはまったく関係なく、むしろ逆の関係にあるようにも思われる

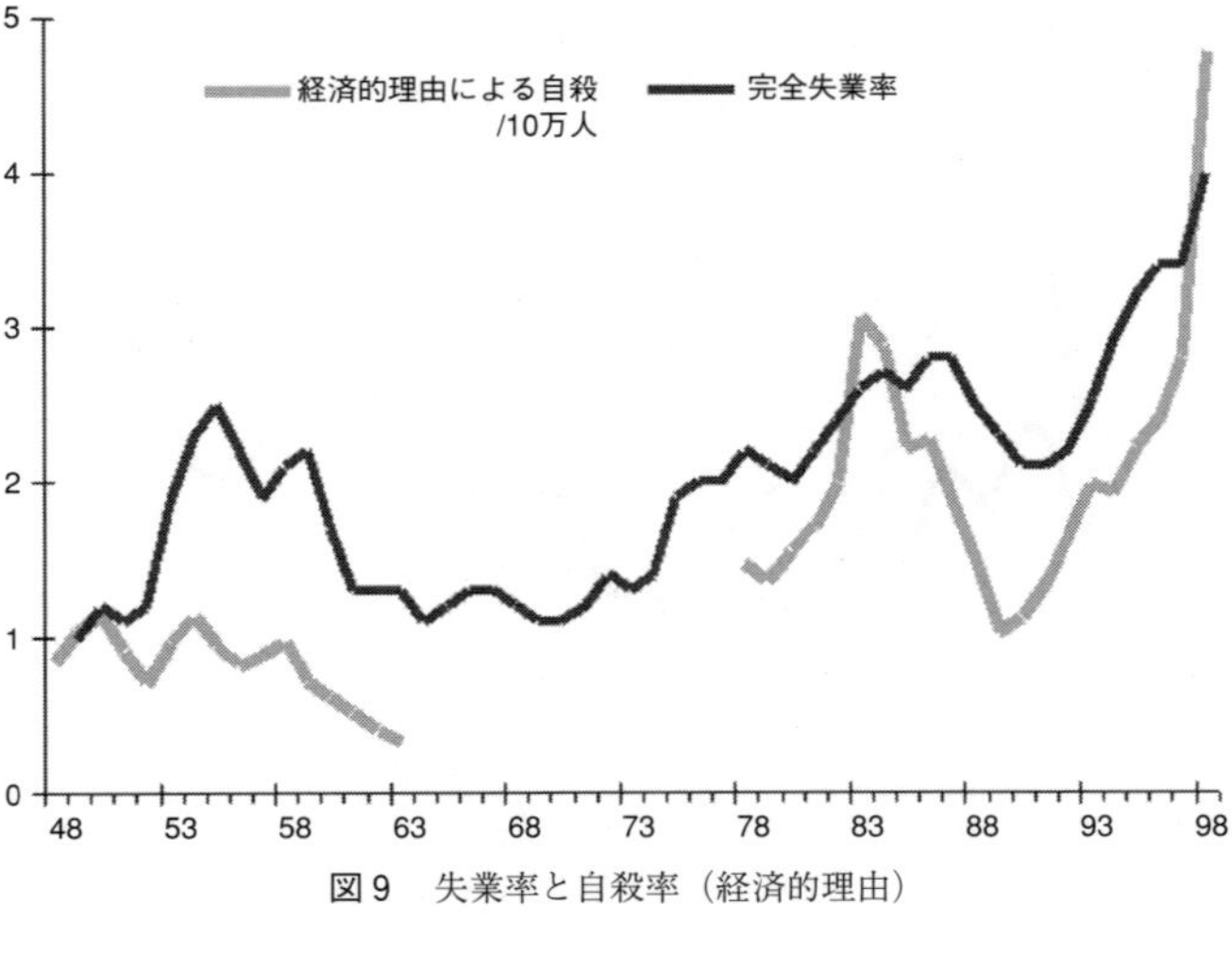

図9　失業率と自殺率（経済的理由）

（図８）。

ちなみに、当然のことではあるが、経済的理由による自殺者数は、やはり失業率の変化と深い結びつきがあると思われる（図９）。ただ、実は、自殺率一般の変化も失業率とほぼ完全に連動して動いているようなのである（図10）。

自殺と犯罪

自殺率と失業率にかなり高い相関が認められる以上、失業率と発生率が関連する犯罪類型について、自殺率との相関が見られることは当然である。ただ、自殺率と失業率には微妙なズレがあり、やはり分析してみると、窃盗罪などの犯罪類型は、失業率と深く結びついているように見える。それに対して、むしろ自殺率との重なり合いが大きいのが、放火罪である（図11）。放火罪は、精神障害者の犯す率の高い犯罪でもある。そして、自殺の理由の中でずば抜

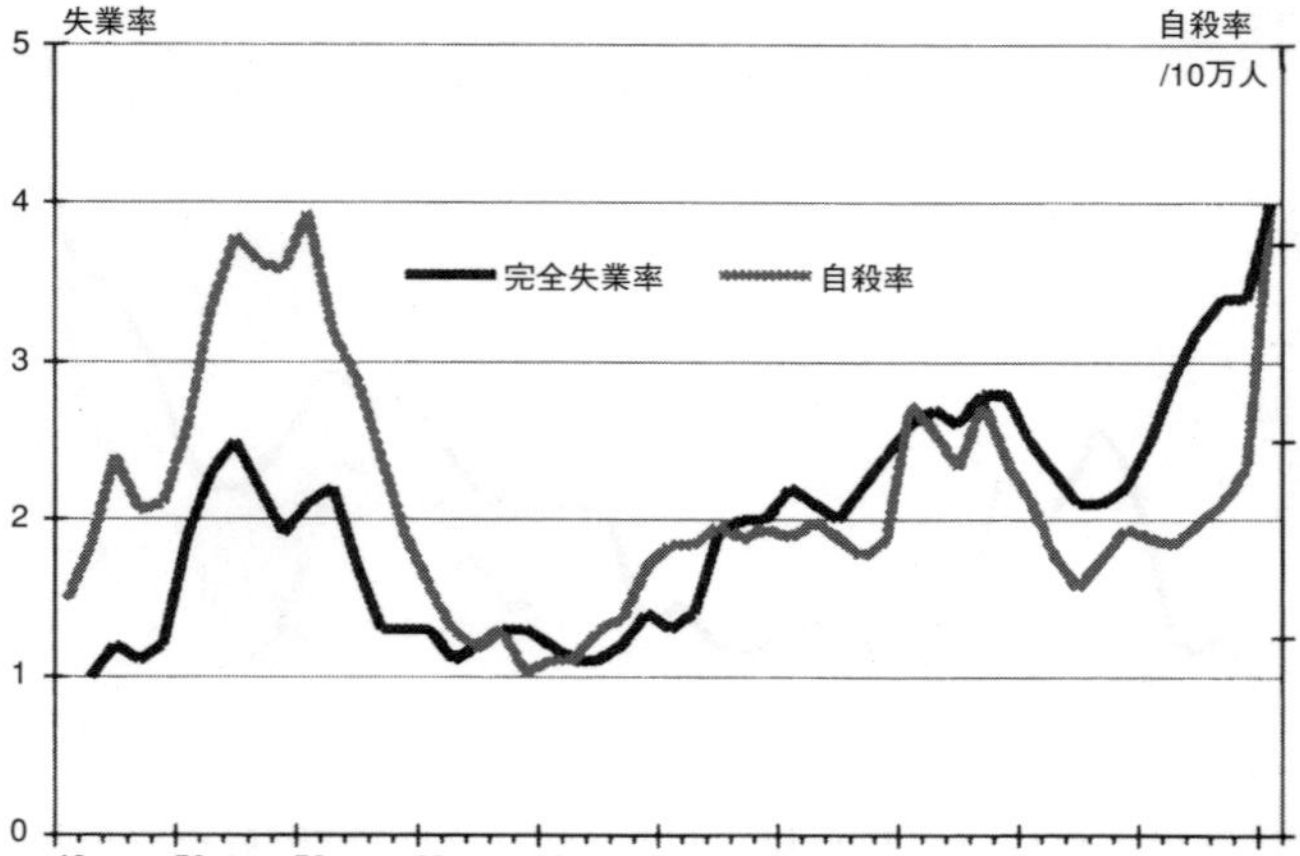

図10　完全失業率と自殺率

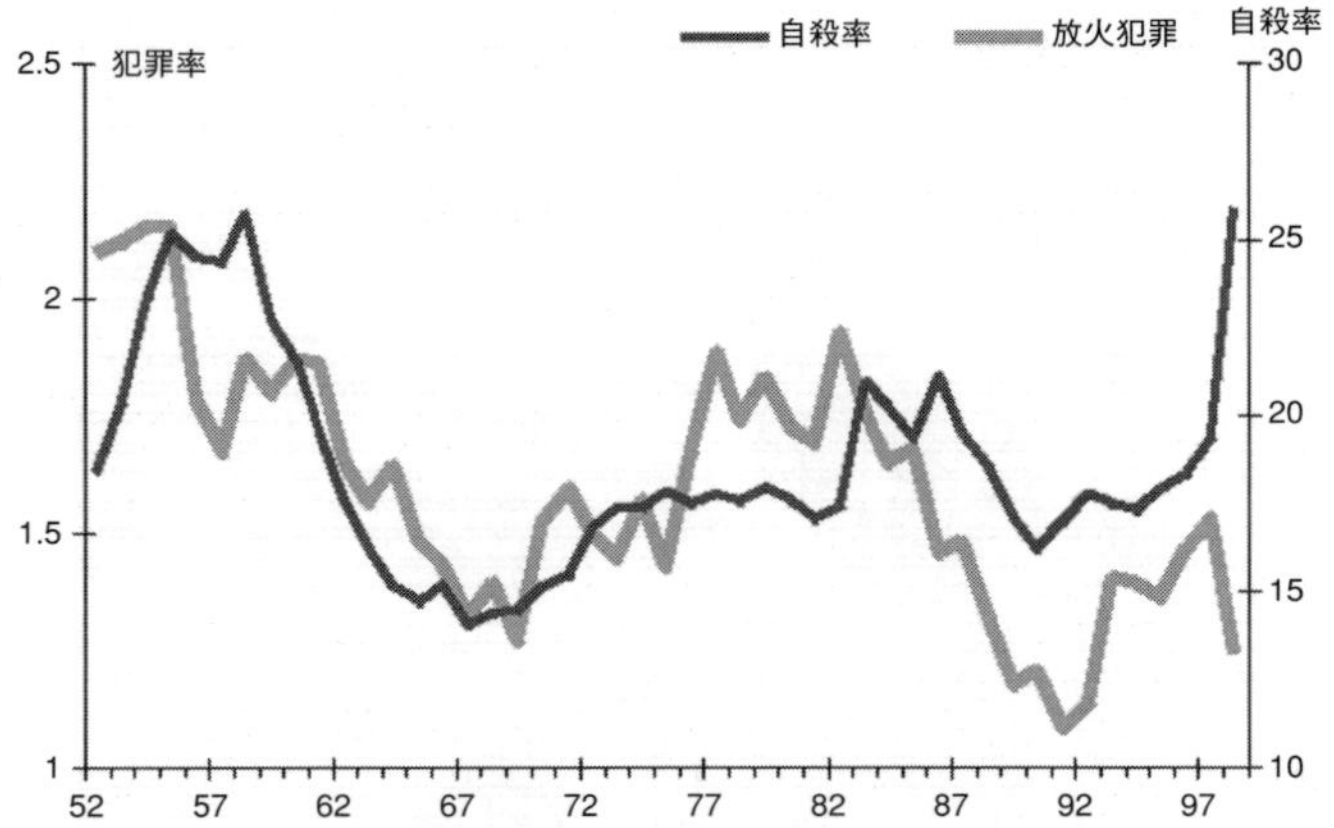

図11　自殺率と犯罪率

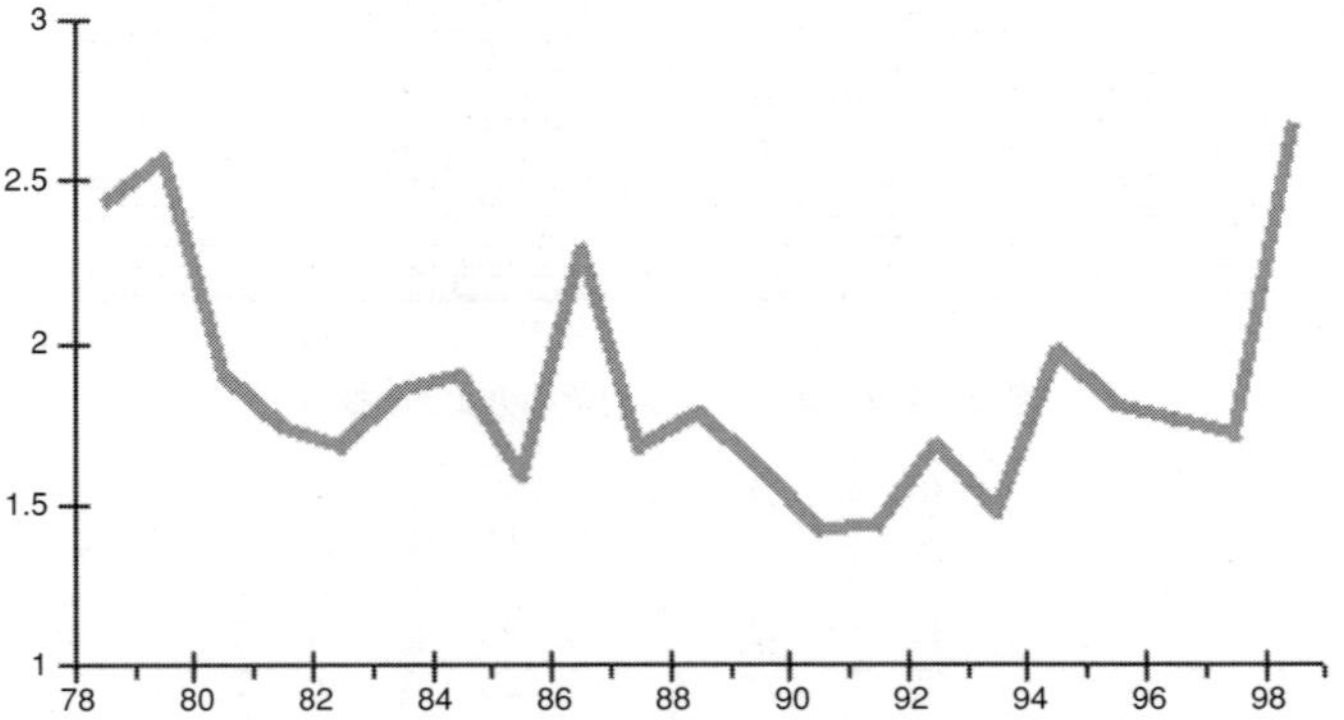

図12　少年の自殺率

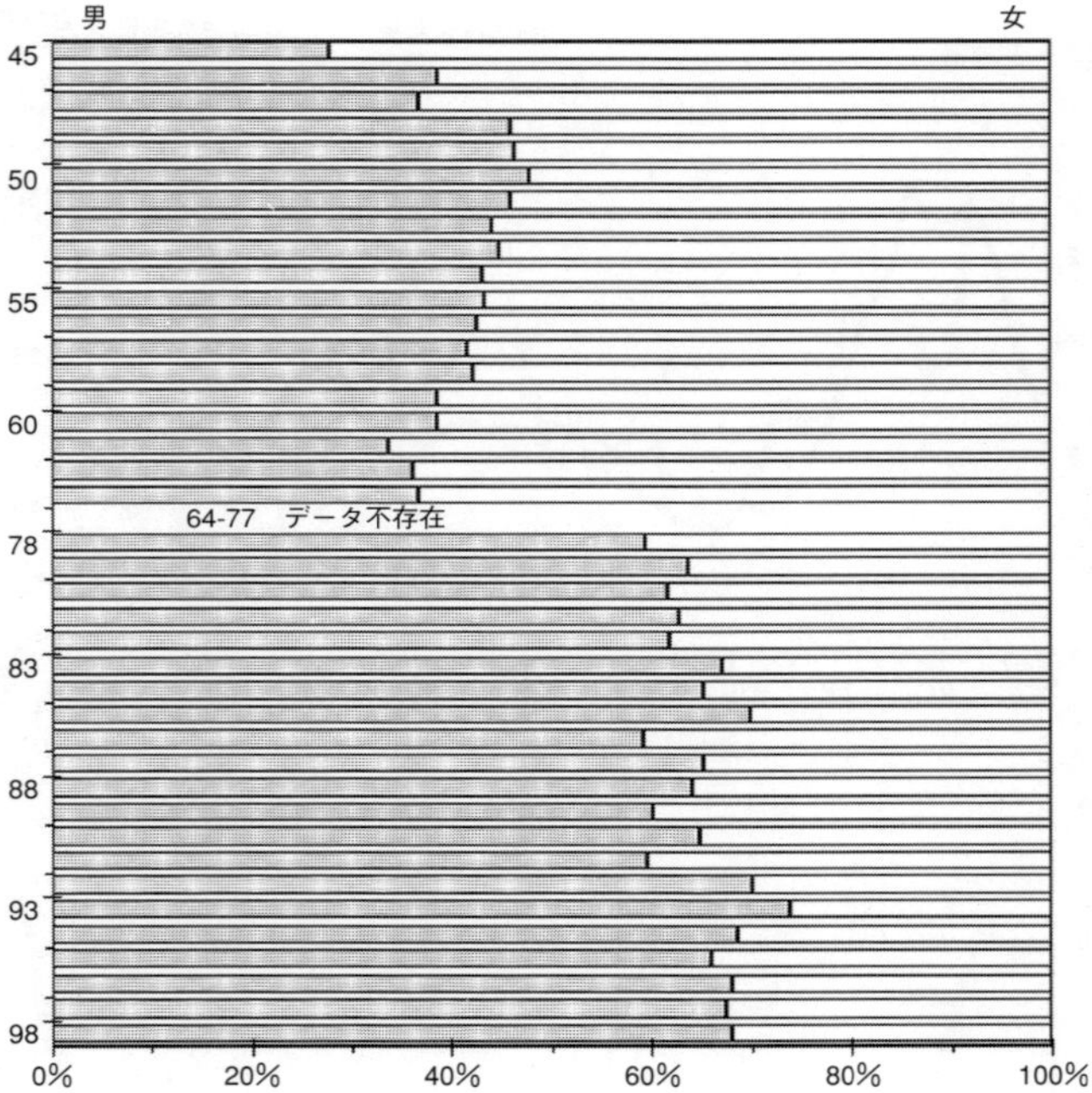

図13　失恋を理由とする自殺の男女比の推移

けて多いのが病気であり、精神障害者もかなり含まれていると思われる。しかしグラフを見る限り、そのような関連以上に、自殺を導きやすい社会状況には、放火の発生率をも高めている何かがあるように思われる。

少年の自殺に関するデータは、不十分にしか収集し得なかったが、次の特徴がある。まず、成人と少年に分けて自殺率を計算すると、想像されている以上に少年のそれは低いのである（図12）。成人の一〇分の一に過ぎない。また、八六年のみ急増した点も特徴的である。それは、アイドルタレントが、事務所から飛び降り自殺したことが大きく報じられ、その連鎖反応が生じたとされているのである。

さらに、女性犯罪の増加との関係で興味深いデータが、失恋を理由とする自殺に関する図13の帯グラフである。戦後の日本では、失恋して自殺するのは女性であった。しかし、七八年以降は完全に逆転する。六四年から七七年までは、警察庁の統計の方針変更により、データが見つからないが、まさに、七〇年代に、男女の関係が逆転したのである（失恋する数は、男女でほぼ等しいことを前提としなければ成り立たない推論であるが）。

情報化社会――テレビから携帯へ

社会、学校、家庭の変化が、少年犯罪に影響していることは当然であるが、ある意味でそれ以上に重要なのは、情報である。そして、七〇年代以降の少年にとっては、テレビから得られる情報が圧倒的な意味を持つ。五九年の皇太子（平成天皇）御成婚が、テレビ時代の開幕を象徴するとされる。そして、六二年には、テレビ受信契約が一〇〇〇万台を突破する。しかし、視聴率を争って、内容が俗悪化し、子どもにも深刻な影響が生じ出すのは、七〇年代以降だと思われる。

テレビでの行為を学校で模倣していじめるから問題だというだけではない。たしかに、最近の少年が犯した虐殺事件の「熱湯コマーシャル」といういじめは、テレビ番組の影響かもしれない。また、わいせつ画像をまねた少年の性犯罪が、かなりあることは警察からも報告されている。しかし問題は、そのレベルのことではない。テレビで示された、倫理・道徳・規範がそのまま世の中の「正しい基準」

になってしまうという点である。それを可能とするのが、親との関係の希薄化であり、学校の権威の喪失である。「親がだめだといっても、テレビでやっている」ということになる。

そして、マスメディアは、親・教師の権威を喪失させる内在的な傾向性を有する。少年達に小さな頃から、大人世界の表の面だけではなく、裏の世界まで見せてしまう。大人の世界の醜い面を赤裸々に描く。「いずれは知らなければならないことだから……」とされることでも、小さい頃からそればかり見て育つことにより、建前上の「大人の偉さ」など消し飛んでしまう。虚像でも、「権威」が必要な場合はあり得る。見られる番組をコントロールし得ない親が多くなり、すべての情報を子どもと共有することが、あたかも進歩的な親であるかのように、自己正当化する。

最近は、マスメディアに代わって、携帯による会話も少年の性格形成に影響しているようである。少年担当の警察官は、携帯を持つことにより、子どもは確実に悪くなっていると語っている。犯罪的情報に近づきやすいし、親の目から離れた所で少年の結びつきが強まるからである。

それ以前からテレクラが、子どもの新しい危険な世界を作っていた。親が知らない世界が加速度的に広がりだしている。ただ、七〇年代以降、というより、実はそれ以前の戦後社会のはじめの頃から、「子どもの欲求を最大限尊重して、やりたいことをやらせることが子どもにとって幸せなことだ」という理念が、実は親として、教師として最も大切で大変な仕事を回避する言い訳としてもちいられ続けてきたのである。

11 アメリカの少年犯罪はどのようにして増加したのか

戦後日本社会そのものが、アメリカの跡を追ってきた面がある。そして、現行の少年法は、アメリカの強い影響の下に形作られた。その意味で、戦後のアメリカの少年犯罪状況は、非常に興味深い。また、少年犯罪を軸としてアメリカ社会の変貌を検討すると、日本の社会における少年犯罪増加のメカニズムの骨格が浮かび上がってくる。アメリカの犯罪状況には、人種問題等の、日本とは異なる固有の側面も存在するが、それらを除いてみると、日本の動きと「相似形」なのである。

アメリカの少年法制の確立

アメリカの刑事司法制度は、州ごとに異なる。少年司法制度も同様で、各州が成人の刑罰システムとは異なる法制度を設けている。ただ、アメリカにおいて、少年裁判所を中心としたシステムが確立されて約一〇〇年にすぎない。それ以前は、成人と基本的に同様の司法手続きにより、同様の刑罰が科されていたのである。すなわち、七歳以上の少年は成人犯罪者と同様に逮捕され、裁判を受けて、成人同様の刑罰に服することとされていた。逆にいうと、七歳未満の少年のみが、刑罰を免れること

19世紀アメリカの刑務所　ユニフォトプレス提供

ができたのである（なお、一四歳未満の場合には、一応責任無能力と推定され、検察官が積極的に責任能力の存在を立証することが要求されていた）。

一九世紀のアメリカにおいては、犯罪者に対して、現在に比べれば、恣意的で苛酷な刑罰が科され、その点は少年についても全く同様であった。その結果、次第に少年犯罪者を成人と同じ刑務所に収容することによる弊害も自覚され、また、少年に対する見方が変化し、未成年者用の特別の施設の必要性が主張されるようになっていく。そして実は、当時から、少年に対して成人と同じ刑罰を科すことへの躊躇が存在したことも否定できなかった。その結果、犯罪少年への制裁が不十分であったという問題も生じ、その面からも少年向けの施設を設ける動きが生じたのであった。そこで一八二五年には、ニューヨーク市に、少年だけを収容する施設である少年保護施設が開設され、その後次第に各地に少年矯正施設が開設されていった。

このような成人と分離した少年独自の収容制度が、少年の裁判制度にも及び、一八九九年にイリノイ州において、少年裁判所法が成立し、シカゴに全米初の少年裁判所が開設される。そしてその後、各州において、少年裁判所が設置されていった。そしてこの動きは急速に広まり、三〇年代にはほぼ全州に採用されていった。一八歳未満の少年に対して、原則として、通常の刑事裁判ではなく、少年裁判所が管轄することになったのである。

アメリカの少年裁判所制度の基礎となったのが「国王は国の後見人としての衡平法上の権限を有する」という「国親思想（パレンス・パトリエ）」であった。すなわち、国家には、適切な監督のできない親に代わって少年達を保護する責任と権限があると考えられたのである。そこで、成人に対する刑事裁判制度とは異なって、少年の保護と矯正を目的とする処遇が重視されることになる（保護主義）。そして、少年に対する手続きは、成人の場合の厳格な手続きとは異なり、衡平法裁判所に特有の非形式的で柔軟なものとされた。刑事裁判における対審構造、証拠法則などの手続きはかえって少年の要保護性に反するとして排斥されたのである。

その結果、少年に対して刑罰を科しうるのは、少年裁判所が、その少年にとって最善の利益になると判断して管轄権を放棄したり、刑事裁判所へ移送した例外的場合に限られることになる。ただ、少年裁判所では、成人の場合には問題とされない犯罪とはならない「非行」、すなわち怠学、喫煙、浮浪等の少年特有の問題行動が、「犯罪」とされた。また放任され、保護を要する少年等に係る事件も少年裁判所の管轄とされた。このような少年非行に対するシステムが、まさに、戦後日本の少年法制の手本となったのである。

戦後アメリカの犯罪状況

アメリカは、犯罪大国といわれるが、犯罪数が著しく増加したのは、一九六〇年代後半からである。図1に示されているとおり、指標犯罪の犯罪率は、一九六五年から八〇年までの間に、三倍になるのである（アメリカの統計では、凶悪犯罪や窃盗罪などの犯罪を指標犯罪と称して、それについての統計数値を公表している。日本の刑法犯にほぼ相当するが、放火罪・毀棄罪や詐欺罪などは含まれていない）。それは、ちょうどベトナム戦争の始まった頃からであった。

戦後のアメリカ社会は、高度経済成長に

図1　アメリカ指標犯罪の犯罪率の推移

ケネディ暗殺の瞬間　ユニフォトプレス提供

よりもたらされた豊かな財政を背景に次第に政府機能を拡大させ、福祉国家的色合いを濃くしていった。それは、ニューディールの継承という面を含んでいたかもしれない。しかし、一九六〇年代に、アメリカ社会は大きな転換時期を迎える。強力な指導力と、ニュー・フロンティアをスローガンとしたケネディ大統領の暗殺（一九六三年）はその始まりを象徴するものともいえよう。「偉大なアメリカ」に対する信頼にかげりが出てくる。ロバート・ケネディとキング牧師の暗殺、ベトナム戦争の泥沼化、さらには七〇年代に入ってのウォーターゲート事件……。それまでの「強いアメリカ」の権威や社会の規範が揺らいでくる。既存の価値観を根本的に転換しようとする動きが活発化する。スチューデント・パワー、ブラック・パワー、ウーマン・パワー、ゲイ・ムーヴメント……。そして、ドラッグの流行はよきアメリカの規範の崩壊と、それによってもたらされた「犯罪大国アメリカ」の象徴であったといってよいであろう。当時は、「薬物使用の自由」「タバコより害の少ないマリファナを禁止することの問題性」が、学者により声高に論じられた。このような状況の中で、アメリカの犯罪の急増が始まったのである。

犯罪者は更正できる?——治療・矯正の限界

戦後アメリカの刑罰観は、基本的に「刑罰により犯罪者を治療し社会復帰させる」という治療モデルであった。行った犯罪行為に対する応報ではなく、犯罪者の改善・更正が目指されたのである。そこで、裁判官などにも「改善効果」の視点からの裁量権が認められ、不定期刑も認められていた。それは、少年司法における保護主義と相通じるものであったわけである。しかし、一九六〇年代の「体制・既成権力不信」という社会・政治的潮流は、刑罰の考え方

ベトナム戦局重大化

クアンチ基地放棄

南軍、キャロルでは降

米顧問団ヘリ

北軍戦

1972.4/3(読売新聞/朝刊　写真はAP／WWP)

に大きな変動を生じさせていく。

国内において大きなイデオロギー的対立を経験しなかったアメリカでは、刑事司法を民衆と対立するシステムとする意識は乏しく、裁判所の裁量についてもさほど問題視されてこなかったのである。犯罪者に対しては、アメリカ社会においてほぼ共有されてきた価値観に同化させ、社会に適応しうる治療・教育が認められてきたのである。しかし、ベトナム戦争などの妥協しがたい政治的対立が顕在化してくると、刑事司法自体が国家の支配的価値を守るための道具であるとする刑罰の考え方が有力化してくる。政治犯たちの激しい内部告発の対象となった。

また、治療モデルに基づく自由裁量を許容したシステムは、白人職員と増大する非白人収容者との関係を悪化させ、高まる人権運動にも触発されて、矯正の前提となる刑務所内での「一体感」を崩壊させた。アッティカの暴動(一九七一年)は、治療・教育思想に基づく刑罰制度の終焉を象徴しているとされる。そして、刑務所が犯罪者の社会復帰に役立っていないという実態調査研究が発表された(現在ではその結論が絶対的なものとはいえないとされているが)。一九六〇年代後半以降は、犯罪を犯した人間は矯正困難であるという意識が広まっていった時代であったのである。

ラベリング理論と非犯罪化・非収容化

このようにして、少年司法制度の支配的イデオロギーでもあった、「国家による改善更生」・「社会復帰」という理念そのものが疑問視されることになっていった。そしてそれを理論面で支えたのがラ

ウーマン・リブのデモ行進（ニューヨーク，1970）　PANA 通信提供

ベリング理論であった。ラベリング理論とは、一九六〇年代からアメリカにおいて盛んになり、日本にも大きな影響を与えた犯罪理論で、逸脱行動に対する国家・社会的な反作用、すなわち刑法を適用して「犯罪」というレッテルを貼ることにより、犯罪というものがはじめて生じるという考え方である。その結果、犯罪は刑事司法機関の活動により生み出されるものであると説明する。そして、犯罪者としてラベルが貼られることにより、その者の犯罪性が進行するなどのマイナス効果も大きく、無用なラベル貼りは極力抑えるべきであるという主張が、強力に主張されることとなった。

政府を信頼した時代から、権威不信の時代に移行すると、小さい政府が支持される。犯罪者の大多数にとって施設収容は問題を解決する以上に多くの問題を生み出すとして、少数の危険な犯罪者以外については、社会内処遇に重点を移すべきであるとの主張が有力化した。と同時にこの時代は、スタグフレーションによる緊縮財政の時代でもあった。有罪の確定した者を刑事施設に収容するより、社会内処遇にすれば、遥かに少ない出費で済むのである。この時期、アメリカにおいて社会内処遇への移行が積極的に支持されたのは、単に受刑者に対する余計な干渉を排除するという理論面ばかりでなく、イデオロギー的な「小さい政府」主義と、財政難によって支えられていたのである。

ラベリング理論は、現実には三つの「D」を具体化していく。Decriminalization（非犯罪化）、Deinstitutionalization（非収容化）、Diversion（ディヴァージョン）である。非犯罪化とは、犯罪のリストを限定することにより、今まで犯罪とされてきた行為を犯罪でなくすることである。犯罪者の烙印を回避する確実な方法は、法規範の数を減少させることであると考えられた。非収容化とは、犯罪者を刑務所内ではなく地域社会で処遇しようとする政策である。そして、ディヴァージョンとは、刑事司法機関の関与によるマイナス効果を排除するため、軽微な犯罪等を司法機関の流れから外して、処理する試みである。

当時は、予防や改善更生への努力はできるかぎりコミュニティにゆだね、個人や社会にとって明らかな危険が予想される事件についてのみ司法手続きにのせる。しかも、犯罪と認知する行為をできるかぎり限定しようとしたのである。しかし、このような施策は、犯罪の増加が始まっていたアメリカ社会では、「糖尿病患者に砂糖を与える政策」に似た面があったのである。

「少年にも適正手続きを」

このような状況下で、少年犯罪に関し、それまでの「保護主義」を揺るがす動きが、連邦最高裁によって示されていく。少年裁判所においては、保護の名の下で憲法上認められている適正手続き等が軽視されていると批判されたのである。一九六七年のゴールト判決（In re Gault, 387 US 1, 87 S. Ct. 1428 (1967)）を代表とする一連の連邦最高裁判所判決において、少年手続きにおいても、非行事実認定手続きにおける事実告知を受ける権利、弁護人選任権、黙秘権、証人対質権、反対尋問権等の適正手続きが保障されなければならないとされた。「パレンス・パトリエの権限といっても、無限の自由裁量権を意味するわけではない。少年裁判所にあっても、適正手続きの基本的要請を満たすに十分な一貫性が要求される。少年であるがゆえに、正式の審判もなく付き添い人の弁護も保障されず決定理由も示されないままに、拘置所に成人とともに拘置されたり死刑の可能性にさらされたりするといった事態は容認できない」と判示したのである。さらに、一九七〇年のウインシップ判決（In re Winship, 397 US 359, 90 S. Ct. 1068 (1970)）においては、少年裁判所の非行事実認定においても、成人の刑事裁判と同様に「合理的な疑いを容れない程度の証明」が必要であるとされた。

そして、このほかにも、成人の犯罪リストに含まれない「非行」については、要件が不明確である上、「保護」の名目で施設収容処分を無期限に科されている少年の数が増加しているという批判も強まる。連邦議会は、一九七四年に少年司法及び非行防止法を制定するなどして、少年司法制度における犯罪事件以外の不良行為・ぐ犯を犯罪と明確に区別し、原則として、犯罪事件以外の非行少年は施設収容処遇以外の措置によることを目的とした全国共通の基準を設けた。これに伴い、各州議会においても、適正手続きの保障や処遇の非施設化等に関する法改正が行われるようになったのである。

実は、少年裁判所の実態は、その理念を十分に実現してきたわけではなかったが、六〇年頃までの進歩主義の時代には、理念と現実とのギャップがあまり目立たなかった。だが、少年裁判所は地方財政に依存しており、少年審判官になるには地方自治体有権者の同意が必要である。そして少年裁判所の評価は低く、質のよい法律・福祉専門職は得にくかったのである。

しかし、イデオロギー状況・財政状況が一変し、既存のシステムに対する不信感が広がると、少年システムの実際が強く意識されるようになったのである。

少年犯罪と非犯罪化・非収容化

非犯罪化・非収容化の政策がもっとも実践されたのが少年非行の領域であった。予防や改善更生への努力はできるかぎりコミュニティでの取り組みにゆだね、個人や社会にとって明らかな危険が予想される事件についてのみ司法手続きにのせる。少年裁判所は、危険な累犯者などの犯罪少年に対象を限定し、成人と同様の適正手続きを保障した上で厳正な処分をし、軽微な犯罪少年や怠学・喫煙・浮浪などの問題行動を行う少年は、悪い烙印を伴わないように配慮された行政的諸機関の措置に回す、というのが一九六七年の大統領委員会報告書の少年犯罪に関する結論であった。少年裁判所が関与す

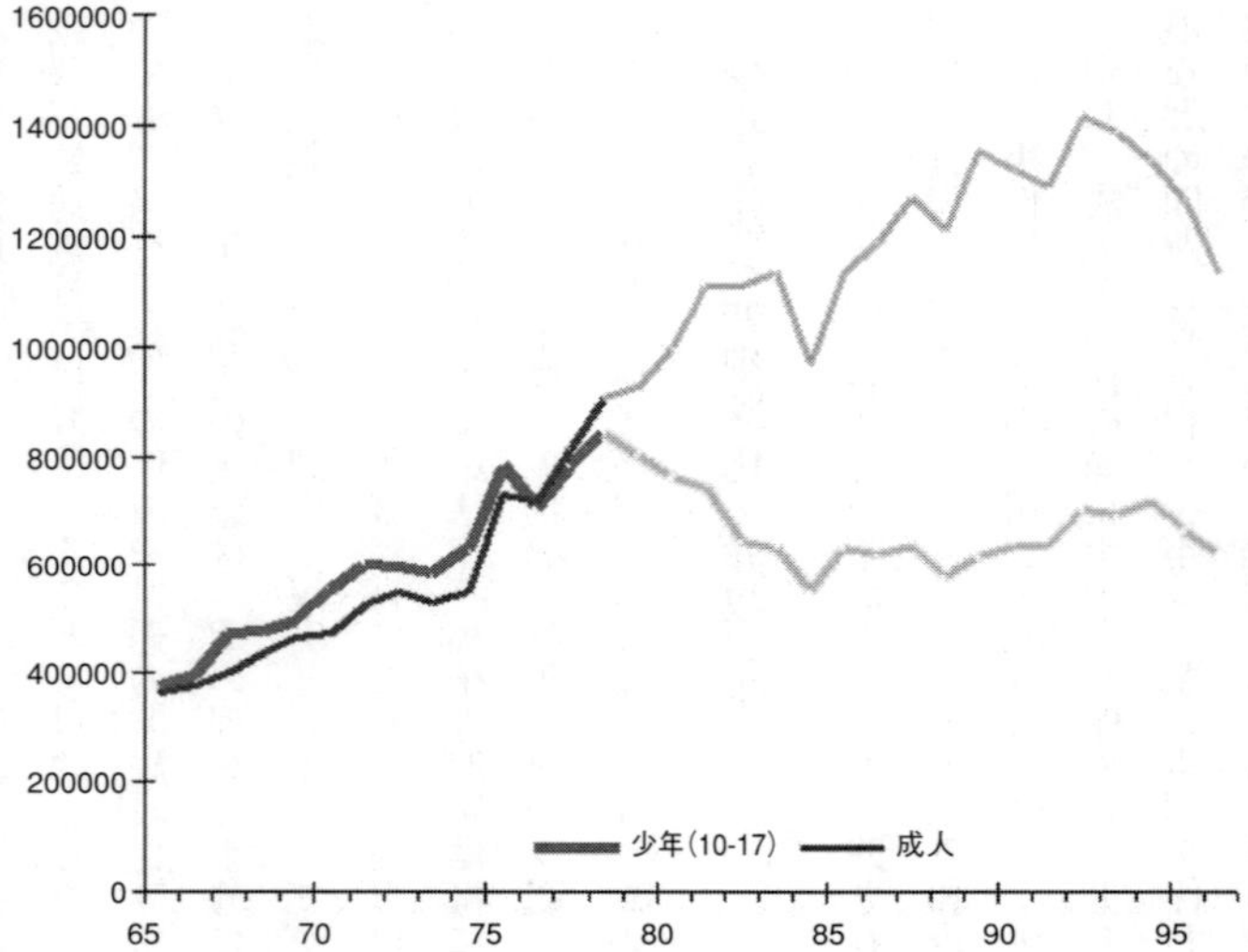

図2　アメリカの指標犯罪検挙人員数の変化

るということ自体が非行を助長するという「効果」が懸念され、非犯罪化・非収容化が進行したのである。

一九七四年には、保健教育福祉省は、ぐ犯・不良行為を裁判所の管轄から除外するようにと勧告し、非行防止プログラムに関わる連邦資金を、ディヴァージョンや非収容化の方向に振り向けた。

元来、少年裁判所の基礎にある「保護主義」の思想は、犯罪少年やぐ犯少年、放任された要保護少年の全てに対して福祉的措置を講ずること、つまり、これら少年すべての非犯罪化を意図していたと言ってよい。しかし、ラベリング理論以後の非犯罪化の主張は、犯罪少年とそれ以外の問題少年とを区別するものであった。怠学・飲酒・浮浪などの不良行為の非犯罪化は、かえってそれ以外の非行の

「犯罪性」を明確なものとすることになった。非犯罪化は、実は、軽微で危険性の少ない子どもと救済に値しない悪質・危険な犯罪少年とに二分することを意味した。そして、当時は、軽い不良少年の処遇の改善が関心の中心であった。それは、経済成長と一九六〇年代頃からのベビーブームを背景に、中流階層少年の逸脱が目立つようになってきたことの反映でもあると考えられる。軽微な非行の非犯罪化の主張は、中流階層の少年たちの軽微な問題行動を、下層に多い凶悪な犯罪行為と区別するものであるという側面も有したとも指摘されている。

アメリカで進行したこの時期の非収容化は、ほぼ一〇年後に進行する、日本における保護観察中心主義に影響を与えたという意味では重要である。

女性解放と少年犯罪の増加

六〇年代以降の女性解放運動は、それまでの「母性を礼讃することにより女性を家庭に封じ込め、子育てに多くのエネルギーをかけてきた社会・家族の構造」を大きく変質させた。女性は、子どもの「犠牲」になることに代えて、自己実現を求めて社会・職場に進出し、その結果離婚率も上昇することになった。そして、女性の自立が強調されるにつれて子どもは軽視される。さらに、時間とお金を必要とする子どもを持つよりも、仕事を継続し乗用車や家電製品を得ることに魅力が生じ、出産意欲は低下していく。「家庭」はもはや子育てに最良の場所だとは必ずしもいいきれなくなっていってしまった。

しかしそれ以上に、高い離婚率は、少年に大きな影響を与えたと推測される。子供達は、離婚、再婚、再離婚の過程で、赤裸々な親の感情、そして「きたない」側面を見ざるを得なくなってくる。たしかに、いずれは知らなければならない「社会の実相」ではあるが、それを子供時代に経験すると、規範形成に大きなマイナスを生じる。

そして、子どもにも大人と同様の選挙権・働く権利・財産所有権・性的自由・自分の保護者を選ぶ権利・自己決定権等々を与えるべきだという「子どもの権利運動」は、「特別に保護すべき存在」を否定することにつながっていく。保護よりも自由・解放を求めるものであった。それは、「国親思想という美名の下に、国家は子どもに無用の干渉をしてきた」という不信感とマッチするものであったのである。

この時期の政策は、刑事制裁の「規制緩和」であった。もとより、それは、少年犯罪の増加を防ぐ意図の下に採用されたものであった。ただ、国家の干渉を極力抑えようとしたのである。しかし、そのような政策転換の中で、アメリカにおける少年犯罪は激しく増加していったのである（口絵図2参照）。ただ、アメリカの特色は、成人の犯罪率も同時に上昇していったという点にある。日本では、少年のみが増え続けたのである（→口絵図1）。

12 アメリカの少年犯罪の増加はなぜ止まったのか

社会の保守化

一九六〇年代後半から一九七〇年代にかけては、ベトナム戦争の行き詰まり、反戦・反体制運動の激化などに代表される時代であった。ケネディの死後、政権を引き継いだ民主党のジョンソンに代わり、六八年に共和党のニクソンが大統領となる。当時は、犯罪現象を含めすべての社会的事象が政治的対立の文脈で解釈され、性・中絶・マリファナも政治問題の中心とされた。選挙の争点になっていくのである。そして、同性愛や中絶、大麻やＬＳＤ使用の非犯罪化が、自由主義を強調するグループから強く要求されていく。少年問

ニクソン大統領　PANA 通信提供

レーガン大統領　PANA通信提供

題でも、怠学、飲酒、浮浪などの非行が注目されたのである。しかし、ベトナム戦争も終結し（七五年）、七〇年代も後半に入ると、中絶の処罰化の運動、薬物取締の強化の主張が生じてくる。ウォーターゲート事件でニクソンが辞任し（七四年）、引き継いだフォード大統領は、民主党のカーターに破れる（七六年）。しかし、社会の潮流の保守化は変わったわけではなかった。八〇年に共和党のレーガンが大勝するのである。潜在的な存在であった「秩序の維持」「強いアメリカへの回帰」等を志向した保守主義が正面に躍り出たわけである。しかし、少年犯罪に対する対応は、七〇年代後半の、潜在的な保守の時代から変化していたのである。その背景には、そして、社会の秩序維持志向の背後には、一貫して激しく上昇を続ける犯罪率の存在があったのである。

非犯罪化論の失敗

一九七〇年代の半ば以降、刑罰論の領域において新しい動きが顕著になってくる。七〇年代の刑罰論の主流であったラベリング理論（前述一七一頁以下参照）は、八〇年代に入ると衰退していく。犯罪として扱う行為をできるかぎり限定し、しかも刑務所に収容しないで対応しようとする動きは見直されるのである。その見直しは、長年にわたって少年司法を支えてきた保護主義を否定する流れをも加速するものであった。もともとラベリング理論自体が、「国親」の名目で過度に権力が少年に干渉することを批判するものであったが、その後の刑罰論は、保護主義に正面から逆行するものとなっていくのである（後述一八二頁以下）。

非犯罪化論の衰退は、七〇年代から八〇年代の社会意識の変化によってもたらされた面もあるが、それ以上に、その政策的効果が達成されなかったことが、直接的な批判の対象

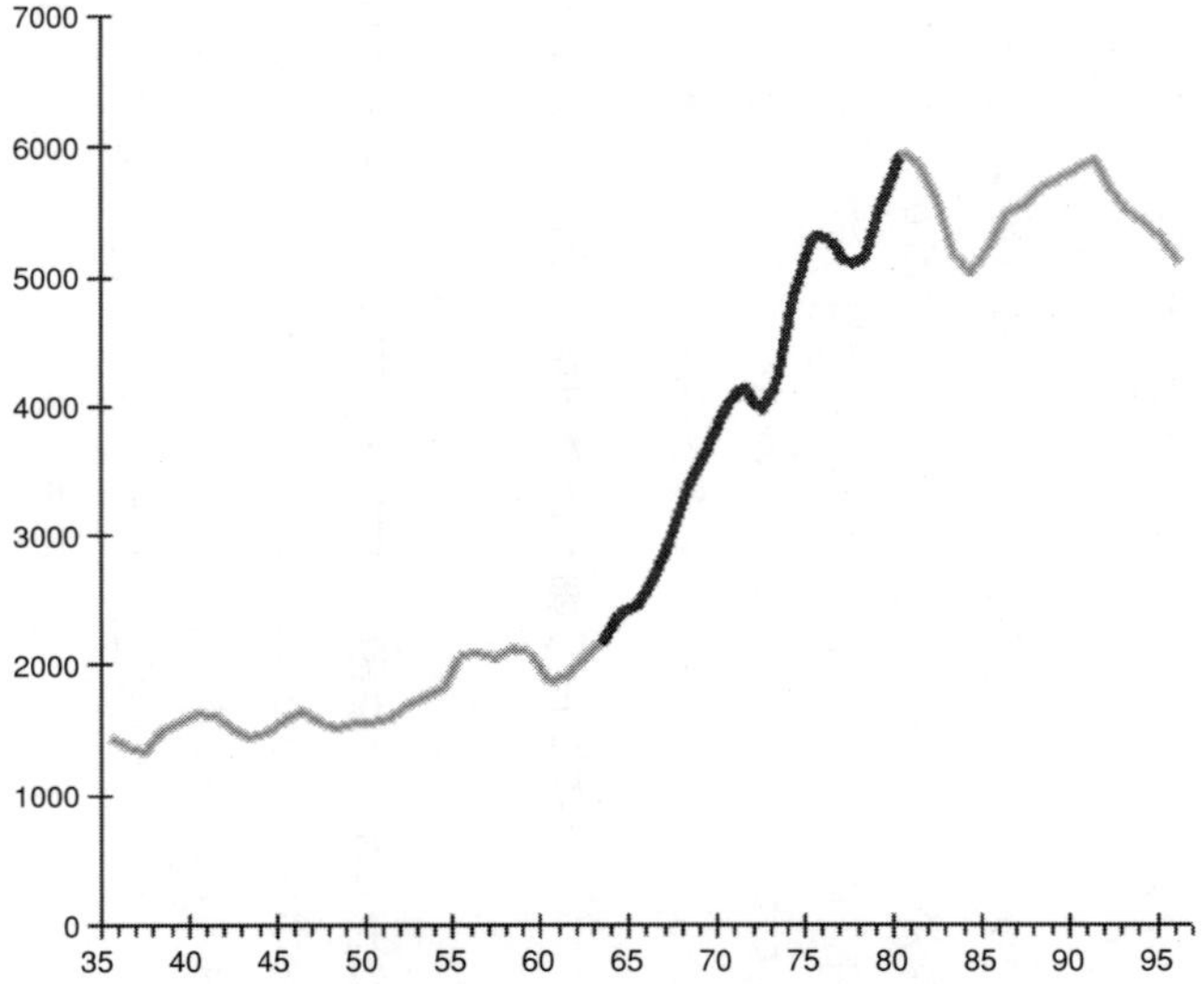

図1　アメリカ指標犯罪の犯罪率の推移

となった。七〇年代は、少年犯罪を含めて、犯罪が激増したのである（図1参照）。そして、凶悪犯罪者を収容施設から解放して地域内処遇に委ねた結果、犯罪者は社会内で再犯を繰り返したのである。ディヴァージョンは、司法過程で捕捉される対象者の総量を減少させることが期待されていた。ところが現実には、処遇の選択肢が増えたことから、警察の警告だけで済まされていた軽微事案までが送致され、地域社会や学校や福祉機関なども、問題少年を簡単に送致してくるようになった。非行少年が裁判所を経由することを回避しようとしたこの政策は、逆に法的「網の目」を強化し、対象者の裾野を拡大してしまったのである。

応報刑論の復権――国家が犯罪者を更正させることができるなんて思い上がりだ

ラベリング理論に代わって、刑罰論の主流を占めたのは徹底した応報刑論と威嚇抑止論であった。両理論は、そのイデオロギー的基盤が、「左」対「右」と、全く逆であるにもかかわらず、教育（社会復帰）モデル・保護モデルを批判するという点では完全に一致していたといってよい。保護・教育モデルは、ラベリング理論に続いて、批判され続けることになったのである。その背景には、教育保護モデルの実践的効果の破綻、すなわち再犯率の高さが認識されたという事情が挙げられる。さらに、社会の保守化による自由主義的人間観、合理的人間観の復権がある。

応報刑論（正当な刑罰論）と呼ばれる立場は、一九七〇年代以降に有力化したもので、国家への不信感を前提に、国家による害悪の賦課である刑罰を極力回避しようとする。犯罪者から国家を守ろう

アッティカ刑務所の暴動（1971）　ユニフォトプレス提供

とするのではなく、危険な国家権力から犯罪者を守ろうというのである。個人の権利は絶対であり、他者の善のための犠牲にされるべきではないのであって、刑罰は犯罪予防の手段とされてはならない。

科学への信頼に立脚した保護モデルは、治療・教育という美名のもとに裁判官や保護観察の担当者にいわば広い裁量を許してきたが、アメリカ社会では裁量権が現実に著しく恣意的に用いられ、不公平、不平等をもたらしたとされている。その反動として「裁判官は犯罪者の矯正という善をなそうなどと思い上がるべきではない」という批判となり、犯罪者に対してではなく、犯罪歴と犯罪行為に応じた画一的な、しかも正義が貫かれた印になる程度の最小限度の量刑を提案したのが、この時期の応報刑論であった。要するに、保護・教育モデルへの深い失望を前提に、実証的行動科学とは異なる「論理」で刑罰をコントロールし、国家から人権を守ろうとした。

威嚇抑止刑論——凶悪な犯罪者は痛い目に遭わせる必要がある

やはり一九七〇年代半ばに主張された威嚇抑止論は、犯罪の増加をより鮮明に意識していた。そして、保護・教育モデルの「犯罪者のあまやかし」が犯罪激増の原因であると主張した。そして、人間は誘惑に弱いものであって（性悪説的人間観）、人間の性格など矯正できるものではないとして、実証主義犯罪学への不信感を示す。ほとんどの人間が犯罪を犯さないのは、彼らが健全だからではなくて、威嚇が犯罪を抑止するからであるとするのである。

少年の凶悪犯が増加しているにもかかわらず、当時のシステムでは、一六歳未満の場合には謀殺犯人ですら釈放するしかない州が存在した。最長でも一年半もすれば、彼らを持てあました、家庭・学校にそのまま戻っていく。このような甘い法そのものが少年犯罪増加の主因になっていると主張された。そして、少年が犯したからといって被害の程度に差があるわけではないのであり、「人間科学研究を踏まえて犯罪者に見合った刑罰を考える」などというような悠長な発想はもはや許されるべきではなく、犯罪行為に対応した刑を科すべきである。しかもそれは、犯罪が「ペイ」しないことを本人にも世間にも十分に認識させる程度に厳しくなければならないとした。これは、現在のわが国の「少年法改正議論」にも見られる発想である。

「罰」は行為者に対応するものではなく、犯罪行為の悪質さの程度と犯罪歴とだけに対応すべきであり、また、治療が目的ではなく、しかも恣意的裁量権を縛るためには、個別化された司法ではなく機械化された一律の定期刑でなければならないとする基本認識は、応報刑論と結果的に一致する。ただ、応報刑論は「必要最小限度の刑」に限定しようとしたのに対し、「抑止に十分な刑罰」が求められたのである。

レーガン政権下の少年犯罪厳罰化

一九八〇年のレーガン政権誕生とともに、非犯罪化・非収容化を擁護する議論はほぼ消滅し、粗暴累犯少年の処罰が関心の的になる。少年司法と非行防止のための連邦審議委員会は一九八四年、大統領と議会への報告書のなかで、少年司法の領域における従来の哲学と活動から訣別すべき時がきた、連邦の努力は粗暴凶悪犯の累犯少年にこそ注がれるべきである、と勧告したのである。

レーガン政権下で責任者となったレグナリー少年司法・非行防止局長は、一九八四年に、「我々は、軽微な犯罪少年やぐ犯・不良少年ではなく、凶悪犯罪少年に力点を置くべく、当局の見解を変更した。裁判所は、犯罪を犯した少年に対して、責任を取ることが必要であることを示さなければならない。犯罪の原因について理解するということは、犯罪少年を大目に見るということではない。少年の過去がどうであれ、少年を免責する口実にはならない。犯行の背景や理由が何であれ、法は遵守されねばならず、違反した場合には責任を問われるということを、少年にしっかりと教えねばならない」と講演している。

応報刑論は、「行為に応じた刑罰に限る」という理論であり「犯罪少年」ではなく「犯罪行為」を裁くことになる（処遇ではなく刑罰）。保護・教育という美名の下で、実質的には少年を抑圧することになる飲酒・喫煙・怠学などの、本来の意味では犯罪でない非行・不良行為は非犯罪化すべきことになる。ただ、犯罪そのものに注目すべきことから、行為者の年齢は軽視され、責任年齢の引き下げが主張される。そして、恣意的刑罰を排除するために不定期刑は否定され、現在起訴されている犯罪の重大さと過去の犯罪歴とに応じた定期刑が主張される。

少年に対する厳罰主義を正面から主張したのは威嚇抑止論である。「確かに子どもであれば大人と同様の行為責任はない。しかし一四歳の犯罪者は、もはや子どもではない。彼らは大人顔負けの行動をしている。一五歳の謀殺犯による被害の方が二一歳の謀殺犯によ

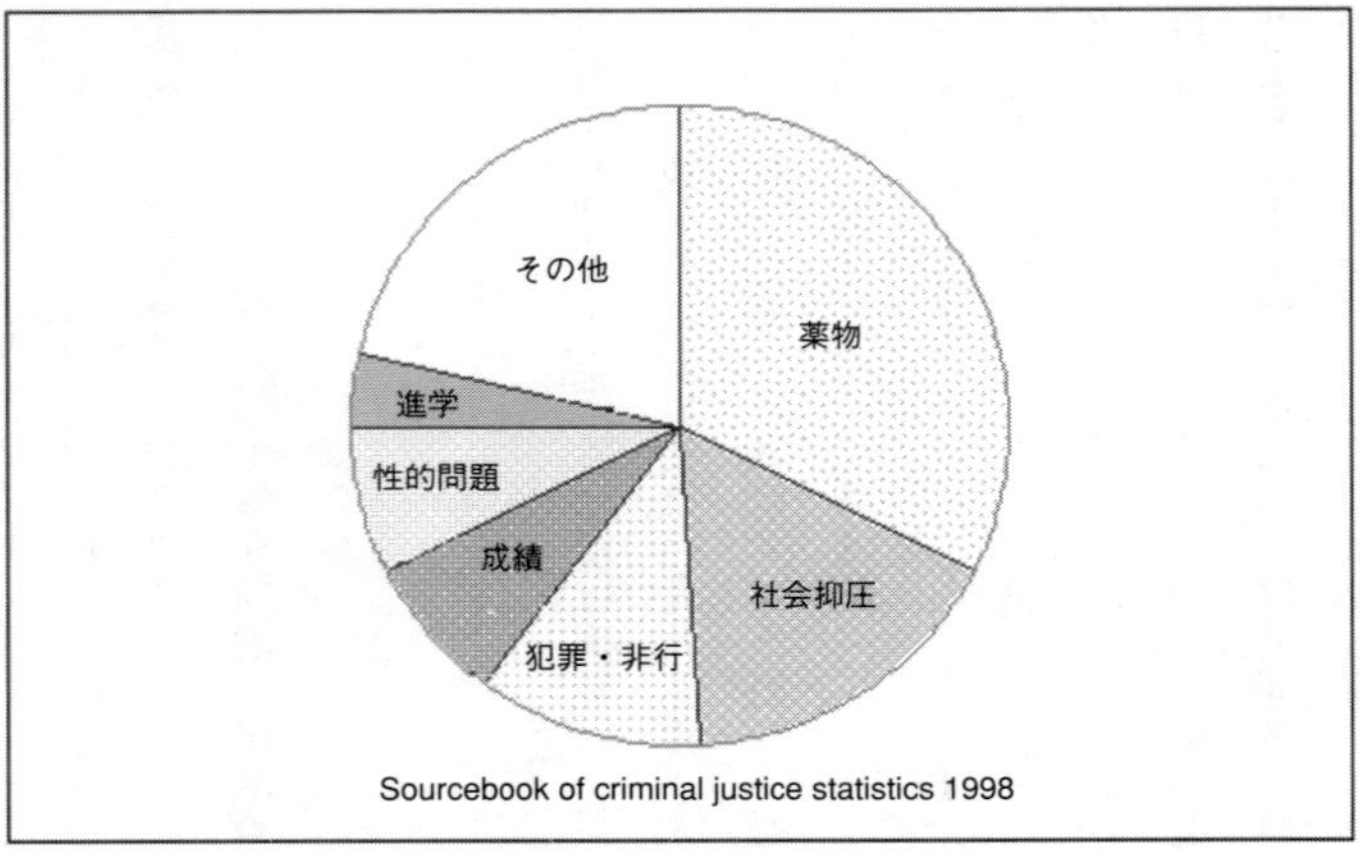

図2　アメリカの少年が問題と感じていること

る被害よりも小さいわけではない。社会防衛の必要性は同じである（刑事責任年齢の引き下げ）。少年を成人とは別の施設に拘禁することはかまわないが、適用される法と審理手続きとは大人と同一であるべきだ。法律を改正して、一三歳以上の少年は成人として扱うべきである。少年に責任がないものとしたり刑罰を科さないことは、犯罪を許容するのみならず奨励するようなものである。少年犯罪の増加は法の甘やかしの産物である」と。

太陽から北風に

応報刑論と威嚇抑止論とに共通した政策は、犯罪行為者ではなく犯罪行為に応じた刑罰の推進という点であり、行為者に注目した社会復帰思想は、その支持をほとんど失ったのである。そして、アメリカ社会が直面した財政赤字の中

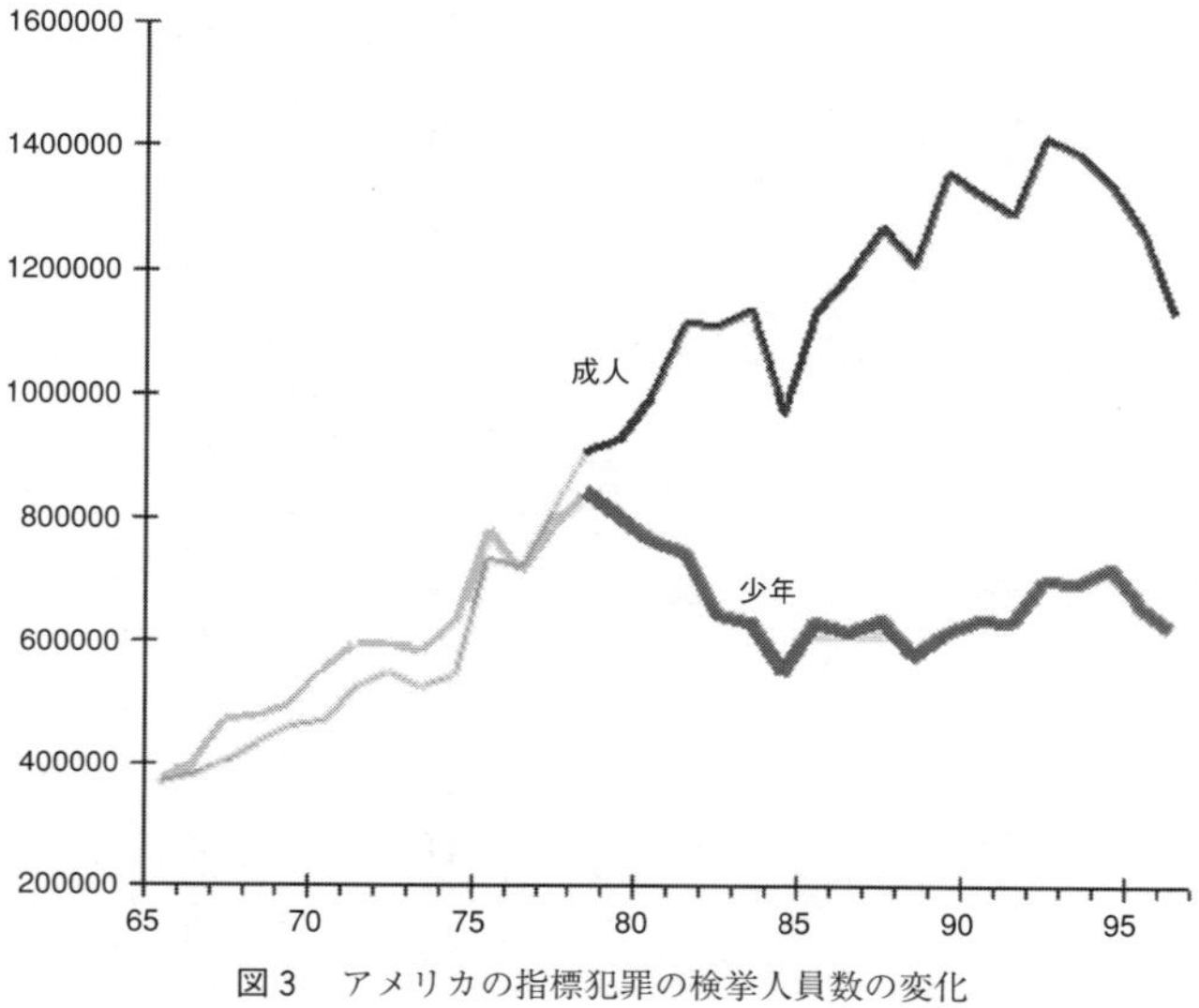

図3　アメリカの指標犯罪の検挙人員数の変化

で、限られた資源を有効に利用して犯罪抑止を考えるべきだとする考えが有力化したことも、少年法制の変化を加速した。成人になれば立ち直る可能性のある一過性の少年非行について、濃密な社会復帰プログラムを用意するのは、無駄が多すぎると考えるようになっていく。それよりも、社会にとって重要な凶悪犯・累犯者にこそ関心を集中し、しかも、一般の刑事手続きで処理することが合理的だと考えられた（ただ、厳罰化が望ましいと考えつつも、刑務所の増設についての財政支出が厖大になるという「圧力」も強く働いていくのである）。

ニューヨーク州では七八年に法を改正し、特定の凶悪犯罪を犯した場合に拘禁施設への収容を義務づける年齢を一三歳にまで引き下げ、カリフォルニア州でも七六年の新法で、一六歳以上の特定犯罪者は成人裁判所に移送し、成人としての罰を科すことにした。そして、最初に少年裁判所を開設したイリノイ州においてさえ、一九八二年の改正法により、謀殺、持凶器強盗、強姦で起訴された一五歳以上の少年に対しては、少年裁判所は審判権を持たないものとされた。

少年事件の成人裁判所での訴追を容易にし、通常裁判所への移送年齢を引き下げ、ある種の犯罪を少年裁判所の管轄から除外するなどの形で、凶悪な少年犯罪者を成人と同様に扱えるよう、大半の州が法を改正していく。さらに、収容処分の義務化などによって、凶悪犯少年の厳罰化が図られた。そして、少年裁判所への検察官の関与を認める州が出てくる。これらの改正の時期は一九七〇年から一九八五年の間に集中していたのである。

厳罰化の背景には、犯罪被害についての世論の高まりがあることは疑いない。五〇年代に登場した

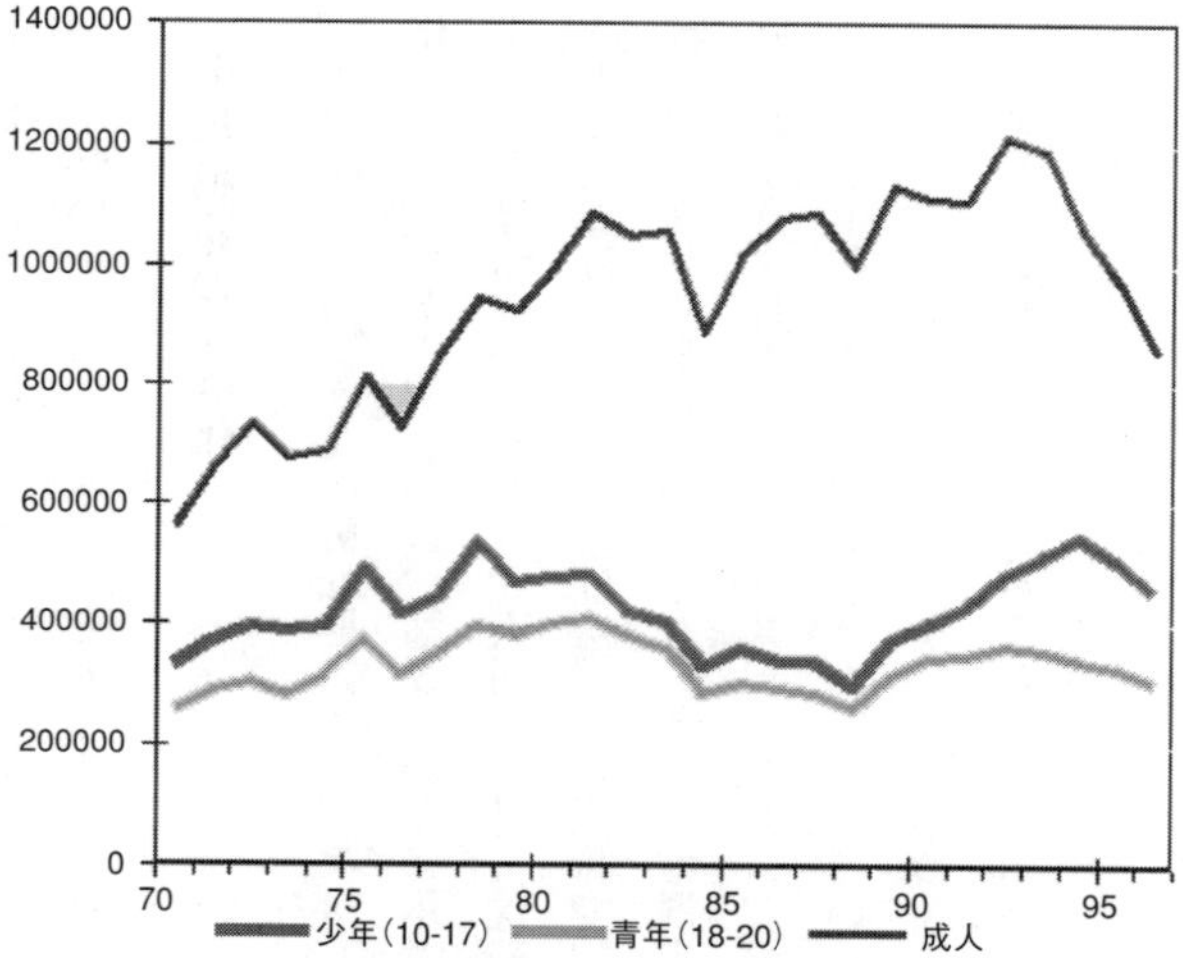

図4　アメリカ凶悪犯罪の検挙人員の変化

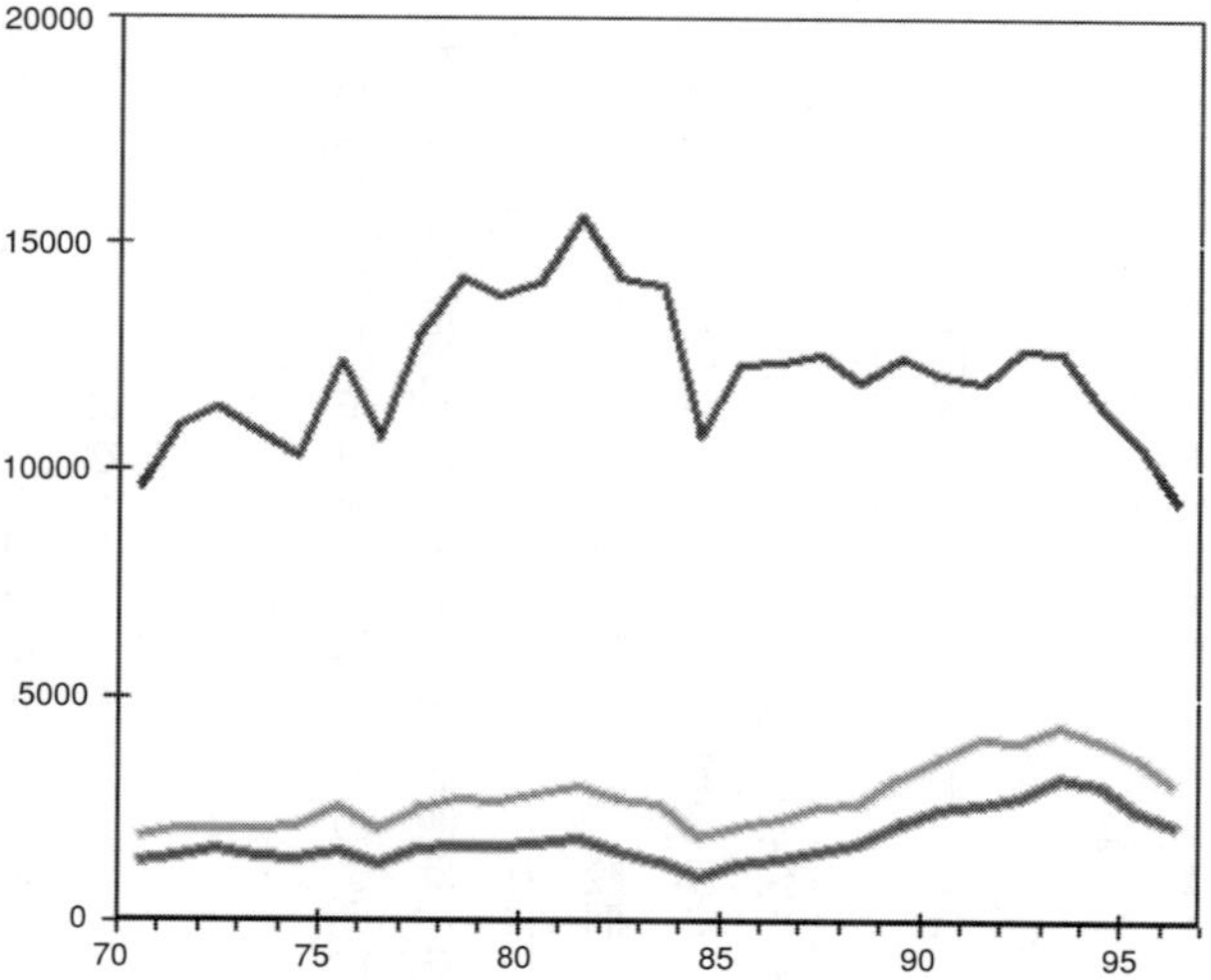

図5　殺人罪の検挙人員の変化

スクールポリス（学校内に常駐する警察官）は、七〇年代のはじめまでは「校内に権力の象徴である警官が歩き回るのは好ましくない」という批判の方が強かったが、そのような理念論は凶悪犯罪の多発の前に勢いを失っていき、ほとんどの州で採用され、拡充されることになったのである。

少年犯罪の沈静化

問題は、このような政策転換により、アメリカの犯罪状況、特に少年犯罪発生状況がどのように変化したのかである。この点、図3に明確に示されたように、八〇年代からの少年の指標犯罪は、それまでの上昇傾向がおさまり、大局的に見て沈静化したといっても誤りではないであろう。それに比し、成人の犯罪はなお上昇を続けた。その意味で、七〇年代からの少年法制の変更、すなわち一般刑事手続きで処理する割合を増やしたことと、厳罰主義への転換は、一定の効果をあげたと評価することは許されよう。日本及びイギリス、フランス、ドイツと比較してみても、八〇年代から九〇年代のアメリカの少年非行状況は、もっとも安定していたといってよい（一二頁図5参照）。

しかし、図4に見られるように、少年の凶悪犯罪は、九〇年代に増加する。殺人罪においては、八〇年代からすでに増加傾向が見られる（図5参照。ただ、九〇年代後半には減少を始めていることにも注意しなければならない）。そこで、その点を捉えて、アメリカの厳罰主義は失敗だったとする論評も見られないことはない。しかし、九〇年代の増加を七〇年代の施策と結びつけるのは誤りで、やはり効果は生じたのである。たしかに、七〇年代の犯罪増加傾向が、少年犯罪についてのみ大きく変化し、八

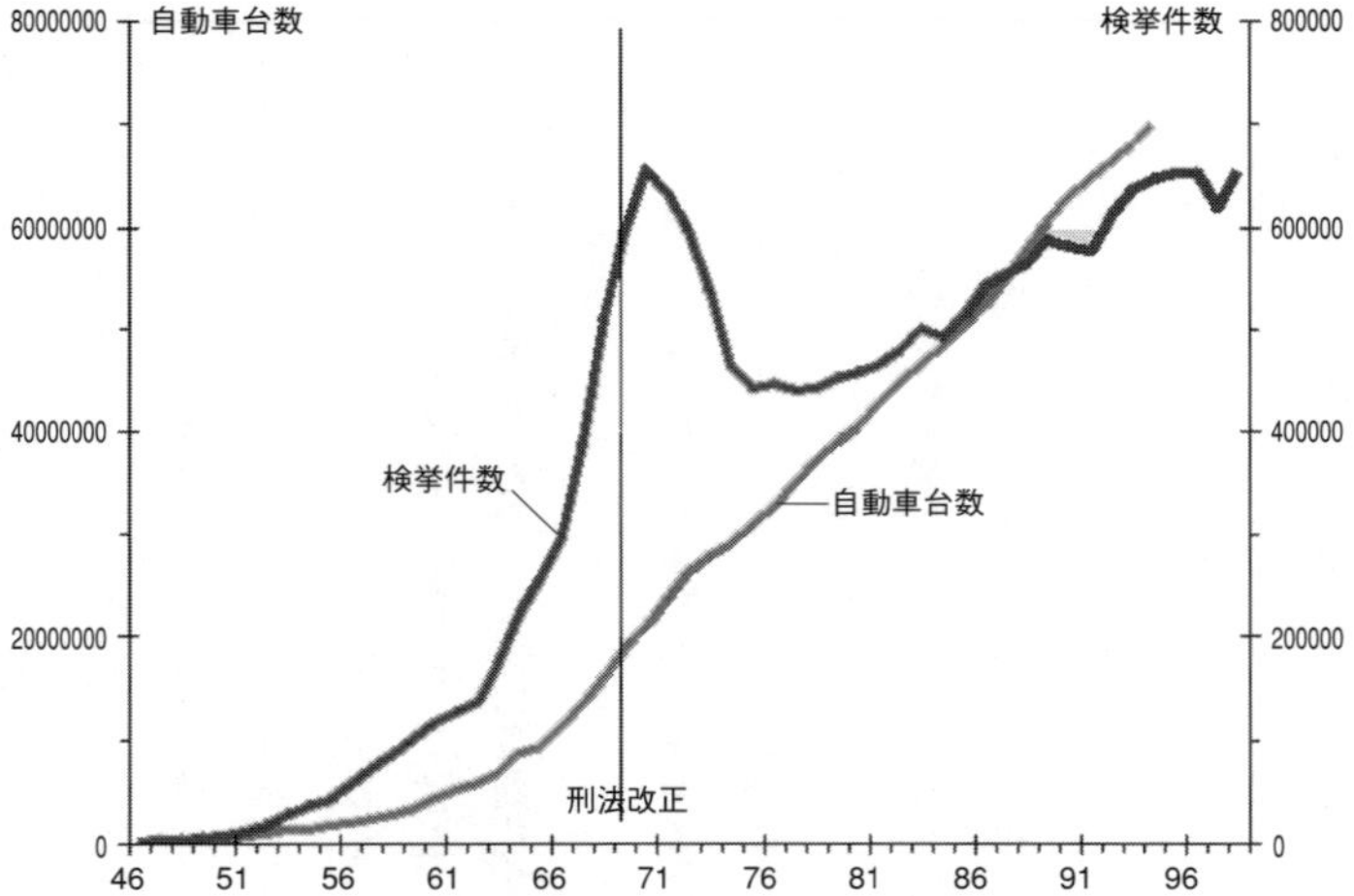

図6　業務上過失致死罪の検挙件数

〇年代から減少に転じた事実は重い。その点は、凶悪犯についても同様に当てはまる。

重罰化の効果

ただ、厳罰化政策という「薬」が一〇年後まで効き続けなかったということなのである。これは、ある意味で当然のことで、いかなる施策にもその効果の及ぶ期間があるはずなのである。発熱に対する解熱剤が何年も効き続けることはあり得ない。上の図6は、わが国の業務上過失致死傷罪の検挙件数の推移であるが、そこに重罰化の効果のあらわれ方の典型例をみることができる。交通事故の多発化、悪質な事犯の増加に対応すべく、六八年に刑法二一一条が改正され最高刑が五年の懲役に改められたのである。その後、検挙人員は急激に減少した。自動車の台数の増加傾向は変わらず、また道路事情にも大きな変動があったわけではない。

交通政策は、五〇年代から一貫して、事故防止に当時としては最大の努力を払ってきていた。その意味で、六八年の法改正とそれに関連する交通事故撲滅に関する大々的なマスコミ報道による効果が、このような検挙人員数の変化の原因であったと推定される。しかし、一〇年後には業務上過失致死傷罪の増加は再開する。その後も交通事故撲滅のための様々な施策が施されていくが、基本的には、自動車交通が発達し続けるかぎりは、過失による事故は減らない。

「少年犯罪を何とかしなければならない」という国民の声は正しいし、そのために少年法改正を望むことも正当である。ただ、単純に重罰化することのみですべてが解決すると考えているのだとすれば、それは誤りである。

アメリカで、ごく最近少年犯罪を含めて治安状況が好転したのは、一つには九〇年代後半の景気の好転によるのであろう。日本でも、後述のように、失業率の高さと犯罪は密接に関連している。社会の基盤をよくしていくことも犯罪減少にとって重要なのである。しかし、日本ではそのこと以上に、後述する少年の規範形成における問題点を解決することが最大の課題なのである。その意味で、少年法を改正し、特に刑事罰を加える場合を拡大することは、単に被害者の視点から正義を実現するということだけでなく(それも非常に重要なことではあるが)、社会の規範の明確化とその少年への浸透に役立つか否かという視点から、考察されなければならない。そして、現在の情報化社会において、「俺はまだ少年だから、犯罪を犯しても大丈夫だ」と嘯く少年、少年法のかなり細かなことまで熟知した非行少年が多い現状では、厳罰化を宣言する意味はそれなりに存在する。

13 少年犯罪にどう対応したらよいのか

なぜ、家裁等との間に「温度差」があるのか

これまで見てきたように、日本の少年犯罪は、質・量共に危機的な状況にある。しかし、少年犯罪を司る家庭裁判所や法務省関係施設などの危機意識は、やや弱いように思われる。犯罪少年は、家庭裁判所に原則として全員が送致されるはずなので、これだけ増えている犯罪が法務検察・家裁にインパクトを与えないはずはない。そう思われがちである。しかし、実は、図1に示したように、送致される人員はさほど増えていない。それは、前述の如く、平成に入って検挙率が急激に低下したことに起因する（さらに、簡易送致の増加について後述一九七頁）。検挙率の低下を知識としては聞いているとしても、やはり家庭裁判所などの認識としては、「最近少年非行が急増したといっても実感できない」ということになるのは無理もないといえよう。さらに、現段階で少年犯罪の問題性を当局側が強調することは、単純な「厳罰化論」を煽るという危険も考えられないことはない。そして少年院や児童自立支援施設の側では、送られてくる人員が若干は増える傾向にあるものの、危機意識を持ち得ないの

はある意味で当然のことのように思われる。

ただ、実際の警察の現場に聞いてみると、少年犯罪の増加と悪質化が実感されている。現実を踏まえ、それに応える議論をしなければ、少年司法制度は国民の支持を失う。

すでに、4章において、わが国の少年司法の現在の運用を紹介した。そして、そこには問題も存在する。その点を深めるためにも、今のような少

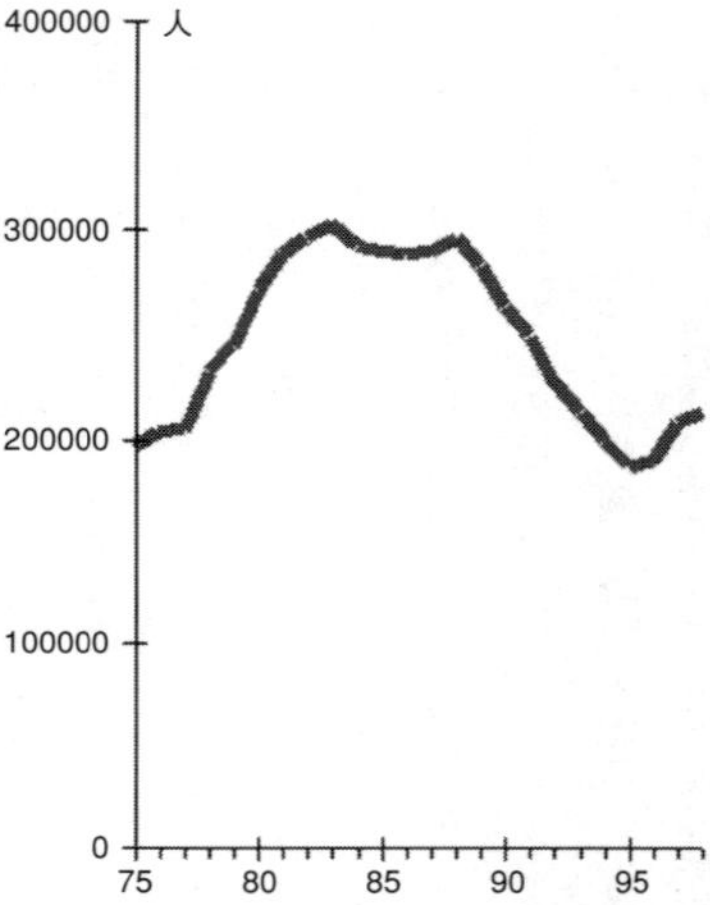

図1　一般少年事件受理人員の変化

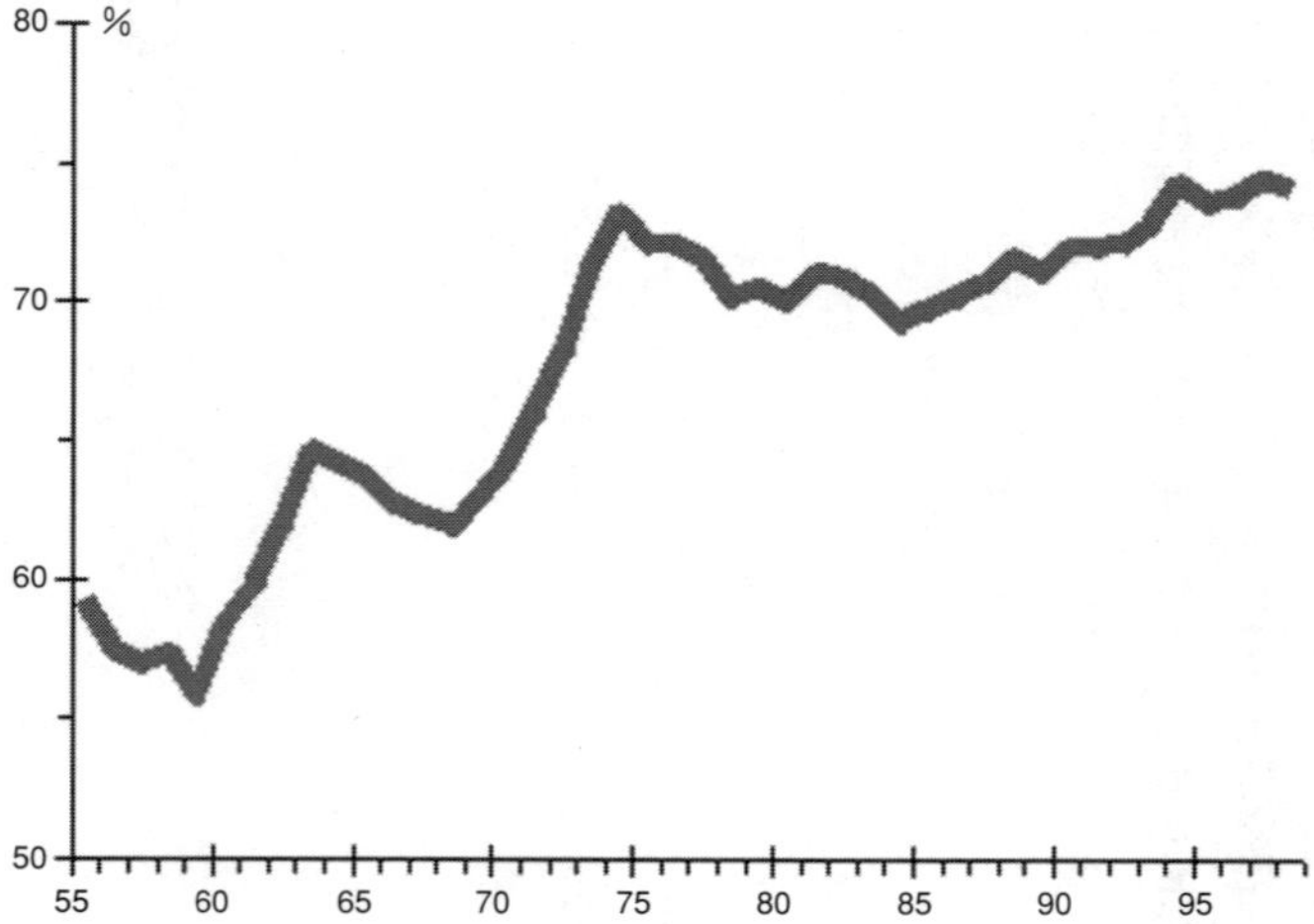

図2　処分不開始・不処分の率

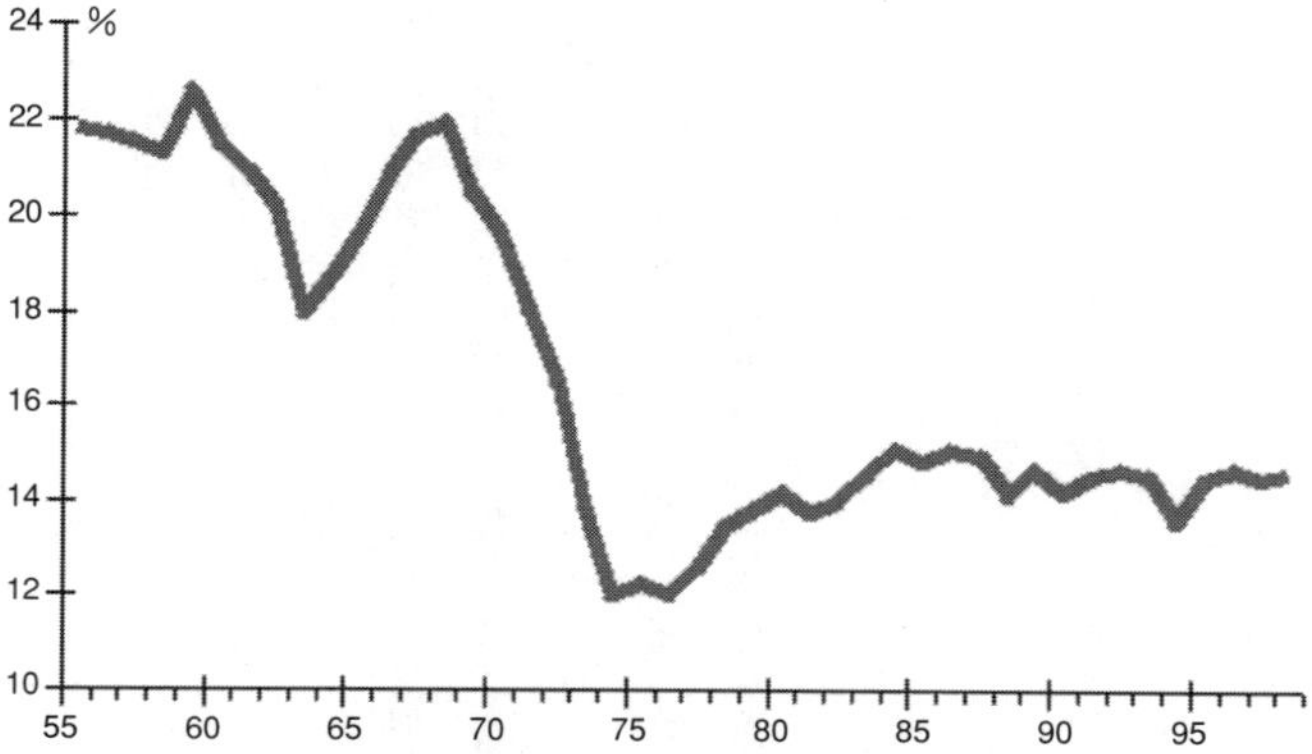

図 3　最終的に処理した人員中の刑事・保護処分の割合

年司法の運用がどのような形で形成されたかを見ておくことにしたい。犯罪少年の処理の現況は、10章においてすでに触れたように、現行の少年法制を導入した当初はもとより、六〇年代・七〇年代のそれとも著しく異なってきていることに着目する必要がある。

七〇年代後半以降の少年司法の運用

まず、家庭裁判所に送られてきた少年（ただし、交通事件は除く）のうちで、審判不開始とされるのが実に五六・九%を占めている。そして、審判の結果、不処分とされたのが一七・二%（審判対象者の四〇・〇%）で、両者を合わせると七四%に達する（図2）。実質的な処分は少ない。保護観察、少年院などへの送致、刑事処分のための逆送を合わせても、一五%に満たない（図3）。もちろん、審判不開始、不処分といっても、その手続きの際に調査官等から指導（保護的措置）がなされるが、これだけ不開始・不処分の割合が高いことはあまり認識されていない（なお、七〇年以来の約四分の三の実質的「不処分」のうち、審判不開始が増加し、審判した上での不処分が減少している（→五四頁図2。すなわち、審判不開始の割合が増えた分、不処分が減ったのである）。成人の場合も、微罪処分とか起訴猶予などディヴァージョンが広く認められているとされるが、九八年の送検挙人員の五八%が有罪となっているのである。

少年の場合は、家裁送致の他に、不良行為としての警察の補導が存在している（→四八頁）。それをも含めて考えると、非行を犯して処分されるのはほんの一部ということになる。処分すればよいというものではないが、「非行を犯して見つかっても、警察も家裁も大したことは何もしない」と少年達に思い込ませることは、少年非行の領域でも当然要請される「一般予防」、すなわち、「悪いことをしたら処罰されたりつらい目に遭うから……」という抑止効果を失わせてしまう。また、つらい目に遭わなくても、補導員などに十分な説得をされて「悔い改める」というような少年も必ずしも多くはないようである。

まず少年司法における広いディヴァージョンの実態を認識した上で、抑止と改善につながる措置方法を検討していく必要がある。一部に見られる、審判を行うこと自体が少年に過大な侵害を与えるという議論は、現状では、説得性を欠く。このような、四分の三が処分を受けないという処理結果は、図2に示したとおり、実は七〇年代中期には定着してしまっていた。そして増え続けている。ただその間に、家庭・学校・社会の非行治癒力は落ちてきたのである。

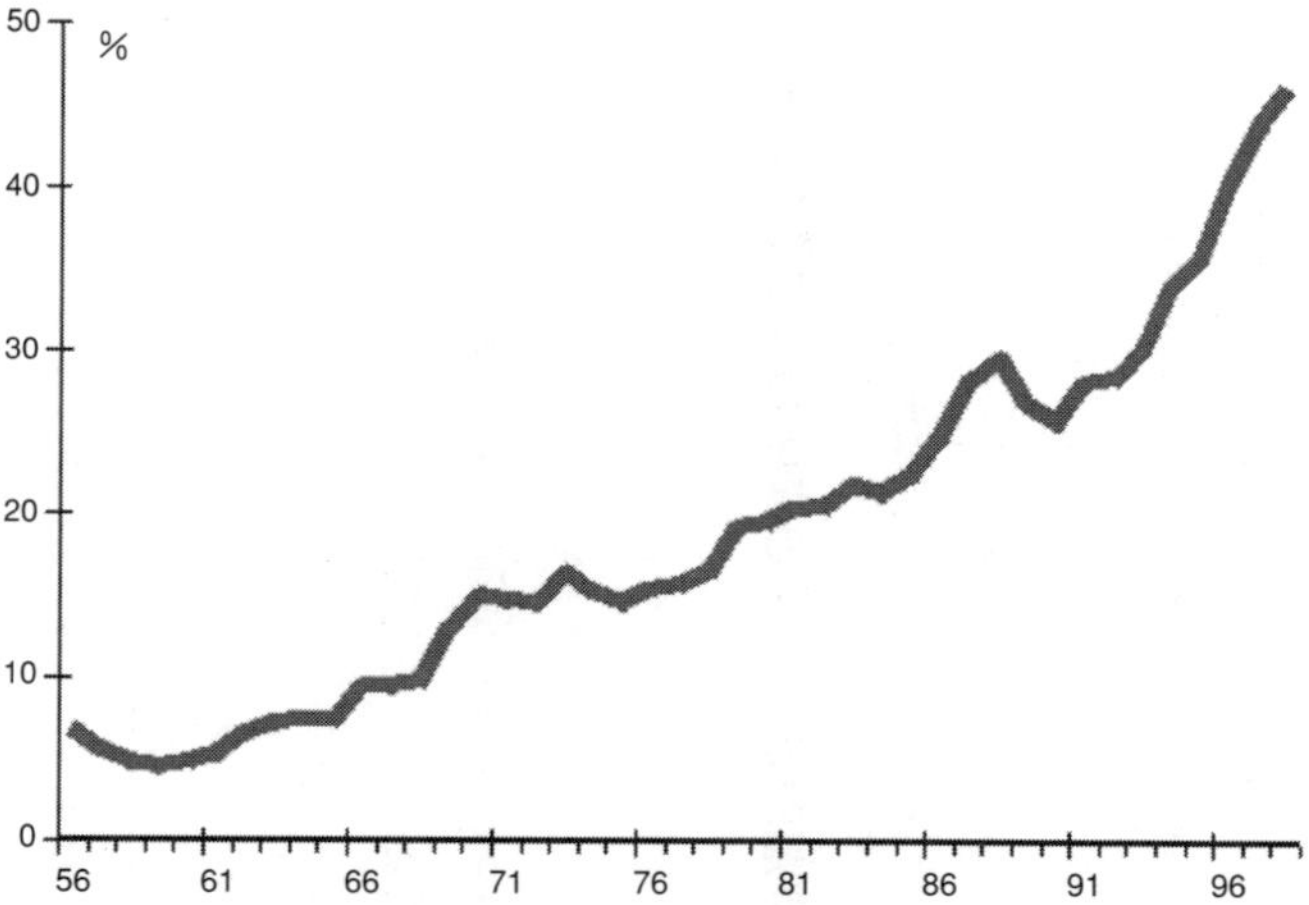

図4　検挙人員に占める少年簡易送致の割合

なぜ審判不開始の事件が多いのか――少年簡易送致

そして、審判不開始が多いこととの関係で重要なのが、警察からの簡易送致の制度である。捜査した少年事件について、その事実が極めて軽微であり、犯罪の原因及び動機、当該少年の性格、行状及び環境、家庭の状況等から、刑罰または保護処分を必要としないと明らかに認められ、かつ、検察官または家庭裁判所からあらかじめ指定されたものについては、五〇年以来、被疑少年ごとに少年事件簡易送致書を作成し、一月ごとに一括して検察官または家庭裁判所に送致することが許されている（ただし、凶器を使用した事件、被疑事実が複数の場合、かつて非行を犯し、過去二年以内に家庭裁判所に送致または通告された場合は除かれる）。また、否認事件（被疑者が犯罪事実を認めていない事件）、告訴、告発に係る事件、被疑者を逮捕した事件、権利者に返還できない証拠品のある事件については通常の送致手続によらなければならないことになっている。実質的には、「少年に対する微罪処分（成人の犯罪の場合に認められる制度で、窃盗や占有離脱物横領などの中で軽微な事案を、検察に送らず警察限りで処理して、その記録のみを地方検察庁の責任者に送る制度）」の機能を果たしているといってよい。それは、家裁への全件送致の実質的例外ともいえるのである。たしかに、軽微でしかも再犯のおそれのないものについてまで通常の手続きで送致することは、かえって少年や保護者の心情を害する結果を招き、少年法の終局の目的に反すると考えられて導入された制度であるが、本当にそのような建前論だけで正当化しうるものであるかは、疑問の余地がある。図4に示したように、その割合は単純に増加する一方なのである。それは、多発する事件送致事務の人員不足を事実上カバーするものであったともいえよう。

関連組織相互の連携の緊密化の重要性

前回の少年法改正が挫折した際に残された、七六年一一月の法制審議会の「中間報告」に、「一定の限度内で検察官に不送致を認めること」が記載されていた。そのことが以降の簡易送致の運用に影響したとも考えられないことはないが、八二年五月の「少年非行総合対策要綱」（警察庁次長通達）により、警察が積極的に非行対策を行うことになったことによる影響も否定はできないであろう。事件数は増えたが、定員はさほど増えなかったのである。

いずれにせよ、図4に見られるような簡易送致の一貫した増加は、少年非行処理判断において、警察・検察の裁量が非常に拡大したことを意味する。そして、そのこと自体の当否を論じる前に、まずおそらくは犯罪数の増加により、「そうせざるを得なかった」という現実があったことを認め、それに対する対応の充実を考えるべきであるように思われる。

きちんと送致するのに必要な仕事量に見合う警察・検察の人員確保の問題、そして家裁の側ではより一層、体制の整備が要請される。精神論では問題は解決しない。また、全件を審判すれば事件数が倍増するわけで、家裁の審判能力の問題が出てこざるを得ない。これまでは、「現員で処理せざるを得ない」という至上命令の下、まさにやりくりをして少年事犯の増加に対応してきたと思われるが、きちんとした指導を行うには、警察、法務省、裁判所の「縄張り」を超えて理想的なディヴァージョンのあり方を議論し、それぞれの段階における適正規模の組織が構想されなければならないのだと思われる。通常の手続きで送致することにより少年の利益を害する場合もないとはいえないかもしれないが、「忙しいのでこのような者を送致する手間は無駄だ」と考えることが、実は少年司法システムの根幹を腐らせることになるようにも思われる。少なくとも、少年たちの少年法イメージにとって非常に好ましくない結果をもたらし、犯罪抑止効果や保護・教育的機能も低下すると思われる（人員の充実は、警察が社会に積極的に出ていき、非行の予防、継続補導を行う上でも重要である）。

ぐ犯の見直し？

ぐ犯というシステムは、前に検討したように、現在余り機能していない。七〇年代後半から強まっ

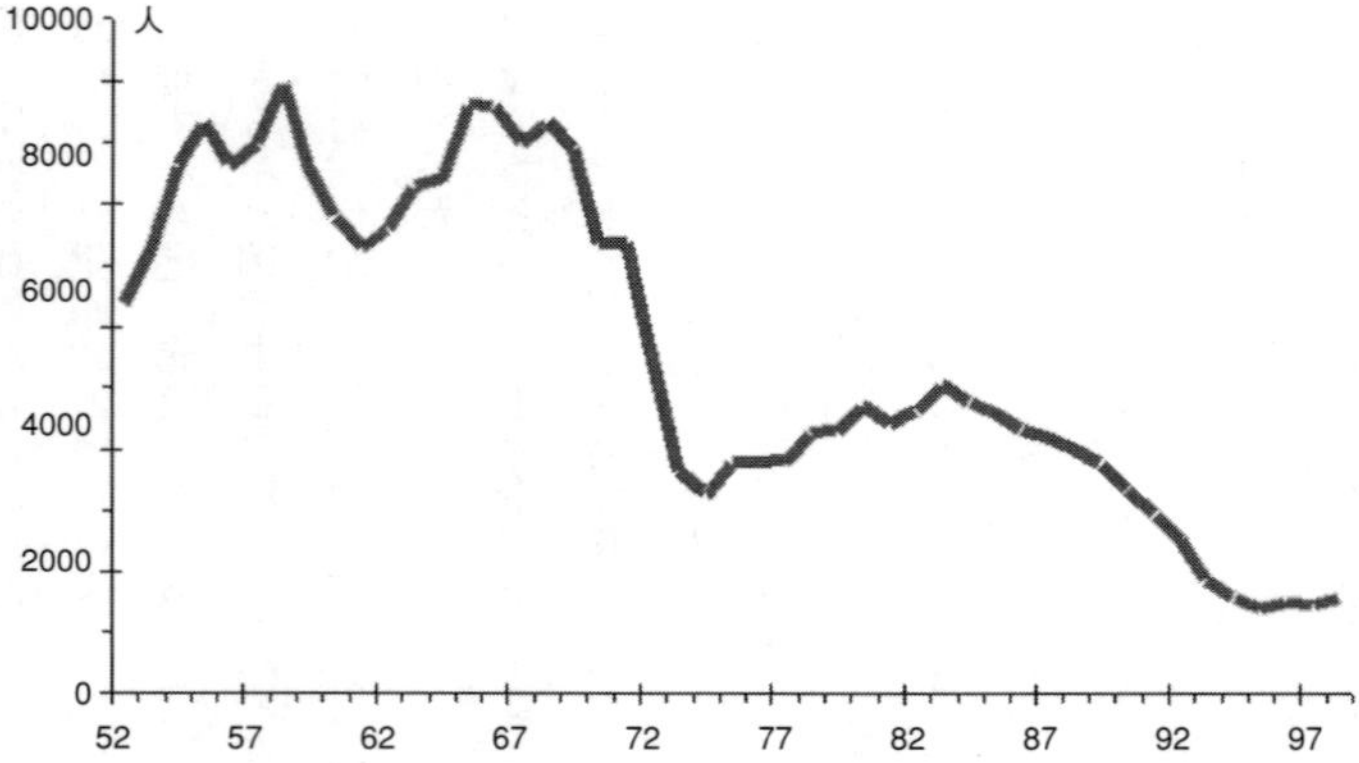

図５　ぐ犯少年数の推移

た「少年の自立性を重視し干渉を最小限にする」という意味での「保護主義・パターナリズム放棄論」の流れの中で、ぐ犯が減少した（正確には「適用」しなくなった）のである。ぐ犯が三分の一のレベルにまで急減したのであるが（図5）、その時期は、刑法犯全体としてみれば少年犯罪は増加はしていた（口絵図1）。やはり、ぐ犯の送致の基準が実質的に変更されたとしか考えられない（四三頁）。

まさに、この時期は、「少年への規範の押しつけ」を排除すべきだという意識が急速に進行した時期であった。そして、日本のみならず欧米も含めた刑事法学の領域では、「被害者なき犯罪の非犯罪化」、「法益侵害のない行為は刑事の対象とすべきではない」という理論が有力化し、家庭裁判所の実務にも、一定の影響を与えたと思われる。また、より直接的には、日本のぐ犯類似の行為を「犯罪」から除外しようとするアメリカの動きの影響も考えられる。そのような状況の中で、家出やたばこを吸ったり酒を飲んでなぜ少年院に送られなければならないのかに疑問が生じたことは当然であった。

最近、国会でも、少年犯罪対策としてぐ犯の見直しが論じられたと報道されている。ただ、単に警察に対して、ぐ犯を積極的に適用しろといっても、実際上は余り意味がない。送致しても家庭裁判所で不処分となるだけである（↓五四頁）。裁判所にぐ犯の判断基準についての変更を求めることになるが、それには、ぐ犯の適用を抑えた「理念」の修正を、正面から議論する必要がある。そこまで視野に入れた「ぐ犯」見直し論であるならば、十分に意味があるものとなろう。そして、家裁、検察、警察、さらに学校などが真剣にどこまで非行に介入すべきであるかを考え、現実に流されるのではなく、理念に基づいた基準を提案していくべきである。その議論こそが、刑事処分年齢の引き下げなど以上に、少年問題の解決にとって本質的なのである。「国家が、他人に具体的に危害を加えるおそれがない少年にも、例

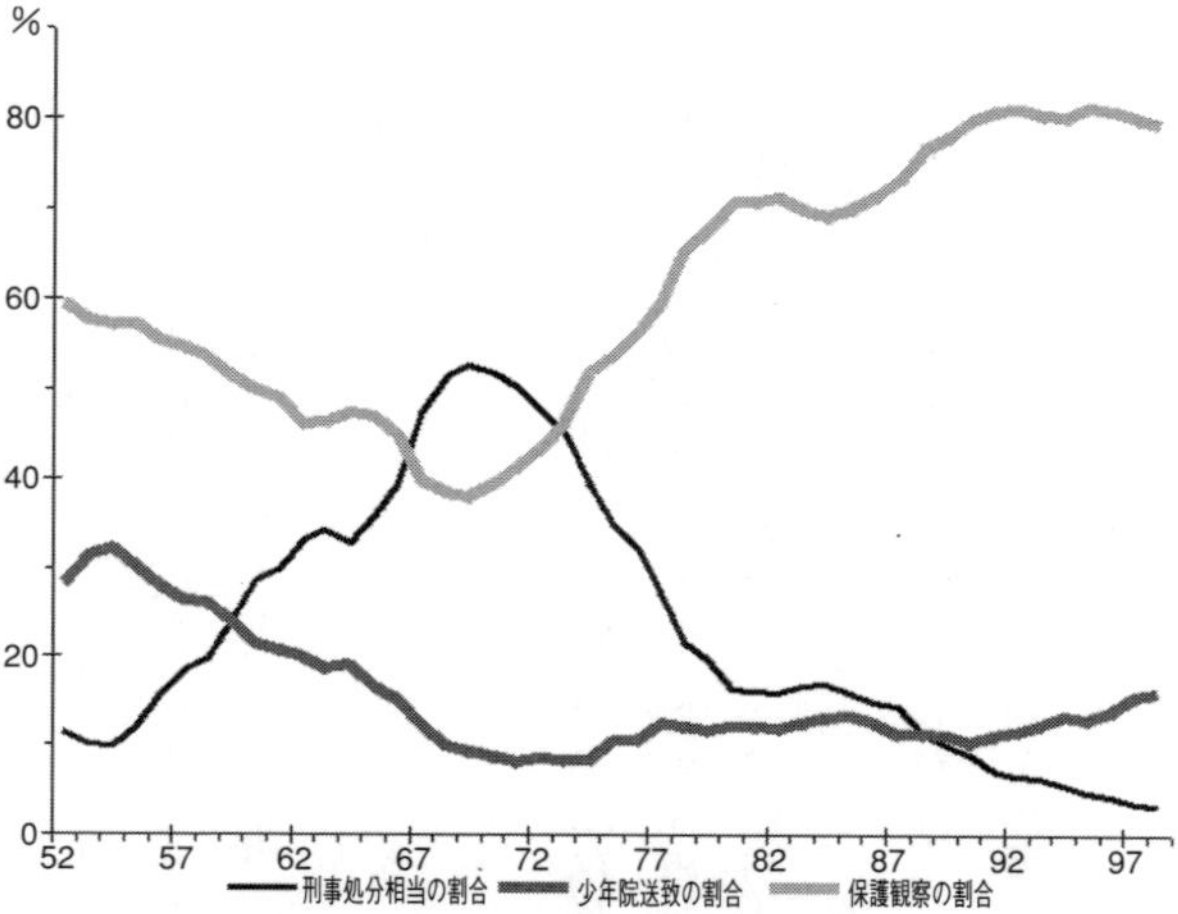

図6　少年に対する各処分の割合の推移

えば堕落を防ぐために介入して良いのか」、「中学生がタバコを吸っているのをどう考えるか」こそが、ある意味で一四歳・一五歳に刑罰を科すべきか否かより、真剣に論ずべき問題だといえよう。そこを考えれば、大人の側の「非行」が問題とならざるを得ない。すでに見てきたように、現在の少年非行の深刻化の中核部分は、戦後世代が安直な自由のみを追求し、社会潤滑油であり安全弁である規範を弱体化してきたことを、拡大再生産したものなのである。まさに「累乗」する形で規範の脆弱化が進行した。

少年院送致の積極的運用

家裁に送られた少年全体から見れば一一・六%にすぎないことは忘れてはならないが、家庭裁判所で処分された者の八割以上が、現在は保護観察となる。処分の圧倒的中心なのである。この保護処分の中心が保護観察にあるという点についても、見直しをする必要があるように思われる。口絵図16や図6に示したように、わが国の少年に対する処分は、少年犯罪増加第①期、第②期を経て、一九七〇年まで刑事処分への重点のシフトが進行した。保護観察と少年院送致が減少し、刑事処分が首位を占めるに至るのである。ところが、前回の少年法改正の議論が開始されたと同時に、刑事処分の割合は減少に転じる。特に法制審議会少年法部会で審議が進行中に、刑事処分率が激しく減少する。この六〇年代から七〇年代前半は、すべての処分が抑制された時期なのである（口絵図16参照）。そして、法改正が挫折し、中間報告がまとまったところで、保護観察と少年院送致の減少が止まり、保護観察の割合はかなりの勢いで上昇する。少年院送致も緩やかではあるが増加傾向を示すようになり、現在に至っている。

これを、5—7章の少年犯罪の増加期と照らし合わせると、六〇年代の増加に対し刑事処分を増加させて一応の沈静化を達成し、七〇年代には少年犯罪の発生は相対的に安定期を迎える。そして、その時期に刑事処分の緩和が見られ、その直後に八〇年代の増加が生じ、今度は保護観察の増加で対応する。その後、少年院送致の率が微増したものの、刑事処分が次第に少なくなる中で、結果として現在の犯罪の増加を招来したということになる。

このような分析からは、まず、現時点での犯罪増加に対処するためには刑事処分の割合を増やすことで臨むことが合理的であると考えられる。しかし六〇年代の少年犯罪の中心が年長少年であり、犯罪も凶悪犯が増加の中心であって刑事処分に向いていたことを見落としてはならない。現在の年少少年の犯罪の多発化には、むしろ少年院の積極的利用と保護観察の実質的有効化が好ましい

少年院有明高原寮

名古屋の恐喝
家裁審判

主犯格も少年院送致

長期の教育が相当

16歳の年齢、変化

「検察官送致じゃないの」

被害少年の母、不満漏らす

2000. 6/9（日本経済新聞/朝刊）

とも推察される。

ただ、保護観察には、保護司の高齢化、及び主としてそれに起因する少年との価値意識のギャップ等の問題があり、その有効性に絶対の信頼性をおくことはできない。もちろん、施設内処遇に比較してメリットが存在する面もあるが、地域社会の変形などにより、そのメリットも減じてきているように思われる。

一方、少年院送致は、処分の一六・六%、家裁で扱った全少年の二・三%にすぎない（児童自立支援施設送致は、終局総人員の〇・一六%にすぎない）。少年院送致率が現在のような低率になったのも、七〇年代であった。

しかし、少年院は、前回の少年法改正議論を踏まえて、様々な制度の改良を行ってきており、より積極的な運用にも耐えうるものと期待できる。なお、非行少年の低年齢化に伴い、一四歳未満の触法少年に対応する施設の欠如が重大な問題といえよう。いずれにせよ、社会内処遇に期待しすぎることなく、わが国のしかもこれからの社会にマッチした少年施設の構築が重要である。もちろん、施設収容は、中学、高校の教育の問題等、乗り越えなければならないハードルは存在する。ただ、いずれにせよ、少年法を検討することと並んで、効果的な具体的施策を実施することが急務である。

逆送年齢の変更の必要性

今後の少年法改正に際して、最も話題となるのは、刑事処分を科しうる（逆送しうる）年齢の引き下げであろう。ただ、刑事処分相当として検察官へ送致されたのは、年間わずか一〇〇〇人余りにすぎず、最終的に処理した総人員の〇・五％以下なのである。逆送年齢引き下げ論がマスコミでしばしば話題になるが、実は少年司法の実態からすると、そのような制度の改革案は少年犯罪の大勢に影響を与えることはできないのである。即効性という意味では、効果は少ない。

しかし、立法には、「宣言的な効果」も考えられる。年少少年にも刑事罰を科す姿勢で臨むという「厳しさ」が、国民、なかんずく少年達に一定の効果を与えることは期待できる。単に「北風」としてマントを頑なに離さないようにさせるだけではないであろう。そして、検察・警察の現場にも国全体が少年に厳しい姿勢で臨むことが伝わり、被害者の利益を守る積極的な法運用が期待できる。少なくとも「一六歳になるまでは何をやってもせいぜい少年院」と熟知して犯行に及ぶ少年には抑止効果を期待できる。

ただ、ここではっきりさせておかねばならないのは、議論はバランスのとれたものでなければならないという点である。重大事件の被害者の訴えを聞き、犯罪の真相糾明を第一に考える刑事警察・検察の視点だけでは、危険だということである。成人の事犯に比較して「保護」の視点をより考慮しなければならないことは誰も否定しないであろう。しかし、同時に、「加害少年も被害者」と見て、あくまで「保護・教育」の視点から見る家裁調査官の立場だけで立法しても方向性を誤るように思われる。ちょうど、精神障害者の犯罪に関し医師の一部が「殺人を犯した精神障害者の患者の治療のためには、もう一度人を殺すかもしれないが、開放療法が必要なので措置入院（強制入院）でも、外に出す」と主張するのと類似する。それは、あくまで一方の側の主張であり、対立する被害者の側とのバランスが必要である。「犯人の少年にとって最も好ましいのは、刑事処分ではなく少年院送致である」という説明だけでは、被害者はもとより、国民も納得しない。また、「少年の改善更正が達成できれば、罪を許さない被害者などいない」とする主張は、独断でしかあり得ない。被害者の「死刑にして欲しい」という声に常に従うわけにもいかないが、「犯人が更正できるのだから、被害者は我慢できるはずだ」という決めつけも、説得力は全くない。

あくまで、加害少年の将来を最大限尊重しつつも、現に犯した罪の重さをも考慮し、一定程度以上の国民が納得しうる制度でなければならない。その意味で、戦後五〇年の少年犯罪状況の展開を踏まえれば、そして、多くの政党が賛意を表していると報道されていることからすれば、逆送年齢を引き下げることは十分選択可能な政策である。また、罪種を限れば、重大な犯罪の第一次的管轄権を刑事裁判所に移すことも検討に値するであろう。

ただ、現在の下限である一六歳で逆送されたのは一三人に過ぎないという事実も軽視できない。そして、逆送しても、刑事裁判所で執行猶予付きの有罪となる可能性があることに注意しなければならない。「施設内」に確実に置けるので少年院を選ぶという考慮も存在する。それゆえ、少年の刑事裁判における量刑基準の検討も必要となろう。

非行少年像の転換

しかし、ここで考慮しておかねばならないのは、最近の非行少年には、従来の非行少年処遇が念頭に置いてきた非行少年の「理念型」から、かなりずれているタイプが多くなってきているという点である。最近の非行少年の形容として、最もよく用いられるのが「いきなり型」であり、人間像として「すぐに切れてしまう性格異常的少年」である。もちろん、数の上では、

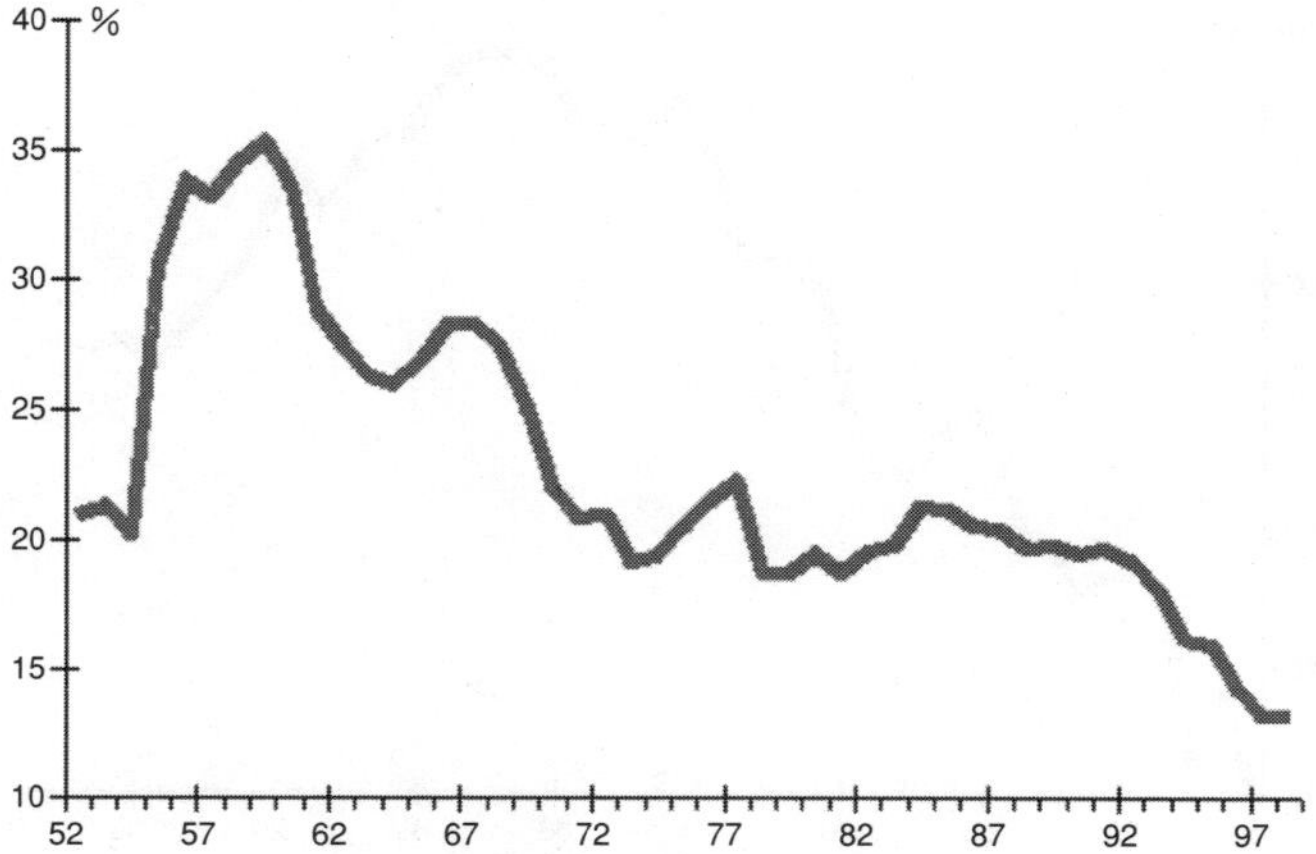

図7　一般少年保護前処分のあった者

旧来的な「非行を繰り返す『ワル』」、暴力団につながる少年、暴走族等も多いが（→五頁）、最近の少年非行の急増現象を象徴するのは、「あの子が、あんなことをするなんて……」という言葉である。

そして、統計数値はそのこともはっきりと示している。図7にあるように、再度保護処分を受ける割合が減少してきているのである。六〇年前後の団塊の世代が非行を行っていた頃は、まさに「再犯者」が多かった。しかし七〇年代前半で二割にまで落ち、その後二〇年の間ほぼ同じ水準が維持されてきた。ところが九〇年代に入って、さらに率は減少を始めたのである。

さらに、図8に示した、共犯率の変化も興味深い。少年非行は単独でなく、徒党を組んで行うことが多いが、実は共犯率は、戦後の前半二五年間は増え続け、八〇年代の多発期も高率が維持されたが、九〇年代に入って下降を始めたのである。すなわち、単独犯の割合が増えたのである。ここにも「いきなり型化」の徴

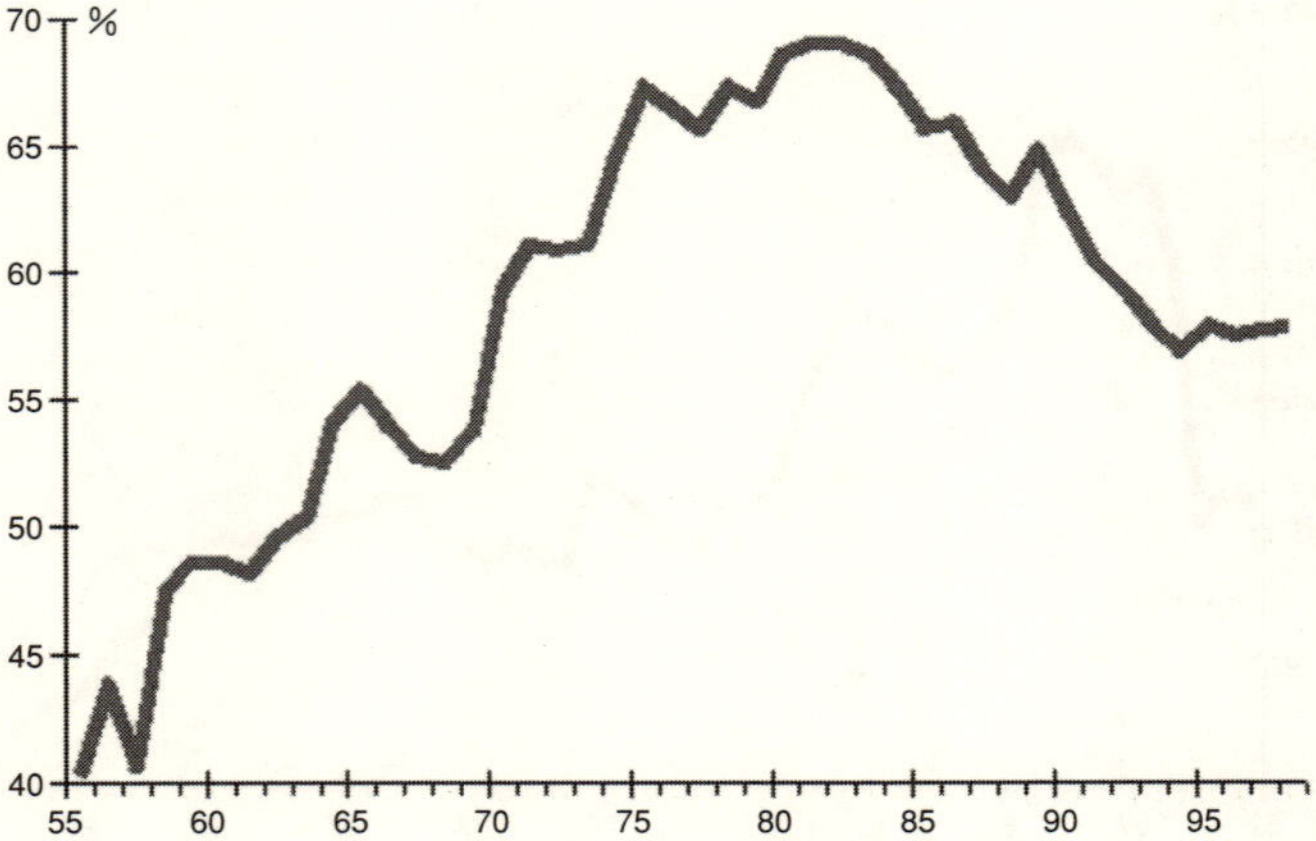

図8　一般少年保護事件共犯率

表を読み取ることができる。打ち合わせていたら「いきなり」ではなくなるのである。

そこで、今後は従来型の処遇プログラムでは対応しにくくなるようにも思われる。さらにいえば、従来のシステムは「非行を繰り返す」ことを前提に、ぐ犯の認定や処遇内容の決定がなされてきた。しかし、これからは、いかにして「一回目」の非行を防ぐのかも問題とされなければならない。もちろん、そのような初めての処分対象になる非行に「前兆」はあるであろう。しかし、「ある程度悪くなってから少年院で教育する」という発想は、不十分なのである。施設内処遇ではない、保護観察でもない対処の必要性が生じている。それは、主として教育問題、特に幼児教育の問題、さらには社会全体の「文化」の問題であるように思われる。さらに、精神医学分野における「性格異常」の研究の深化は、喫緊の課題である。

現在の少年非行は生活習慣病

本書では、①戦後、一貫して少年刑法犯が増加してきたこと、②窃盗、強盗や恐喝、傷害など、かなりの犯罪で戦後最悪の事態に至っていること、③一九七〇年代から少年犯罪の低年齢化が進み、現在も進行していること、④七〇年代以降、少女の犯罪の増加傾向が著しいこと、などを指摘した。

そして、わが国の少年に関する広義の司法制度の運用は、少年法改正論議などを経験し、かなりの幅で揺れ動いてきたようにも見える。しかし、七〇年代以降は、「保護」の理念から少年の刑事処分を少なくして少年の自由の侵害を軽減し、一方で、ぐ犯という少年への「干渉」も制限し、その意味では「保護」を後退させてきた。つまり、少年に対してできる限り干渉しないようにしてきたのである。それは、実は、学校も家庭も同じである。現在問われているのは、まさにその点なのである。

現在の少年非行の原因に関し、様々な学問分野から、様々な答えが提示されている。①ヴァーチャルリアリティーと現実の境界の喪失、②低俗な暴力、セックス映像やマンガの模倣、そして、③スナック、インスタント食品ばかり食べることによるカルシウム、カリウムの不足、④夜ふかし、朝ごはん抜きの不規則生活、⑤少年期における疑似非行行動の欠如、⑥テレビ、マンガの影響（活字離れ・言語能力欠如による情動抑制能力の欠如・暴力志向）等である。

しかし、最も常識的でかつ支持の多いものは、家庭の教育・しつけ機能の低下と、子どものころに抑制することの訓練ができていないので忍耐力が形成されていないこと、教育現場での自由尊重のいきすぎ、子ども中心主義、充足されすぎ等である。

一方、ストレスの多い、現代の子どものおかれた状況（社会）が原因に挙げられることもないわけではないが、非行少年のおかれている経済的基盤の改善や受験競争の改善というような視点のみでは、現在の少年犯罪に対処できないことは明らかであろう。かつて、それらはもっと劣悪であった。むしろ、豊かになり、楽になったからこそ非行は増加したのである（↓九六頁以下）。家族の崩壊等を経由して……。

校則（丸刈り・制服の強要等）で縛られ、自立した自己を見失い、拘束するものへの同調がうまくできなくなり凶行へと切れてしまうという穿った見方も見られたが、むしろ、現代の子どもは拘束されなすぎて、自立できていないようにも思われる。反発するにも、まず規範の継承が必要なのである。ある。すべての国民が均質化した中で、自分の「役」が見えなくなったことは否定できない。まさに、「生きることの意味」が自問されなければならないし、その前提となる生活パターンの継承が必要なのである。

ただ、現在でも、日本の成人犯罪率の低さは驚異的なレベルにある。少年も大人になれば犯罪を犯さなかったのである。これは、大人の社会における犯罪抑止力（規範）の残存を意味するのであろう。一方、戦後の少年犯罪の増加や質的変化は大きく捉えれば「少年を取り巻く社会規範の喪失」と説明できる。家族の変質、自由と放任の混同、規範的統制は個性・能力を削ってしまうという錯覚の蔓延、情報化社会におけるマスコミの規範破壊的機能……。これらが現在の少年非行の遠因であることについての意見の一致がみられるようになってきた。それ故、少年非行には、この薬を飲めばすぐ元気を回復するというような「特効薬」などない。いわば、糖尿病のような生活習慣病なのである。甘やかして砂糖を与えすぎたことが、血管を弱め、血液をどろどろにした。いつの頃からか、「売れればよい」と高校生の消費動向に気を遣い、少子化により「稀少化」する子どもに嫌われないように媚びる。脂肪を採りすぎてコレステロールが増加して血栓を作る。それが、外に顕れるときには、脳卒中や狭心症など、様々な形を採るのである。対策は、栄養をコントロールすることであり、強い血管、さらには体力をつけることなのである。

今後、日本の少年犯罪をさらに細かく分析して、時代の要請に適った犯罪理論、政策を構築していく必要がある。ただ「規範」といっても、その内実が問題であるし、従来の規範をそのまま少年たちに適用しうるわけではない。そして、少年たちの中に新しい時代の規範を形成していくのは、本来的に教育の問題である。しかし、その点を自覚した上で、つまり刑事政策の世界の限界を十二分に意識した上で、現在のわが国の最大の刑事政策上の課題である少年犯罪に取り組んでいかなければならない。

著者略歴
1949年　東京に生れる
1972年　東京大学法学部卒業
現　在　東京都立大学法学部教授

主要著書
『可罰的違法性論の研究』1982年，東京大学出版会
『現代社会と実質的犯罪論』1992年，東京大学出版会
『刑法から日本をみる』（共著）1997年，東京大学出版会
『刑法総論講義（第3版）』1998年，東京大学出版会
『刑法各論講義（第3版）』1999年，東京大学出版会

少年犯罪――統計からみたその実像

2000年10月20日　初　版

［検印廃止］

著者　前田雅英《まえだまさひで》

発行所　財団法人　東京大学出版会
代 表 者　河野通方
113-8654　東京都文京区本郷7-3-1東大構内
電話　03-3811-8814　Fax 03-3812-6958
振替　00160-6-59962

印刷所　株式会社平文社
製本所　島崎製本株式会社

ISBN 4-13-033203-1 Printed in Japan